新闻传播学精品文库

赢在认同感

中国背景下的组织文化认同研究及对传媒的考察

陈致中 著

暨南大学出版社
JINAN UNIVERSITY PRESS

中国·广州

图书在版编目（CIP）数据

赢在认同感：中国背景下的组织文化认同研究及对传媒的考察／陈致中著．—广州：暨南大学出版社，2016.12
（新闻传播学精品文库）
ISBN 978－7－5668－1288－9

Ⅰ．①赢…　Ⅱ．①陈…　Ⅲ．①报业—传播媒介—研究—中国　Ⅳ．①G219.2

中国版本图书馆 CIP 数据核字（2014）第 276697 号

赢在认同感：中国背景下的组织文化认同研究及对传媒的考察
YING ZAI RENTONGGAN：ZHONGGUO BEIJING XIA DE ZUZHI WENHUA RENTONG YANJIU JI DUI CHUANMEI DE KAOCHA
著　者：陈致中

出 版 人：徐义雄
策划编辑：史学英
责任编辑：邓铃妹
责任校对：龙　欣
责任印制：汤慧君　周一丹

出版发行：暨南大学出版社（510630）
电　　话：总编室（8620）85221601
营销部（8620）85225284　85228291　85228292（邮购）
传　　真：（8620）85221583（办公室）　85223774（营销部）
网　　址：http://www.jnupress.com　http://press.jnu.edu.cn
排　　版：广州良弓广告有限公司
印　　刷：佛山市浩文彩色印刷有限公司
开　　本：787mm×960mm　1/16
印　　张：14.375
字　　数：260 千
版　　次：2016 年 12 月第 1 版
印　　次：2016 年 12 月第 1 次
定　　价：35.00 元

序

随着阅历的增加以及对人类社会和管理学理论研究的深入，我越来越相信：竞争是生命存在的方式，即“物竞天择，适者生存”。曾几何时，恐龙是最强大的动物，但是这个“巨无霸”却无法适应地球的变迁，最终走向灭绝；蚂蚁很小，经不住人们的手捏、脚踩，但它们却顽强地生存了下来，并生机勃勃。为什么？一是蚂蚁具有团队作战的精神，一群蚂蚁通力合作，可以搬走一块花生壳，也可以应对其他的挑战；二是蚂蚁具有旺盛的生殖能力，在大量“减员”的同时，又大量繁殖后代。看似庞然大物，却无法持续生存；看似不堪一击，却能生机勃勃，这样的例子屡见不鲜。这是由不同动物的行为适应性和遗传基因决定的，这虽谈不上“文化”，却有与人类文化相似的因素在起作用。

人类与一般动物有本质的不同：人有思想、有感情、有辩证思维，人类社会的竞争纷繁复杂，既有因自然环境变迁而产生的竞争，也有因社会环境变迁而产生的竞争。不同的种族、不同的国家、不同的社会群体，在种种残酷的竞争中悟出了同一个道理：要在竞争中生存下来，单打独斗是不行的，必须靠群体的力量，万众一心地去争生存、争发展。而要凝聚成千上万的人，则必须确立一个共同的目标，必须培养合作的愿望，必须建立良好沟通的渠道，必须制定形成合力的群体规范，必须形成共同遵循的价值观念……一言以蔽之，必须建立完善的文化。

纵观人类社会，其大体上可分为四个主要的文化圈：

（1）天主教文化圈：主要在欧美发达国家；

（2）儒学文化圈：主要在中国、日本、韩国等东亚地区；

（3）佛教文化圈：主要在印度、泰国、缅甸等南亚地区；

（4）伊斯兰教文化圈：主要在中东、北非、南亚地区以及阿拉伯人、马来人聚居的国家。

从管理学角度来看，地球上存亡兴替的过程，无不与这四个文化圈的兴衰有关。

儒学文化曾经在中国造就了强大的汉、唐、明朝，它们在当时的世界，不仅在政治、军事和文化上是先进的，在经济上也是发达的。那么，为什么中国会从明末开始迅速走下坡路，甚至沦为被西方列强瓜分和欺凌的对象呢？归根结底，是由于儒家文化的局限性。例如，“重义轻利”的传统进一步扼杀了人们经济活动的进取心；“述而不作”“祖宗之制不可改”等理念不利于人们创新精神的发扬，特别是不利于技术和政治制度的创新；而“重农轻商”的传统妨碍了商品经济的发展，使经济活动主要局限在农业领域，限制了科学技术、工业和商业的发展。在西方的科学技术革命、工业革命和资产阶级革命面前，在由此形成的坚船利炮面前，中国屡屡败下阵来。历史证明，一种先进的文化可以振兴一个民族和国家；反之，一种落后的文化则会给一个民族和国家带来灾难。文化是人类社会竞争的一把利器，文化的传承和更新是人类进步的强大动力。

在儒家文化圈中，日本最先崛起，因为他们进行了明治维新，吸收了西方文明中的有益元素。改革开放以来，中国经济连续三十多年高速发展，同样是由于我们摆脱了儒家文化中消极因素的束缚，大胆借鉴了西方的市场经济、科学技术和现代管理之长来补己之短，而且发扬了儒家文化的精华——勤劳节俭、追求和谐、重视群体、致富兴国的传统，这些成为中国经济崛起的独有动力。

随着中国的崛起，越来越多的中国企业人认识到：无论是国家还是企业之间的竞争，都不仅是硬实力的较量，也是软实力的比拼。改革开放三十多年，中国的经济得到高速发展，硬实力为世界瞩目，但很少有人讲到中国软实力的优势。

2009 年 11 月 15 日美国总统奥巴马访问中国，美国《时代周刊》亚洲版刊登了一篇封面文章《美国要向中国学习的五件事》，其中谈到的五件事为：

第一件，进取心——中国实践“我能”精神。美国人发明了“我能”的口号，而中国人多年以来一直实践着一种“我能”的精神，一种“勇敢向前”的精神。

第二件，重视教育——中国提供聪明劳动力。中国的识字率已经超过 90%，而美国只有 86%。中国的家庭对教育非常看重，中国提供的不是廉价劳动力，而是聪明劳动力。

第三件，敬老——养老是整个家庭的责任。在中国，这样的社会契约贯穿千年：父母抚养子女，子女赡养父母，这种家庭模式为文化的传承和社会的融合建立了纽带。而美国老人很多都居住在养老机构中，对老年人的照顾不周可能会导致美国社会的倒退。

第四件，储蓄——经济想丰收，储蓄是种子。2005 年，美国个人储蓄率降到 0，当前为 4%，不久可达到 6%。而在中国，家庭储蓄率已达到 20%。久而久之，高储蓄率将带来投资的增加，进而促进生产力的发展、创新和就业率的增加。

第五件，眼界——中国人有更伟大的追求。政府搞基建不光是为了增加就业，孩子们努力学习也不只是为了好玩，他们都有更伟大的追求。中国的骄傲来自于：今天的努力工作，意味着几十年后后人将享受今人创造的幸福生活。对于面临26年来最严重衰退的美国人来说，这才是最应该学习的东西。

该篇文章讲的就是中国崛起的重要原因——软实力的增长。当然，我们必须看到：中国在软实力方面仍然存在着许多问题，有些问题还十分严重。例如，“勇敢向前”的精神导致一些中国人的胆子太大：学者敢指鹿为马，媒体敢无中生有，球员敢屡打假球，裁判敢大吹黑哨，官员敢买官卖官，警察敢刑讯逼供……一句话，各行各业都有不少人敢于越过底线——道德底线、法律底线；各行各业往往都把利益摆在第一位，缺乏对高尚境界的追求。在共同信仰上的倒退，在价值观念上的混乱，以及在文化品位上的迷失，极大地阻碍着我国软实力与硬实力的同步增强。

最近，中央公布了国家核心价值观，这是一件好事。但要真正践行核心价值观，则需要家庭、学校、企业、政府和文化事业单位共同的、坚持不懈的努力。笔者相信，随着中国家庭文化、学校文化、机关文化和企业文化的进一步提升，中国的国家凝聚力和竞争力必将迎来新一轮的增长。

2014年4月1日，习近平总书记在比利时布鲁日欧洲学院的演讲中指出：“中国是有着悠久文明的国家。两千多年前诸子百家的许多理念，至今仍然深深影响着中国人的生活。中国人看待世界、社会和人生，有自己独特的价值体系。中国人独特的精神世界，让中国人具有极强的民族自信心，也培育了以爱国主义为核心的民族精神。”他还强调：“脱离了中国的历史，脱离了中国的文化，脱离了中国人的精神世界，脱离了当代中国的深刻变革，是难以正确认识中国的。”毫无疑问，习近平强调了中国文化的特殊性，强调了文化识别的重要性，以及研究文化的重要意义。

文化是这样重要和富有魅力，吸引着众多学者来研究，但文化研究是十分困难的，因为有许多错综复杂的因素在影响着文化，而文化本身又有许多隐性的、难以测量的和几乎无法准确表述的内容。我和我的学生们，在近三十年的时间里致力于组织文化的研究，取得了一些有益的成果。陈致中副教授的这本专著，就是这些研究的最新成果。这本专著为我们提供了许多新理念、新视角：

第一，提供了组织文化认同度这一新的研究视角。作者开发出组织文化认同度量表（OCIS），它包含认知层面、情感层面、行为层面和社会化层面四个维度，除了遵循心理学的认知原则外，也体现了文化认同的过程。一般情况下，组织内部的员工是先了解、记住组织文化，才会对文化产生情感上的归属，进而以实际行动来支持文化建设，并把组织的价值体系内化到自己心灵。

第二，有助于读者正确理解组织文化的作用。作者主要在探讨组织文化认同度的概念结构和作用机制。经过实证分析，发现组织文化认同度确实有助于提高员工的组织承诺，降低员工的离职意向。这就证明了组织文化建设对组织效能有所助益，至少它能够提高员工对组织的投入感、向心力和责任感，并降低员工离职的可能性。

第三，提供了组织人际和谐（Interpersonal Harmony）这一新的研究视角和研究工具。作者利用严谨的扎根理论研究法，开发出组织人际和谐量表（OIHS），量表包含同事和谐、上下级和谐及整体和谐三个维度，体现了不同的人际关系和不同的和谐内涵，有助于读者更深入地了解本组织中哪一类和谐表现较好、哪一类和谐需要改善，从而明确和谐文化的建设方向。

第四，从文化视角研究变革型领导。作者对变革型领导的作用机制及其和组织文化认同度的关系进行了探索，证明了变革型领导有助于提高员工的文化认同度以及组织内的人际和谐气氛。换句话说，该书从文化的层面证明了变革型领导是相当有效的领导方式。

第五，提供了文化诊断的新工具。作者开发出的组织文化认同度量表，可以作为组织文化建设的考核工具。而组织人际和谐量表可以作为组织衡量内部和谐状况、考核和谐文化建设成效的工具。

第六，有助于传媒集团的管理者更加深入地探索本身的组织文化与员工行为。

过去，传媒行业由于本身体制和经营模式上的特殊性，加上传媒集团本身通常规模较小、人员结构也不及其他产业的企业集团那么复杂，因此传媒集团的经营管理相对较为依赖经验，较少利用现代化、科学化的管理工具和手段来优化自身的经营模式与管理方法。特别是在对内部人员的管理方面，虽然许多传媒集团的领袖（如南方报业传媒集团的领导班子和广州日报报业集团的领导班子等）已经意识到组织文化内聚人心、外塑品牌的作用和重要性，也有意识地想打造强势的组织文化，却苦于缺乏足够的理论和方法支持，从而显得有心无力。

该研究通过自行建构的组织文化认同度量表和组织人际和谐量表，加上组织文化类型、组织承诺、离职意向等规范的组织行为研究工具，针对《联合报》和《南方都市报》两个有代表性的报业组织进行调研，证实了这些组织文化和组织行为研究工具、量表同样适用于针对传媒集团的研究；并且该研究通过实证分析，指出了《联合报》和《南方都市报》两个报业组织在组织文化类型、组织文化认同度、组织承诺等方面的不足。这些内容对于其他传媒组织同样具有借鉴作用。

第二次世界大战后，美国取代英国成为世界第一强国，研究美国成为世界的热点；20 世纪 70 年代，日本经济崛起，80 年代全球形成了研究日本的热潮；当今，中国的经济崛起，又吸引了全世界的目光。在一次中国人力资源管理研讨会上，一位美国教授甚至大声疾呼："现在到了全世界研究中国的时候了!"

我把该书推荐给那些想研究中国，研究中国文化，研究中国经济崛起，研究中国企业振兴之路的人们，以及那些致力于打造优秀的企业文化、不断提升企业竞争力的企业家和职业经理们，祝愿他们从该书中汲取智慧，奉献出更新的研究成果并取得更高的实战业绩，推动中国企业的繁荣发展，推动中华民族的伟大复兴，推动世界变得更加美好。

张 德

清华大学经济管理学院教授、博士研究生导师

2014 年 5 月 7 日于清华园

目　录

1 绪 论

1.1 研究背景

在21世纪，人已然成为组织中最重要的资源，企业任何的生产或经营活动，均需要人力资源的配合才能够实现组织的目标。而想要使企业内的人力资源生生不息地运作下去，就需要有一套企业上下共同遵守的价值体系，也就是企业文化。倘若缺乏企业文化的支持，纵使拥有雄厚的有形资产，企业也无法完全发挥战斗力，也无法成就大目标与大事业（施振荣，1999）。

文化除了对企业本身无比重要外，对组织内的员工更是影响深远，根据企业文化与员工关系的实证研究（Lahiry，1994；彭凤明，1996；黄英忠、吴融枚，2000），企业文化会显著地影响员工的组织承诺。同时，企业文化也是实现组织承诺、影响价值观的关键，并且是达成组织预期结果的工具（Slocum，1996；Hodge、Anthony & Gales，1996）。

随着我国经济改革的深化和企业自身的发展，许多企业开始体会到文化建设的重要性。特别是中国加入 WTO 后，经济全球化趋势加强，企业面临更加激烈的国际竞争和复杂多变的外部环境，越来越多的中国企业认识到组织文化对其生存、发展尤其是可持续发展的重要影响，把学习组织文化理论、组织文化策划和更新组织文化列上议事日程（张德，2003）。同时，政府也认识到组织文化发展对提高组织竞争力的重要作用。2005年，国务院国有资产监督管理委员会印发了《关于加强中央企业企业文化建设的指导意见》，明确提出要用三年左右的时间，基本建立起适应世界经济发展趋势和我国社会主义市场经济发展要求，遵循文化发展规律，符合企业发展战略，反映企业特色的企业文化体系。由此，中国掀起了企业文化建设的热潮。

然而，尽管中国企业热切迎接文化管理的时代，但在文化管理的具体操作上，仍存在明显的不足，这可以从全国企业家系统 2004 年的调查结果中得到印证。中国企业家调查系统（2004）对 2 881 家企业进行了“2004年中国企业经营者问卷跟踪调查”，结果显示：高达 88% 的企业经营者认为企业文化对企业发展影响较大，67.3%的企业经营者认同“企业文化是企业核心竞争力”这一说法，这说明越来越多的中国企业家认识到企业文化的重要性。

但与此同时，超过2/3的被调查者认为企业领导人很少重视企业文化建设。而在建设企业文化的困难点方面，在接受调查的企业领导人中，有38.4%的人认为是内部缺乏共识，有33.9%认为是缺乏动力，有13.1%认为是“不知道如何做”。显然，中国多数企业虽然知道企业文化建设的重要性，也有心进行文化建设，却往往无从下手。

由于对文化类型、文化认同、文化对员工行为及组织绩效的影响机制等理论不了解，许多企业未能很好地将组织文化建设与企业的运营紧密结合，导致了很多问题，如盲目跟风，文化内容形式化和重复；文化活动过于单调，缺乏内涵；文化建设沦为单纯的口号宣传，没有落实到日常工作和组织的经营管理中。“说出来，却没有做出来。”

仔细分析上述问题不难发现，组织文化建设由于缺乏清晰的理论指导，而使实践中组织对应如何根据战略塑造出与之相适应的文化、如何提高员工对组织文化的认同、如何通过文化建设改善员工行为及组织绩效等问题十分模糊且难以操作，从而限制了组织文化作用的进一步发挥。因此，加强对组织文化的理论和实践研究，为企业界提供具体的实施指导，成为当务之急。

目前，学术界对组织文化的类型（Deal & Kennedy，1982；Cameron & Quinn，1999；Denison，1984；刘理晖，2005）、文化的强度（王玉芹，2007）、文化与绩效的关系（Kotter & Heskett，1992；王辉、忻榕、徐淑英，2006等）以及文化与员工行为的关系（Lahiry，1994；Slocum，1996；Hodge、Anthony & Gales，1996；黄英忠、吴融枚，2000）均有相当的研究成果。然而对于员工的组织文化认同（Organizational Cultural Identity），迄今为止的实证研究还比较稀少。

由于企业文化（或组织文化）乃是企业全体员工在长期发展过程中培育形成并共同遵守的最高目标、价值观念、基本信念和行为规范（张德，2003），也就是说，文化是体现在员工身上的，唯有绝大多数员工都认同、遵守并信任组织文化，文化才能发挥应有的作用。因此，研究组织文化认同度具有一定的意义。

基于此，本书致力于探讨员工组织文化认同的内在结构和测量方式，以及组织文化认同的作用机制，希望能为企业的文化建设提供更多的理论依据。

除了探讨组织文化认同度这一概念本身之外，本书的另一个重点在于对报业进行组织文化和组织行为方面的相关研究。因为对于报业组织而言，组织文化（或企业文化）的打造和提升，也是极其重要的。报业属于知识密集型产业，在当前激烈的报业竞争中更需要报业组织及员工充分发挥其聪明才智，不断提高创新能力。谁善于进行知识创新、技术创新，谁就有可能掌握报业经济发展的主动权。报业组织作为面向市场的企业，其产品要能够满足社会和受众不断发展变化的需求，企业文化建设也应体现并强调创新的价值取向和要求，即把培养“创新”意识作为报业企业文化建设的一个要旨。

报业组织在企业文化建设中要想增强其创新性，应做到：第一，营造创新的环境氛围。要使企业处于一个开放的系统中，能接纳各种新思想、新观念和行为方式，能容许抵触和冲突的暂时存在。第二，培育员工的创新意识。要使员工认识到创新对于企业发展的重要性并具有创新的潜意识。第三，技术创新。无论是思想观念方面的创新还是业务技能方面的创新，都能促进报业组织自身良性发展，增强其综合实力和市场竞争力，并为其可持续发展提供源动力。

在瞬息万变的市场中，报业组织不可能依靠某一个或某几个品牌一劳永逸地占据优势地位。同时，读者的阅读水平在提高，读者的阅读趣味在变化，并且传播技术的迅猛发展，往往也会对传媒生态和市场的走势造成显在的或潜在的影响。报业组织的企业文化建设需要与时俱进，不断更新观念、改善心智模式和创新行为方式，同时对企业文化中消极或劣质的文化元素加以甄别并予以淘汰，使优质文化的元素成为其主流和遗传基因，使积极向上、富于进取的创新精神成为企业文化的主宰和灵魂。

1.2 主要研究问题与研究框架

1.2.1 主要研究问题

一、探讨组织文化认同的概念结构与测量维度

文化一向是人类学（Anthropology）和社会学（Sociology）研究的重要范畴，而文化认同（Cultural Identity）这一概念也早已出现在人类学的研究中。对人类学家而言，文化认同是指“个人接受某一族群文化的态度与行为，并且不断将该文化之价值体系与行为规范内化至心灵的程度”（卓石能，2002；陈枝烈，1997；谭光鼎、汤仁燕，1993）。Banks & Banks（1989）认为，文化包含一个族群的成员通过沟通系统所分享的知识、概念和价值。换句话说，文化只有在被所属成员了解、认同和分享后，才能发挥其作用。没有得到成员认同的价值观或口号，并不能成为真正的文化内涵。

由于组织（或企业）是由人构成的，因此文化认同度的概念对组织（或企业）也同样适用。可以说，企业文化建设的目标除了提出优秀的、适合企业情况和战略发展的文化价值观和制定相应的行为规范外，更重要的是获得员工的认同，让企业文化能够深植人心、落到实处。否则，再优秀的文化价值观，如果得不到员工的理解和认同，也不可能发挥出应有的作用。

然而，目前学术界对于组织文化认同度，还缺少一套有效的理论体系和测量工具。人类学界使用较广泛的直交文化认同量表（Orthogonal Cultural Identification Scale，OCIS）主要是用在测量移民或是少数族群成员对于自身文化和社会主流文化的认同度（Oetting & Beauvais，1991），较难移植到组织文化认同度的研究上。

目前，国内学者对组织文化认同（或企业文化认同）的论述并不少见（如张志鹏，2005；张培德，2005；丁强，2004），然而大多停留在文献探讨和观念陈述的阶段，缺少具体的实证研究。刘苑辉（2006）曾经采用盖洛普公司（The Gallup Organization）著名的 Q12 量表来衡量企业员工的文化认同度。然而 Q12 量表原本是用来测量企业基础环境和管理氛围的，所测的两者与企业文化认同度的概念并不相同。因此可以说，目前并没有一套真正的组织文化认同度测量工具，并且，与组织文化认同度相关的概念和理论体系也不成熟。

因此，本研究的首要工作，就是对组织文化认同的概念结构与测量方式进行探讨。本研究利用扎根理论（Grounded Theory）研究法，从定性的数据中提取、形成了组织文化认同的概念与维度结构，并由此建构出相应的测量量表。接着，本研究以定量的方法检验该量表的信度和效度，一方面验证概念的维度结构，另一方面确保量表能够有效地衡量员工的组织文化认同度。

拥有较为严谨、科学的组织文化认同测量工具，将有利于往后探讨组织文化认同与其他组织行为变量的关联。此外，企业也能更好地测量员工的组织文化认同度，有助于衡量企业文化建设的成效。

二、探讨组织文化认同的作用机制

除了探讨组织文化认同的概念及维度结构外，更重要的是了解组织文化认同的作用机制，也就是组织文化认同和哪些变量有关。

在组织文化认同的前因变量方面，本研究主要探讨变革型领导（Transformational Leadership）对组织文化认同的影响。变革型领导是近年领导学研究的热点之一，主要指领导者并非通过传统的奖惩系统来管理员工，而是通过改变员工的价值与信念、开发其潜能、给予其信心等方式来提高员工对组织目标的承诺，并产生意愿与动机，为组织付出个人期望外的努力（Bass，1985）。

由于组织文化建设本来就是一种“一把手工程”，主要领导者的思想素质、政策水平、价值观念甚至人格特征，都会对组织文化产生非常显著的影响（张德、吴剑平，2002），因此，主要领导者的领导方式必定会影响员工的组织文化认同度。事实上，在组织认同的研究中就发现，员工与领导之间的关系会影响员工的组织文化认同度（Morgan et al.，2004）。而变革型领导是通过价值观来管理员工的，通过领导者的个人魅力与愿景，从精神、观念和道德层面获得部属的认同（王佳玉，1999）。也就是说，变革型领导是一种文化领导方式，其一方面能营造组织内部的文化氛围，另一方面能提高员工对组织的向心力和凝聚力，以达到组织与员工的共同成长。可以说，变革型领导和员工的组织文化认同度是有密切关系的。因此，本研究认为变革型领导会影响组织文化认同。

此外，在对组织文化认同进行扎根理论研究时，许多深度访谈的受访者都认为组织内部的和谐气氛与组织文化认同密切相关。事实上，和谐本来就是中国文化最基本的运作法则（李亦园，1992），组织内部能否营造出一种和谐、互相尊重、互相帮助的气氛，必然会对员工的向心力及其组织文化认同度产生影响。此外，已有的研究也指出了变革型领导对组织内部的人际和谐有影响（王锦堂，2002）；因为变革型领导原本就特别重视引发团体工作的意识、引导成员超越自身的利益需求，致力于团队合作（Bass & Avolio，1994）。因此，本研究认为变革型领导和组织内部的人际和谐会共同影响组织文化认同，而变革型领导本身对人际和谐也有影响。

在组织文化认同的结果变量方面，本研究主要希望了解员工的组织文化认同度是否会影响组织的效能（Effectiveness），因为组织文化建设的根本目的，就在于提高组织的绩效以及员工的工作效能。由于组织文化认同是个人层面的变量，因此在结果变量上，主要也是考虑个人层面的效能。

个人效能的测量可以分为客观法（Objective Approach）和主观法（Subjective Approach），客观法就是以个人的实际生产量、生产效率等客观数据来衡量个人效能，然而，这类数据经常受到情境因素的影响，很难说清是否真的是由个人的因素造成的；此外，许多职位并不容易找到客观的效能指标（Cascio，1991；郑伯埙、郭建志、任金刚，2001），因此，采用主观指标来评定个人效能是较为常见的做法。而常用的主观效能指标包括组织承诺、组织公民行为、工作满足以及离职意向（Porter et al.，1974）。

其中，组织承诺代表的是员工对组织的投入感、情感附着以及责任感，离职意向则代表的是员工在一定时间内离开组织的可能性，这两者可以说和文化认同关系密切。员工如果高度认同所在组织的价值观、信念和行为规范，自然就会感到自己是这个文化群体的一分子，对组织会产生感情以及道义感，也就不会轻易地想要离职。

因此，本研究选择组织承诺以及离职意向作为组织文化认同的结果变量。

三、探讨报业的组织文化及其作用机制

报业属于较为特殊的组织类型，既有和一般企业一样的经济属性，但也有不同于一般企业的社会属性和意识形态属性，而且报业的运营模式和社会责任等方面也具备和一般企业不同的特质。因此，尽管组织文化已经被众多实证研究证实在一般企业中发挥着重大作用，但这样的作用在报业组织当中是否依然存在则有待验证。

此外，由于报业本身的属性和经营模式与一般企业并不完全相同，加上报业（及广义上的传媒）一般而言规模较小，人员结构和管理方式也较为简单等原因，到目前为止，针对报业经营管理方面的研究大多属于论述性、经验性的研究，缺乏规范而科学的实证研究，这使得我们对报业经营管理的实际效益和员工的实际行为表现等，缺乏直观、可靠的数据，这也对报业经营管理模式的优化和改革带来了较大的困难。

因此，本研究在探索组织文化认同度、组织人际和谐等变量的结构和作用机制的基础上，进一步以报业为对象进行实证调研，探索报业当中的组织文化相关变量及其作用机制。这对于传媒学术界以及实务界而言，均具有较重要的意义。

1.2.2 研究框架

综上所述，本研究主要涉及的变量除了组织文化认同度外，还包括变革型领导、组织人际和谐、组织承诺以及离职意向共五个主要的研究变量。

其中，变革型领导是最主要的前因变量，本研究认为，运用变革型领导方式，可以有效提高员工的组织文化认同度。此外，本研究通过扎根理论研究法得到的新变量“组织人际和谐”，也是组织文化认同的前因变量之一，因为在中国环境下，组织内部如果存在一种和谐、互相尊重、互相体谅的人际氛围，必然有助于提高员工对组织的向心力和凝聚力，也有助于提高员工的组织文化认同度。

同时，变革型领导和组织人际和谐两者也存在关联。变革型领导原本就特别重视团队合作和员工之间的凝聚力，对于改善员工之间的关系以及上下级之间的关系有所助益，因此可以在组织内营造和谐气氛。基于此，本研究认为变革型领导也会对组织人际和谐产生影响。

在组织文化认同的结果变量方面，本研究选择了组织承诺和离职意向，这两者都是员工个人效能的重要内容（Porter et al.，1974），探讨这两者与组织文化认同的相关性，有助于深入了解组织文化认同的意义以及作用机制。

另外，组织承诺与离职意向之间也存在关联。已有的研究表明，组织承诺是影响离职意向的最重要因素（McNeilly & Russ，1992），或至少是重要的影响因素之一（Igbaria & Greenhaus，1992）。因此，本研究也必须把组织承诺和离职意向两者之间的交互作用考虑进来。

综上所述，本研究的概念框架如下：

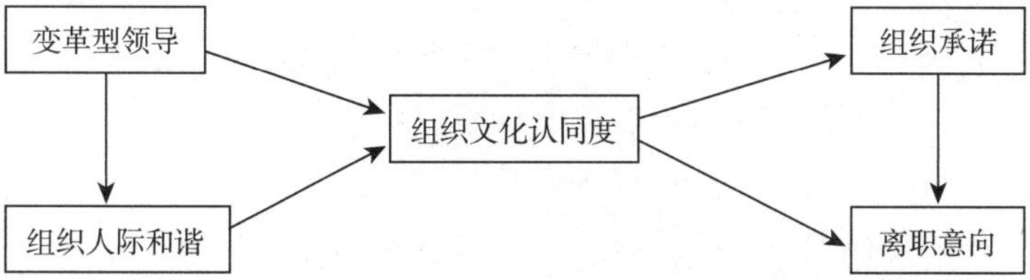

图 1.1 本研究概念框架模型

1.3 意 义

1.3.1 理论意义

本书以建构员工组织文化认同度为主要方向，同时探讨组织文化认同度与变革型领导、组织人际和谐等前因变量，以及组织承诺、离职意向等结果变量的关联。这一选题的主要理论意义表现在以下方面：

1. 建构员工组织文化认同度的概念模型与测量工具

如前文所述，组织文化是作用在员工身上的，因此组织文化建设的主要目的之一，就是提高员工对文化的认同度。然而，学术界目前尚缺少研究组织文化认同度的工具，以往的研究多半把组织文化认同度视为组织认同（Organizational Identity）的一部分，或是通过人与组织匹配（P-O-Fit，也译为个人—组织契合度）的间接方式来测量，然而，由于文化认同属于个人的主观认知，采用间接测量方式来测量容易出现误差。而过去并没有学者以科学化的方式来建构组织文化认同度的直接测量工具，因此本研究可以说弥补了这方面的一块空白。本研究运用扎根理论研究法，以严谨的程序建构出组织文化认同度的维度结构，有助于深入探讨组织文化认同的概念及其与组织认同、人与组织匹配等概念的差异。同时，本研究所设计出的组织文化认同度量表，也有助于往后研究组织文化认同与其他变量之间的关系。

2. 探讨组织文化认同对组织承诺和离职意向的影响

组织承诺和离职意向都是组织效能的重要内容，提高组织承诺及降低离职意向是组织文化建设目标中的其中两个。然而，由于过去缺少测量组织文化认同的工具，因此员工的组织文化认同度是否对组织承诺和离职意向有显著影响，目前尚未得到实证研究的支持。本研究则在建构出组织文化认同度的结构及测量工具的基础上，以回归分析、结构方程模型等方法，探讨组织文化认同度对组织承诺、离职意向的作用机制，这将有助于了解组织文化认同的重要性及影响。

3. 探讨组织人际和谐的概念结构及其对组织文化认同的影响

和谐是中国文化的主流内涵之一，也是目前中国社会发展的重点；然而，关于组织人际和谐有哪些维度以及具体的测量方式，目前尚不是很清楚。本研究从扎根理论中提炼出了组织人际和谐这一概念的结构，建构了相应的测量工具，并探讨了组织人际和谐对组织文化认同的影响。这有助于深入了解和谐的意义和内涵以及组织人际和谐的影响机制。

4. 建构变革型领导通过组织文化认同度发挥作用的机制模型

变革型领导是20世纪80年代以来西方领导理论研究的热点，且已成为领导理论研究的新范式（李超平、时勘，2005）。然而，尽管变革型领导已经被证实与许多组织行为变量有关，但目前关于变革型领导对组织效能影响的中介机制还处于初步研究阶段。本研究在组织文化认同度研究的基础上，进一步探讨变革型领导通过组织文化认同度对组织承诺、离职意向发挥影响的整体过程，这有助于了解变革型领导的作用机制和影响过程，对于领导学的研究也有一定的意义。

5. 探讨报业的组织文化表现及其作用机制

对于报业而言，组织文化的重要性已经有许多学者谈论过，也有不少报业开始强调自身的文化建设。然而，由于缺乏相关的理论指导，该怎么做、做什么、如何开始等依然是困扰着我国报业的重要问题。因此，本研究在探索组织文化认同度结构和作用机制脉络的基础上，进一步分析、探讨报业的组织文化表现及相关组织行为学变量在报业中的作用机制，具备相当的理论意义。

1.3.2 实践意义

除了上述的理论意义外，本研究还具有一定的实践意义：

1. 有助于准确衡量组织文化建设的成效

从20世纪90年代以来，中国企业掀起了一波组织文化建设的热潮。然而，由于组织文化相关的理论尚未完善，许多企业在缺乏足够的理论指导的情况下盲目跟风，建立了不符合组织需求的文化，以至于文化发挥不出应有的作用。

由于组织文化是作用于员工身上的，只要能得到员工普遍的认同和信仰，文化就能够发挥出作用来。因此，提高员工对组织文化的认同度一向是组织文化建设的重要目标之一，员工的组织文化认同度也是衡量文化建设成效的指标之一。本研究探索了组织文化认同度的概念结构，并建构了具备信度和效度的组织文化认同度测量工具，这可以协助企业测量其员工对组织文化的认同度，有助于正确掌握组织文化建设的进展及效果，对企业有相当的实践意义。

2. 有助于正确理解组织文化认同的作用

提高员工对组织文化的认同度，是组织文化建设的重要目标；而对企业而言，文化建设的最终目标，还是通过文化来提高员工以及组织的效能。然而，由于组织文化理论尚未完善，文化建设究竟有没有用、能起到多大的作用，至今仍是众说纷纭。本研究除了探讨组织文化认同的概念结构和测量方式外，还进一步研究了组织文化认同度对组织承诺、离职意向这两个个人效能变量的影响机制，这有助于企业正确理解组织文化认同的作用。

组织承诺代表员工对组织的投入感和归属感，离职意向则代表员工是否愿意继续待在组织中工作。提高员工的组织承诺、降低其离职意向，可以说是每一个企业都乐见的，这也是文化建设的最终目标中的其中两个。因此，探讨组织文化认同与组织承诺、离职意向的关系以及其中的影响机制，有助于企业理解员工组织文化认同的重要性。

3. 有助于选择适当的领导风格

组织文化建设是“一把手工程”，主要领导的思想、行为和领导方式，不但决定了文化建设的效果，也决定着企业的发展。变革型领导是目前领导学研究的热点，这种以价值观、信念和个人魅力来发挥影响的领导方式，已经被证明有助于提高组织的效能。本研究进一步探讨了变革型领导对组织文化认同的影响及其通过组织文化认同而影响组织承诺、离职意向的作用机制。这有助于对变革型领导有更深入的了解，也可以协助企业领导人选择正确的领导方式。

4. 有助于传媒经营管理者科学地认识组织文化的作用，并有针对性地开展文化建设

目前，已经有不少传媒集团意识到组织文化对自身的重要性，并开展了组织文化建设活动，南方报业传媒集团和广州日报报业集团就属于个中翘楚。然而，由于对传媒集团的组织文化和组织行为方面的研究太少，缺乏实证数据支撑，传媒经营管理者在这方面总有不知其所以然、不知该从何下手之叹。因此，本研究采用规范化、科学化的组织文化与组织行为研究工具，对传媒集团进行实证调研，并根据实证研究的结果，剖析传媒集团在组织文化等方面存在的不足，再给出有针对性的改进建议。这样的研究思路对传媒经营管理者而言是有实际意义的，也能够让他们对传媒组织文化的理解和认识再上一个台阶。

1.4 研究方法和研究思路与过程

1.4.1 研究方法

本书采用定性、定量以及案例研究相结合的研究方法。

首先在文献检索与分析的基础上，吸纳人类学、社会学等跨学科的研究成果，建构出初步的组织文化认同度概念模型，然后采用深度访谈、开放式问卷和文献提取结合的方式，运用扎根理论研究法对所得到的资料进行分析、归纳和提取，得出组织文化认同度的结构，编制相应的测量工具。其次，在专家讨论和审核的基础上对组织文化认同度量表进行优化，并提出了组织人际和谐概念，还进行了相应的条目抽取和量表编制。

接下来，笔者在定性研究的基础上进行了定量的数据收集和统计分析。首先以小样本对组织文化认同度和组织人际和谐的概念结构进行了探索性因子分析，修正了问卷条目。接着采用便利抽样和目的抽样结合的方式，收集大样本的数据资料，运用 SPSS 14.0 及 Lisrel 8.2 统计软件，进行了验证性因子分析、方差分析、相关分析、回归分析、结构方程模型等，一方面验证了组织文化认同度和组织人际和谐的结构，另一方面建构了变革型领导通过组织人际和谐及组织文化认同度对组织承诺、离职意向产生影响的过程模型。

在案例研究部分，笔者在实证研究结果的基础上，对两家实际的企业进行了文化诊断，探讨其员工的组织文化认同度和人际和谐状况，并提出了相应的文化建设建议。最后，采用本研究所开发的量表及其他组织行为

研究工具，对《联合报》和《南方都市报》两家报业进行实证调研，探讨两家报业在组织文化认同度、人际和谐、组织承诺等方面的表现，并提出相应的组织文化建设和人力资源管理建议。

1.4.2 研究思路与过程

本书围绕着组织文化认同度的概念结构、测量方式和影响而展开。第一，以文献探讨的方式，检视现有的组织文化认同度研究以及组织认同、人与组织匹配的相关概念研究，明确了研究目标和概念的初步框架。第二，针对 10 家企业、52 名中高层管理者进行深度访谈或开放式问卷调查，在访谈分析和文献抽取的基础上，归纳出了组织文化认同度的结构，提出了组织人际和谐这一新概念，并建构了相应的量表。第三，通过对 117 名 MBA 学生进行的预调研，对概念结构进行了初步验证，并修订了量表内容。第四，对 8 家企业、共 480 名不同层级的员工进行问卷调查，收集大样本数据，首先验证了量表的内容和结构，继而深入探讨了组织文化认同度、组织人际和谐对组织承诺、离职意向的影响，以及变革型领导通过人际和谐和集团发挥影响的模型，最后根据定量研究的结论，针对两家企业及两家报业进行调研，并提出了具体的文化建设对策建议。研究过程图示如下：

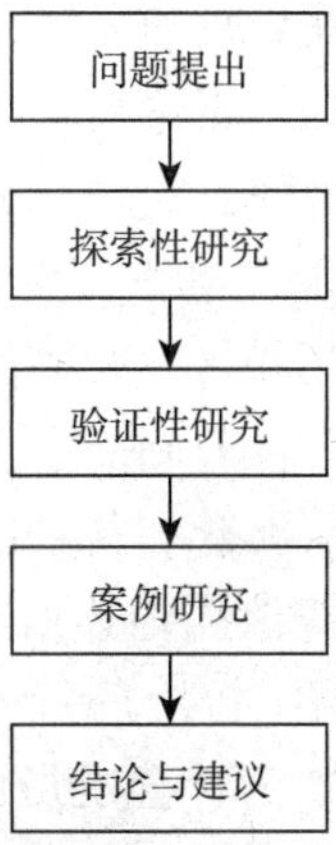

图 1.2 研究过程

2 文献综述

2.1 组织文化文献综述

2.1.1 文化的概念与层次

文化（Culture）源于拉丁文 Cultura（耕耘、耕种），含有某种特定的行动、关照事物及与自然界互动的方式之意。至 19 世纪人类学、社会学研究兴起前，“文化”一般指的是高尚文化或精英文化，包含高尚的修养、礼仪、行为规范，以及文学、绘画、雕刻、歌剧等高尚艺术（Smelser，1988）。

直至 20 世纪，持高尚文化观点者仍坚决认为，大众文化（Mass Culture）不算是文化。对于文化较为中性的定义则始于人类学家的研究，主要源于对初民社会的研究，目的在归纳出一种能描述所有部落、民族及社会的操作型定义，整体而言较精英文化中性。例如：Malinovski 认为，文化是人类的独特生活方式；Kluckhohn 则直截了当地指出，文化乃是“人类生活的全部”。最被普遍接受的则是 Taylor 的观点，他认为文化或者文明，乃是包括知识、信仰、艺术、道德、法律、习惯以及其他人类作为社会的成员而获得的种种能力、习性的一种复合整体（Smelser，1988）。

目前关于文化的定义不少于 160 种，但较为中性的定义均强调文化的“包容性”，即无论是精英/大众文化，传统/流行文化，或是地区/国家文化，一个具操作性的文化定义应该能描述所有阶层及族群的人类生活。综合起来，文化可以被定义如下：文化是一个复杂的整体，包括知识、信念、艺术、道德、习俗和其他作为社会成员的人们具有的能力与习惯。文化是将一个社会与另一个社会区分开来的人们的集体化思维程序，或“思维的软件”（Hofstede，1991）；文化为人们提供了结构经验、解释行为、陈述意义和解决问题的思维工具。

社会学家 Smelser（1988）认为，文化的层次可区分如下：

（1）信仰：主导某一族群所有行为的核心价值，如“个人主义”“学而优则仕”；

（2）偏好：衍生自信仰，对事物的“好/坏”“对/错”“应该/不应该”判断；

（3）价值：更为间接的评量尺度，衡量事物的光谱；

（4）规范：具有强制力量的行为准则，如道德、风俗和法律；

（5）语言：文化传承及表现的媒介。

2.1.2 组织文化的概念

不仅社会和国家拥有文化，每个组织也有其独特的文化模式。对企业文化（或组织文化）的研究，有些学者从社会学的角度去进行，有的学者从人类学的观点去着手，各有各的看法，意见不一，所以至今许多关于企业文化研究的理论成果，对于企业文化的定义始终没有一致的看法，而不能获得普遍的认同。

1979 年，Andrew Pettigrew 在《管理科学季刊》（*Administrative Science Quarterly*）上发表的《组织文化研究》一文中，最早提出了“组织文化”这一概念。随后，哈佛商学院和麻省理工学院的一批教授拉开企业文化研究风潮的序幕，出版了不少影响广泛的著作，如 Ouchi（1981）的《Z 理论》、Deal & Kennedy（1982）的《企业文化》、Peters & Waterman（1982）的《追求卓越》等。

20 世纪 80 年代，组织文化的研究以探讨基本理论为主，如组织文化的概念、要素、类型以及组织文化与企业管理各方面的关系等。进入 90 年代，组织文化研究出现了四个走向：一是组织文化基本理论的深入研究；二是组织文化与企业效益、企业发展的应用研究；三是关于组织文化测量的研究；四是关于组织文化的诊断和评估的研究（王玉芹，2007）。

何谓组织文化？事实上，组织文化的定义有数十种（见表 2.1），例如，Pettigrew（1979）认为，组织文化是组织中信仰、意识形态、语言、仪式和传说的混合物。而 Hofstede 等（1990）认为，组织文化是指组织中共享的价值观和行为方式，其中价值观是核心，行为方式则包括仪式、英雄和象征。台湾学者司徒达贤则指出，组织文化是组织成员所共同分享的一些重要价值观念，这些价值观念会影响员工在组织中的行为与决策方向。

综合看来，西方学者对组织文化的定义有三个要点（刘理晖，2005）：

第一，组织文化是组织历史的产物，或者说是组织内部社会化过程的产物。因此，组织文化具有独特性，任何组织中的文化特性都会有所不同，这既使得组织文化研究经久不衰，也使组织文化的测量比较研究具有理论与现实的可行性。

第二，组织文化由在组织中占主导地位的价值观、基本假设、信念、行为方式等核心要素构成。其中，“价值观”指组织成员对客观事物按其对自身或社会的重要性进行评价和选择的标准，当某种价值观成为组织成员共有的判断标准时，它就是组织文化的一部分（Barley et al.，1988）。“基本假设”是在更深层意义上对人性、环境、真理、时空、人际关系等问题的基本判断（Schein，1992）。“信念”是指某种被认为在处理组织生存发展问题上有效的价值观，其为组织所共有（Denison，1984）。“行为方式”则指组织成员思考的方式及由此而产生的独特行为模型（Rousseau，1990）。

第三，组织文化通过各种载体在组织内部传播。英雄、故事、传说、口号、仪式、内部语言、符号等都是常见的载体，组织通过这些载体把自己的基本假设和价值观传递给组织成员，成为整个组织共同信奉并遵循的准则。

表 2.1　组织文化的定义

学　者	对组织文化的定义
Pettigrew（1979）	组织中的信仰、意识形态、语言、仪式和传说的混合物
Ouchi（1981）	组织中的象征、仪式和传说，组织用以把基本价值观和信仰传输给组织成员
Deal & Kennedy（1982）	组织中占主导地位的价值观
Peters & Waterman（1982）	组织中一套主导性的、连贯的共享价值理念。它通过故事、传说、口号、仪式等手段传输给组织成员
Denison（1984）	组织中的一套价值、信念及行为模式，以建立起组织的核心体
Gardner（1985）	共有的价值和信念，此系统与公司成员、组织结构及控制系统交互作用以产生行为规范
Robbins（1991）	在组织内部比较一致的知觉，具有共同的特征，是描述性的，能区分组织间的不同，而且整合了个人、团体和组织的系统变量
Hofstede 等（1990）	组织中共享的价值观和行为方式，其中价值观是核心，行为方式则包括仪式、英雄和象征
O'Reilly & Chatman（1991）	存在于组织中的具有一定强度、广泛共享的核心价值观
Schein（1992）	组织在学习解决外部适应和内部整合问题时所创造、发现或发展出来的一套基本假设模型

（续上表）

学 者	对组织文化的定义
河野丰弘（1992）	组织成员所共有的价值观、共通的观念、意见决定的方法，以及共同的行为模式之总和
Cameron & Quinn（1999）	由组织所信奉的价值观、主导性的领导方式、语言和符号、过程和惯例以及对成功的定义方式反映出来
郑伯埙（1990）	组织文化是组织中一种内化性规范信念，可用来引领组织成员的行为
韩岫岚（1992）	广义的企业文化指企业所创造的具有自身特点的物质文化和精神文化，狭义的企业文化是企业所形成的具有自身个性的经营宗旨、价值观念和道德行为准则的综合
张德（2003）	组织全体员工在长期发展过程中培育形成并共同遵守的最高目标、价值观念、基本信念和行为规范
司徒达贤（2001）	组织文化是组织成员所共同分享的一些重要价值观念，这些价值观念会影响员工在组织中的行为与决策方向
刘光明（2002）	一种从事经济活动的组织中形成的文化，其包含的价值观念、行为准则等意识形态和物质形态均为该组织成员所共同认可
俞文钊等（2002）	企业文化是指在企业的长期经营发展过程中逐步形成的、具有本企业特色、能够长期推动企业发展壮大的群体意识和行为规范，以及与之相适应的规章制度和组织机构的总和

资料来源：本研究整理。

Schein（1992）认为，当组织在面对外在环境的适应问题以及组织内部的整合问题时，会逐渐发展出一套基本假设，并会将其传授给新进的组织员工；而这套假设就是组织的文化。基于此，Schein 把文化分为如下三个层次：

（1）基本假设。其包括组织文化体系中潜意识的信念、理解、思维和感觉，是一切价值观和行为的最终根源，是文化中最深、最根本的一个层次，是文化的精髓所在。

（2）表述的价值观。组织中人们能够感知到的价值观表述性解释，包括组织战略、制度、规范、流程等。表述的价值观主要用于引导组织的行为。

（3）文化表象。组织所构建的物质环境、外在形象与社会环境，即组织文化的物质载体。在这一层次上可以观察物体的空间布局，群体的技术成果，组织的书面报告和口头语言，艺术作品以及员工的公开行为。

张德（2008）归纳各家学说，认为组织文化就是组织在长期的生存和发展中所形成的、为组织所特有的，且为组织多数成员所共同遵循的最高目标、价值标准、基本信念和行为规范等的总和及其在组织活动中的反映。他也认为企业文化包含三个层次：理念层、制度行为层和符号层。理念层是组织核心价值观以及由此形成的思维模式；制度行为层包括组织的制度与行为规范、正式与非正式的组织结构以及信息的传递方式等；符号层则指组织形象、符号、语言、习惯、组织标志等外显的部分。

理念层指组织的领导和员工共同信守的基本信念、价值标准、职业道德等，它是组织文化的核心和灵魂，是形成组织文化符号层和制度行为层的基础和原因。组织文化中有没有理念层是衡量一个企业是否形成了自己企业文化的标志和标准。

制度行为层是组织文化的中间层次，主要指对组织员工和组织行为产生规范性、约束性影响的部分。它主要规定了组织成员在共同的生产经营活动中应当遵循的行动准则及风俗习惯，主要包括一般制度、特殊制度和特殊风俗。

符号层是组织文化的表层部分，是企业创造的器物文化，它往往能折射出企业的经营思想、经营管理哲学、工作作风和审美意识。符号层主要包括以下几个方面：企业标志、标准字和标准色，厂容厂貌，产品的特色、式样、品质、包装等。

当一个人初次接触某一文化时，首先了解的是该文化最外层的语言、器物等，需要深入探索才能逐渐揭露文化中的价值观及意念，乃至于最核心的基本理念和假设。

组织文化具有如下特性（张德，2003）：

（1）无形性。组织文化包含的共同理想、价值观念和行为准则，是作为一个群体心理定式及氛围而存在的，在组织文化的影响下，员工会自觉地按照组织的共同价值观和行为准则去工作、学习和生活，这种作用是潜移默化、无法度量和计算的，因此组织文化是无形的。当然，无形的组织文化也需要通过有形的载体（如成员、产品、设施等）来表现。

（2）软约束性。组织文化之所以对组织经营管理起作用，并不是靠规章制度之类的硬约束，而是靠核心价值观对员工的熏陶、感染和诱导，使组织员工自觉地按照组织的共同价值观和行为准则去行动，属于一种软约束。

（3）相对稳定性和连续性。组织文化是随着组织的诞生而产生的，具有一定的稳定性和连续性，能长期产生影响，并不会因为日常经营环境的微小改变或是个别员工的去留而发生变化。

（4）个性。每个组织的文化都有其独特之处。由于民族、行业、历史、产品特点等的不同，一个组织的文化必然会有不同于其他组织的特色存在。

2.1.3 组织文化的类型与测量

每一个企业的成立背景皆不同，因此每一个企业形成的文化也就不同，对于企业文化的类型，各学者的看法亦不同。文化的类型（type），或者叫特质（trait）、内容（content），是指组织文化所具备的一些特定的价值观、信仰和共同的行为模式（Saffold，1988）。由于组织文化的内涵较为抽象和复杂，为便于理解和操作，人们经常采用分类学的方法来对不同的组织文化进行界定。

1. Deal & Kennedy 的研究

Deal & Kennedy（1982）在考察了数百家企业及他们的环境之后，依据组织对环境变化的回馈速度以及风险承受程度两方面，将组织文化分为：

（1）强悍型文化（Tough-guy/Macho Culture，亦有译为“硬汉型文化”）：是指个人主义的员工，他们经常冒着很大的风险孤注一掷，行动的成败结果也能很快获知，如广告公司、建设公司。

（2）玩命工作/尽情享乐的文化（Work Hard/Play Hard Culture，亦有译为“工作努力/玩时尽兴型文化”）：玩乐与工作并重，员工重行动、讲享乐、少冒险，这种文化会鼓励人们尽量采取低风险的活动以求成功，如汽车经销商。

（3）赌注型文化（Bet-your-company Culture）：决策中包含的成本极大，却要数年后才能知道对或错，若决策错误，将会对公司产生极严重的影响，如石油公司。

（4）按部就班型文化（Process Culture）：这是一个很少回馈的文化，员工很难测知自己所做的事的效果，只能照着既定的程序来办事，如水电公司。

2. Wallach 的研究

Wallach（1983）曾在其研究中提出四种企业文化类型：

（1）官僚型文化（Bureaucratic Culture）：此类文化的企业之组织层级结构与权责划分相当明确、清楚，工作性质大都已标准化及固定化，此类文化通常是建立在控制和权力的基础上，一般较为稳定、成熟及行事较为审慎的企业的文化均属此类型的文化。

（2）创新型文化（Innovative Culture）：此类文化的企业所面临的竞争环境通常较为复杂多变，工作较具有创造性与风险性，故此类企业中具有企业家精神或充满野心的人较容易成功。

（3）支持型文化（Supportive Culture）：此类文化的企业的工作环境相当的开放、和谐，具有家庭的温暖感觉，组织中具有高度的支持及信任，十分重视人际关系。

（4）效率型文化（Effective Culture）：此类文化的企业十分重视成本的控制及绩效的提升，非常讲究效率；个人和部门之间都会相互为绩效而竞争。主要根据“风险/收益”权衡来行事，时常冒极大的风险，同时也能接受极大的变革。

3. Trompenaars & Hampden-Turner 的研究

Trompenaars & Hampden-Turner（1998）曾在其研究中将企业文化分为四种类型：

（1）家族文化（The Family Culture）：此类文化的企业像家庭一样，员工间有着亲切的个人关系，但同时具有明显的阶级关系，有经验的员工的权力远远大于年轻的员工。这是一种权力导向的企业文化，领导者被认为是一家之主，他永远指导部属应该去做什么事，也知道哪些事对部属是有益的。

（2）官僚文化（The Eiffel Towel Culture）：此类文化的企业会依角色的分派而合作，依照规章制度和权力结构，努力去完成企业指派的事情。在官僚文化里，看重的是个人在组织中的角色地位，而非每个人的能力或个性。

（3）导弹文化（The Guided Missile Culture）：这是一种目标至上的文化。此类文化的企业强调，工作必须坚定意图和完成目标，只要是需要的，就必须尽最大的努力去把事情做好。

（4）孕育文化（The Incubator Culture）：此类文化的企业之的组织结构比较松散，强势文化在此公司尚未形成。它没有固定的架构，却是一种富有感情和创新的文化环境。

4. Cameron & Quinn 的研究

Cameron & Quinn（1999）在竞争价值观框架（Competing Values Framework，CVF）的基础上，构建了组织文化评价量表（OCAI）。CVF 是由对有效组织的研究而发展起来的，它所回答的主要问题是：什么是决定一个组织有效与否的主要判据？影响组织有效性的主要因素是什么？

Campbell 等（1974）曾构建了一套由 39 个指标构成的组织有效性度量量表。Cameron & Quinn（1999）考察了这些指标的聚类模式，发现了两个主要的维度（灵活性/稳定性，关注内部/关注外部），并且可以依照这两个维度把组织文化分为四个象限，分别代表着不同特征的组织文化（见图 2. 1）。这四个象限分别被命名为宗族型（Clan，或译为家族型）、活力型（Adhocracy）、层级型（Hierarchy）和市场型（Market）。

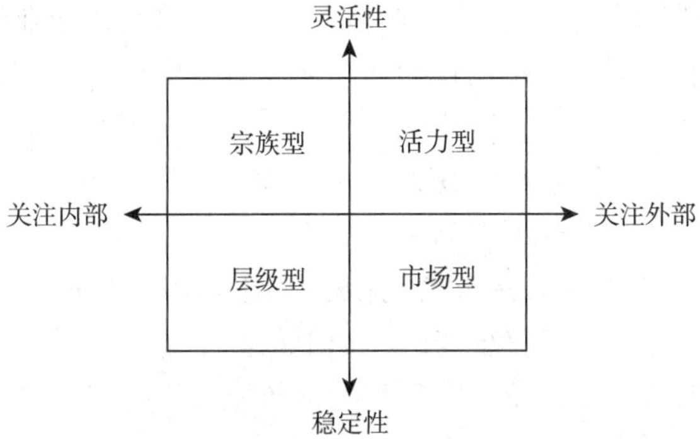

图 2.1 Cameron & Quinn 组织文化四象限

（1）宗族型文化：组织的工作环境充满友好。人们之间相互沟通，像一个大家庭。领导以导师甚至父亲的形象出现。组织靠忠诚或传统凝聚员工，强调凝聚力、士气，重视关注客户和员工，鼓励团队合作、参与和协商。组织的成功意味着人力资源得到发展。

（2）活力型文化：组织具有充满活力、有创造性的工作环境。人们勇于争先、冒险。领导以革新者和敢于冒险的形象出现。组织靠不断实验和革新来凝聚员工，强调位于领先位置。组织的成功意味着获取独特的产品或服务，鼓励个体的主动性和自主权。

（3）层级型文化：组织具有非常正式、有层次的工作环境，人们做事有章可循。领导以协调者和组织者的形象出现。组织靠正式的规则和政策凝聚员工，关注的长期目标是组织运行的稳定性和有效性。组织的成功意味着可靠的服务、良好的运行和低成本。

（4）市场型文化：此类文化的组织属于结果导向型组织。组织员工之间富于竞争力，以目标为导向。领导以推动者和竞争者的形象出现。组织靠强调胜出来凝聚员工，关心声誉和成功，关注的长期目标是富于竞争性的活动和对可度量目标的实现。组织的成功意味着高市场份额和市场领导地位。

Cameron & Quinn（1999）通过大量的文献回顾和实证研究还发现：组织中的主导文化、领导风格、管理角色、人力资源管理、质量管理以及对成功的判断准则同样对组织的绩效表现有显著影响。在后来的组织文化评价量表中，他们提炼出六个判据（Criteria）来评价组织文化：主导特征（Dominant Characteristics）、组织领导风格（Organizational Leadership）、员工管理（Management of Employees）、组织凝聚（Organizational Glue）、战略重点（Strategic Emphases）和成功准则（Criteria of Success）。

组织文化评价量表共有 24 个测量条目，每个判据下有四个陈述句，分别对应着四种类型的组织文化。对于某一个特定的组织来说，它在某一时期上的组织文化是四种类型文化的混合体，通过组织文化评价量表测量后形成一个剖面图，可以直观地用一个四边形来表示。Cameron & Quinn（1999）指出：组织文化评价量表在辨识组织文化的类型（Type）、强度（Strength）和一致性（Congruence）方面都是非常有用的。

组织文化评价量表的突出优点在于为组织管理实务者提供了一个直观、便捷的测量工具。和其他组织层面上的测量量表相比，它在组织文化变革方面有着较大的实用价值，且较为简单而便于操作。目前，中国企业文化测评中心所采用的企业文化类型的测评，其主要理论来源就与之有极大的关联。经过修正后的组织文化评价量表的名称为“中国企业文化类型测评量表”，其经过了上百家中国企业的检验，在中国企业中的认可度较高。

5. Denison 等的研究

美国密歇根大学商学院的 Denison 教授构建了一个能够描述有效组织的文化特质模型（Denison，1984）。该模型认为有四种文化特质，即适应性（Adaptability）、使命（Mission）、一致性（Consistency）和投入（Involvement），它们均和组织有效性显著相关，其中每个文化特质对应着三个子维度，一共有十二个子维度。

和组织文化评价量表相比，Denison 的组织文化量表（OCQ）由于包括的子维度更多，因此在揭示组织文化内容方面显得更为细致。但相对而言，Denison 的组织文化量表显得较为复杂，再加上其西方文化的背景，与中国企业的实际要求距离较远，甚至在概念翻译方面都存在较大的障碍。

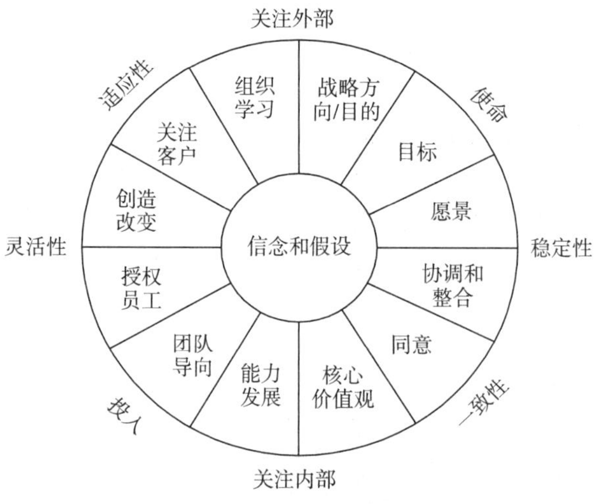

图 2.2 Denison 组织文化特质模型

6. 王辉、忻榕和徐淑英（2006）的研究

王辉、忻榕和徐淑英（2006）以对来自不同企业的542名管理者的企业文化问卷调查为基础，将组织文化概括为四种类型：

（1）强势文化：在各文化维度上得分都很高的文化类型；

（2）客户导向型文化：在客户维度上的得分都很高，在其他维度上的得分中等；

（3）成长型文化：在各文化维度上的得分都处于中等水平；

（4）弱势文化：在各文化维度上的得分都比较低。

在这种分类中，表达文化被员工分享程度的文化强度与表达文化特质的类型（比如，客户导向文化）都被视为文化的类型。

除了上述分类外，学术界对组织文化的分类还有很多，如 Cooke & Lafferty（1987）的12大类文化，Harrison（1972）根据组织内部权力集中程度所做的文化分类等。目前关于企业文化类型的研究可谓“百花齐放”，但尚未出现被普遍接受的分类方式。

2.1.4　小　结

随着文化管理风潮的兴起，组织文化的相关研究也逐渐受到学者们的重视。然而，由于文化本身的模糊性和不确定性，绝大多数对组织文化的研究均局限在定性分析和综述的阶段。近年来，一些利用定量方法分析组织文化的研究开始涌现，例如 Denison、Cameron、Quinn、Chatman 等人对文化维度的测量和界定等。

然而直到今天，组织文化的概念与相关理论仍然众说纷纭，难有定论。除了组织文化的维度分析外，组织内部的文化强度和员工的组织文化认同度也是很重要的部分，且对企业界有极大意义。因此，本研究不拟继续探讨文化的维度和组成，而从另一个角度——文化认同度的方向着手。

2.2　组织文化认同文献综述

组织文化是组织全体员工在长期发展过程中培育形成并共同遵守的最高目标、价值观念、基本信念和行为规范（张德，2008）。换句话说，组织文化是作用在员工身上的，唯有被员工接受、认同并自愿遵守的文化，才能发挥其作用。因此，除了研究组织文化的概念、分类和作用外，员工对组织文化的认同度也是相当重要的一环。

许多学者都曾指出，组织应提倡何种文化或价值观，其实并不重要，

重要的是员工对文化是否认同，当员工与组织的文化能够匹配时，员工的效能就会较高（O'Reilly et al.，1991；Weick，1985；郑伯埙，1993）。

目前，国内学者对组织文化认同的论述并不少见（如张志鹏，2005；张培德，2005；丁强，2004），然而大多停留在文献探讨和观念陈述的阶段，缺少具体的实证研究。对于组织文化认同的概念、结构和测量方式，目前学术界也还缺乏代表性的理论和工具。因此，以下将一并回顾与组织文化认同度相关的组织认同和人与组织匹配等概念，再深入探讨组织文化认同度的内涵。

2.2.1 组织认同概述

一、组织认同概念与内涵

组织认同是在20世纪50年代由社会认同（Social Identity）发展出来的概念（March & Simon，1958）。

认同一词，源于拉丁语“Idem”，意为“相同的事物”，认同的英文概念本意就是“身份”，而在心理学的文献中，认同主要是指一种特定的情感联系。人类在社会生活中有两种认同的需要：一是通过寻找“我”和“我们”的差异获得自我认同，二是通过寻找“我们”与“他们”的差异而获得社会认同（杨宜音，2002）。换句话说，认同就是对于个人从属于某个群体的一种认知和情感归属。

对于组织认同的定义，学术界尚未形成共识。在众多不同的定义中，有些偏重于组织认同的认知特性，有些强调组织认同的情感特性，还有些则两者兼顾（见表2.2）。虽然组织认同的定义不同，但我们可以看出这些定义都反映了组织认同的特性，即组织认同是一种员工中心的概念，是从员工的角度出发，主观判断自身是否从属于某一组织、是否与组织存在情感纽带。

表2.2 不同视角下的组织认同定义

作　者	定　义	视　角
Ashforth & Mael（1989）	对与组织一致或从属于组织的感知	认知特性
O'Reilly & Chatman（1986）	基于与认同目标保持情感满意的吸引和期望	情感特性
Patchen（1970）	①与组织团结的感觉 ②支持组织的态度与认知特性与情感特性行为 ③与组织其他成员共享特征的感知	认知和情感特性

（续上表）

作　者	定　义	视　角
Dutton，Dukerich & Harquail（1994）	组织认同就是一种个人与组织在认知上的联结	认知特性
许士军（1988）	组织认同代表个人对于所服务的组织具有隶属感的程度。作为团体成员之一，是否感到具有价值，并珍惜这一地位	认知和情感特性

资料来源：本研究整理。参考 Riketta，M. Organizational identification：A meta-analysis［J］. *Journal of Vocational Behavior*，2005，66（2）：pp. 358－384.

二、组织认同的测量

目前，组织认同有许多测量方法和维度选择，其中最为著名的是 Mael & Ashforth 的组织认同量表以及 Cheney 的组织认同测量问卷（Organizational Identification Questionnaire，OIQ）。另外，Dick 等也依照社会认同的理论架构开发了组织认同的测量工具。

1. Mael & Ashforth 的组织认同量表

Mael & Ashforth（1992）认为组织认同是一维的，他们开发的量表包括六项指标，如"当有人批评某组织时，该组织的成员感觉就像是自己受到了侮辱""我非常关心别人如何看待我们的组织"，等等。从其量表的条目中可以发现，该量表涉及的内容主要是关于员工对组织的情感。该量表简单明了，而且信度较高，信度系数达到 0.81，因而受到很多学者的青睐。

2. Cheney 的组织认同测量问卷

Patchen（1970）提出组织认同由三个交互作用的维度构成：成员感（Membership），即员工对成员关系的珍惜和作为组织成员感到骄傲的程度；忠诚度（Loyalty），即员工对组织的支持；相似性（Similarity），即员工对于组织共同价值观和特征的理解。Cheney（1983）在这三个维度的基础上设计了组织认同测量问卷。该问卷共包括 25 个条目，内部信度系数达 0.95。与 Mael & Ashforth 的量表相比，组织认同测量问卷包含更多的信息量，而且信度更高。但也有学者对其提出了批评，认为组织认同测量问卷的测量条目实在太类似于用来测量组织承诺的条目，而且它的信度与效度证据还比较有限；相比之下，Mael & Ashforth 的量表更能代表组织认同。

3. Dick 等的组织认同量表

Dick 等（2004）借鉴社会认同的维度区分方法，将组织认同分为四个维度，即认知（Cognitive）、情感（Affective）、评价（Evaluative）和行为

(Behavorial)。该量表共有30个条目。

三、组织认同的前因与结果

1. 组织认同的前因

根据现有的研究，组织认同的前因变量可以分为组织层面和个体层面两类。

组织层面上，Dutton等（1994）专门从组织形象（Organizational Images）与组织认同关系出发，从理论上提出一个组织形象影响员工组织认同的模型。Albert等（2000）则指出，组织的特色有助于和其他组织做出区隔，因此有利于组织认同的提高。Smidts等（2001）对员工的外部声誉认知与组织认同的关系进行了验证，并发现高声誉组织中外部声誉认知对于组织认同的贡献更为显著；此外，他还发现组织内部的沟通氛围会显著影响员工的组织认同。Fisher & Wakefield（1998）也指出组织声誉愈高，成员愈容易从中获得自尊感，从而提高对组织的认同。

Morgan等（2004）发现组织氛围中的同事关系，即员工与员工或领导之间家庭成员般的关系，有利于提升员工的组织认同感。Schrodt（2002）对感知组织文化与组织认同的关系进行了较为深入的研究，结果显示，组织文化的团队合作、道德、信息流、参与、监督和会议六个维度与组织认同显著相关，其中员工感知道德，即员工关于组织如何对待成员的感知，对组织认同影响显著。

在个体层面上，Mael & Ashforth（1992）研究发现，工作年限、满意度和个人性格会对组织认同产生显著影响。Bamber & Iyer（2002）的研究则表明，工作自主性、工作效能与基于职业形象的职业认同对组织认同影响显著，而工作年限则对组织认同的影响并不显著，两者的关系还有待进一步验证。

2. 组织认同的结果

Cheney（1983）的研究显示，个人对组织的认同度，与各种广泛的组织现象及组织行为都有正向的联结，包括工作决策、工作态度、工作动机、工作满意度、工作绩效、组织目标、员工流动率等。Bergami & Bagozzi（2000）的研究表明，组织认同会对组织承诺产生显著影响，还会对基于组织的自尊产生显著影响，并通过两者进而对组织公民行为产生显著影响。另外，Dukerich等（2002）的研究也证明了组织认同显著影响组织公民行为。

Dick等（2004）针对组织认同与工作满意度间的关系进行了研究，结果表明：生涯认同与团队认同中的“评价”维度可显著提升工作满意度，学校认同和职业认同中的“情感”维度也可显著提升工作满意度。

部分学者还对组织认同与组织内部消极因素间的关系进行了研究，Bamber & Iyer（2002）的调查表明，组织认同不仅会显著降低组织/职业冲突（OPC），而且会显著弱化员工的离职意图。Dick 等（2004）的研究也显示，团队认同与学校认同的“情感”维度可大大弱化员工的退休意图。

林冠宏（2003）把组织认同的作用总结为“对内凝聚”和“对外扩张”两个主要方向。对内凝聚是指组织认同能够使成员深度地凝聚在组织使命下，共同实现组织的目标；除了对组织绩效有正面影响外，员工之间也会培养出深厚的人际关系，这种关系甚至会延伸到组织活动以外的私人生活领域。对外扩张则是指具有高度组织认同的成员会为组织做免费的宣传，使得更多人自愿成为组织的成员。

四、小　结

虽然自 20 世纪 50 年代以来，组织认同理论研究取得了重大进展，但到目前为止，这个研究领域尚未完善。一方面，组织认同的概念至今尚未完全明确，组织认同、组织承诺、组织公民行为等概念存在较大的重叠性，有些学者甚至认为组织认同是组织承诺的一部分（如 O'Reilly & Chatman，1986）。

另外，组织认同的内涵和维度也还众说纷纭。例如，Mael 等人的量表将组织认同视为维度单一的概念，Cheney 则把组织认同分为三个维度，Dick 则认为组织认同有认知、情感、评价和行为四个维度。由于对维度的区分尚未清楚，组织认同的测量方法也存在较大分歧，目前 Mael & Cheney 的问卷被应用得较为广泛，但 Mael 的问卷只有单一维度，且仅涉及认知层面；Cheney 的问卷维度虽然较多，但其科学性尚有争议，部分学者认为其更像是对组织承诺的测量。Riketta（2005）的研究也表明，采用不同的量表得出的结论会存在较大的差异。

综上所述，组织认同这一研究领域尚未完善，对于组织认同的定义、维度以及组织认同的前因变量和影响变量等，都需要更多的研究。因此，本研究拟从文化认同这一角度来探讨组织认同，且量表设计将涵盖认知、情感、行为、社会化等方面，对组织认同这一研究领域将有一定的贡献。

事实上，组织认同与组织文化认同也存在交叉之处。例如，Ravasi & Schultz（2006）就指出，组织文化是基于共同惯例的默认和自发的行为，需要通过外界的比较和有意识的自我反思才能获得，而这一过程正是组织认同的过程。因此，组织文化可以说为组织认同提供了核心内容，而组织文化则必须通过组织认同来实现（魏钧、陈中原、张勉，2007），也就是说组织认同经常伴随着文化认同。然而，组织认同与文化认同仍然存在差异，Mael & Ashforth（1992）就指出，组织认同是一种关于个人身份的认定以及从属于某一个群体而非其他群体的感知（我“是”谁），而并不一定伴随着对组织价值观的信仰和接受（我“相信”什么）；一个人完全可能认为自己是组织的一分子，但不认同组织所提倡的价值观。因此，本研究认为组织认同和组织文化认同是两个不同的概念。

2.2.2 人与组织匹配文献综述

一、人与组织匹配概念

尽管目前针对组织文化认同度的定量研究较为稀少，然而学术界还存在一个与组织文化认同度近似的研究模式：测量个人与组织之间在价值观和规范等方面的一致性，也就是探讨个人能够融入组织文化的程度。这一派称为人与组织匹配。

所谓人与组织匹配，主要在于探讨组织的规范与价值观和个人价值观之间的一致程度（Cable & Judge，1996，1997；Chatman，1991；O'Reilly et al. ,1991）；或是个人与其上司或组织其他成员之间，在感觉价值观或目标方面的一致性（Vancouver & Schmitt，1991）。个人与组织之间若相互觉得背景特质类似时，便会互相吸引，员工便得以进入组织，并且被安置到最适合他发挥所长的工作岗位上。

Kristof（1996）将个人与组织间的契合度分为两种类型：第一种是基于互补（Complementary）的观念，当个人或组织可以提供另一方所需要的东西时，这种契合度就会发生。第二种是基于补充（Supplementary）的观念，是指个人与组织之间存在相似或相符的特性。

这其中，互补的契合度可以视为个人心理需求的实现，也就是当一个人认知到其所需要的资源、信息或报酬，与组织所能提供的资源相匹配时，自然就会感到彼此契合。而补充的契合度则通常被视为价值观上的一致，人们会被与他们相似的人所吸引，并且信任他们。因为可以分享价值观，也就可以有较好的沟通，这增加了社交互动的机会（O'Reilly et al. , 1991），同时也降低了不确定性，因此价值观的相似性可以影响员工行为。同时，个人与组织在价值观上的不一致，也会导致个人的认知失调和不满（O'Reilly et al. , 1991）。

Cable & Edwards（2004）则对 Kristof（1996）所提的分类加以补充说明，认为过去在进行人与组织匹配研究时，互补与补充契合常是分开来讨论的，很少加以整合。然而互补的契合主要在于员工心理需求是否被满足，与补充契合的主要重点在于价值观的一致，实际上并不相同。因此若将两者加以整合，就会发现这两种契合度虽然相关，却是相互独立的。

Kristof（1996）又将过去对人与组织匹配的相关研究在比较的基准上

整理为以下四种：

（1）个人与组织特征的相似度。探讨个人价值观与组织价值观的一致性（Chatman，1991；O'Reilly et al.，1991）。

（2）个人目标/组织目标的一致性。探讨个人目标与领导者目标或组织中同僚目标的相似程度（Vancouver & Schmitt，1991）。

（3）个人的偏好或需求与组织的系统或结构相匹配的程度。探讨组织所提供的资源能够满足个人需求的程度（Cable & Judge，1996；Turban & Keon，1993）。

（4）人格特质/组织气候的契合度。探讨组织的人格与个人人格的匹配程度（Bowen et al.，1991）。另外，O'Reilly 等（1991）也提出，个人与组织在信念上的一致性，也可以促进个人与组织的契合。

二、人与组织匹配的结果变量

根据以往学者的研究，人与组织匹配和许多工作结果变量之间存在相关：

（1）工作满意度。较高的人与组织匹配可以让员工具有较高的工作满意度（Cable & Judge，1996；Chatman，1991；Vancouver & Schmitt，1991）；此外，人与组织匹配也会借由工作满意度这一中介来影响组织公民行为（Netemeyer et al.，1997），或是其他后续行为如离职倾向、缺勤、投注更多努力等（Autry & Daugherty，2003）。同时，对于工作满意度的影响程度，会受到不同国家以及不同个人文化的影响（Parkes et al.，2001）。

（2）工作绩效。个人与组织之间的匹配度较高时，绩效表现也较好（Goodman & Svyantek，1999；Lauver & Kristof-Brown，2001）。也有的研究者将晋升与薪资的增加视为个人绩效的指标，同样证明人与组织匹配度高者，会有较高的绩效（Downey，Hellriegel & Slocum，1975）。Bretz & Judge（1994）则认为可以用职业成功作为绩效指标，当员工有较高的人与组织匹配度时，其职业发展也较为顺利。

（3）组织承诺。人与组织匹配度较高时，会产生较高的组织承诺（Cable & Judge，1996；Saks & Ashforth，1997）。主要原因在于，如果一个人认为自己与组织间存在良好的匹配度，就会比较愿意留在该组织中（Chatman，1991）。

（4）离职倾向与离职行为。人与组织匹配度愈高，个人的离职倾向越低或产生离职行为的概率愈小（Cable & Judge，1996；Chatman，1991；Lauver & Kristof-Brown，2001；O'Reilly et al.，1991；Saks & Ashforth，1997）。O'Reilly 等（1991）指出，价值观的一致与否，对员工是否在两年内离职有显著的预测效果。

（5）其他变量。其余在研究中提到的影响变量包括组织认同（Cable & DeRue，2002；Saks & Ashforth，1997）、组织支持感（Cable & DeRue，2002）、组织公民行为（Cable & DeRue，2002；O'Reilly & Chatman，1986）、工作压力感（Saks & Ashforth，1997）等。

三、人与组织匹配测量方式

目前，测量人与组织匹配的方式主要可以分为两类：直接测量法和间接测量法。直接测量法是直接用问卷询问当事人自己所感受到的契合度高低；间接测量法则通过分别询问组织与个人的模式，再以公式计算得到契合度。

1. 直接测量法

直接测量法，也就是直接询问员工所感知到的契合度高低，只要员工主观认为存在契合度，无论员工与组织之间是否存在类似的特性或价值观，均视为契合度较高（Posner et al.，1985）。这方面的研究者认为，人格特质或价值观，都是个人的自我感受，而且对环境的感知也存在于个人心中，因此契合度的测量，必然要以受测者自己的感知为主（Cable & Judge，1996；Saks & Ashforth，1997）。

同时，直接测量法还可以避免间接测量法中的低信度、多重共线性以及方差被大幅忽略等问题。因此，直接测量法可以提供一种简单的、对于契合度或一致性的计算方式，同时可以让研究者经由认知的层面来计算价值观的一致性（Enz，1986）。

然而，近年来也有许多学者批评直接测量法。因为直接测量法的题目非常简单，且属于全面性的衡量，而价值观并不是单一构面的简单概念，因此直接测量法不可能把组织层面的全部问题都考虑周全（Kristof，1996）。

虽然如此，间接测量法中的契合度与工作结果之间的关系，还是要以直接测量法衡量出的契合度为中介（Cable & Judge，1997）。而由于工作结果变量也来自受测者自己的认知，所以许多研究者认为，利用直接测量法衡量出来的契合度，可以对个人行为有最佳的预测效果（Cable & Judge，1997）。因此，直接测量法在契合度研究中仍具有不可忽略的意义。

此外，由于有许多外在因素都会影响到各构面的得分，不同国家、不同组织的文化均会对契合度构面产生影响，导致间接测量法在应用上受到限制。所以 Edwards（1994）建议，在进行契合度的衡量时，以直接测量法衡量反而更好。近年来，许多对人与组织匹配的研究都开始采用直接测量法（Cable & Judge，1996；Lauver & Kristof-Brown，2001；Posner，1992；Saks & Ashforth，1997）。

2. 间接测量法

过去，人们多半采用间接测量法来测量人与组织匹配。如 O'Reilly 等（1991）为了研究人与组织匹配和个体结果变量（如组织承诺和离职）之间的关系，构建了组织价值观的组织文化剖面（Organizational Culture Profile，OCP）量表。完整的组织文化剖面量表由 54 个测量条目组成，共分为 7 个维度，分别是革新性、稳定性、尊重员工、结果导向、注重细节、进取性和团队导向。

和多数个体层面上的研究问卷采用李克特量表的计分方式不同，组织文化剖面量表采用 Q 分类的计分方式，被试者被要求将 54 个测量条目按最期望到最不期望（测量员工心目中理想的文化），或最符合到最不符合（测量当前组织文化的情况）的尺度分成九类，每类中包括的条目数按 2－4－6－9－12－9－6－4－2 分布，这实际上是一种自比式的分类方法。

另外，台湾的郑伯埙也提出了测量人与组织匹配的方式。他编制了组织文化价值观量表和期望组织文化价值观量表，两者的维度完全一样，都分为社会责任、敦亲睦邻、顾客取向、科学求真、正直诚信、表现绩效、卓越创新、甘苦与共和团队精神九个维度，只是前者测量的是员工同意各项条目的程度，后者则测量员工认为该条目重要的程度。由两种量表得知员工所在组织的价值观和员工自身所期待的价值观，而二者的差距（采用绝对差数法或差数平方根法）就可以看出个人与组织价值观的匹配程度。

除此之外，人与组织匹配的间接测量工具还有很多，且多半是采用所谓的剖面相似指标，即先以同样的内容结构来衡量个人与组织的价值观，再把二者的价值观剖面加以比较（Edwards，1994）。典型的做法是，先询问受测者心目中理想的组织文化，再用相同的题目询问他所在组织目前的文化。计算这两者差异的总和、平方差和、平方差和之平方根或是相关系数，就可以得到人与组织匹配的分数。这方面的测量工具除了以上提到的，还有工作价值观测量（Survey of Work Values，SWV）（Wollack et al.，1971）、工作内涵和价值观量表（The Meaning and Value of Work Scale，MVW）（Kazanas，1978）、比较重点量表（The Comparative Emphasis Scale，CES）（Meglino et al.，1989）、组织价值观一致性量表（The Organizational Values Congruence Scale，OVCS）（Enz，1986）等。在众多量表中，组织文化剖面量表最常用。

四、小　结

人与组织匹配与组织文化认同度之间存在密切关系。人与组织匹配在很大层面上就是衡量个人价值观与组织文化的匹配程度，因此可以用来预测个人的组织认同度、组织承诺等。

但契合度与组织文化认同度两个概念仍然存在不同。人与组织匹配主要指个人价值观和组织文化之间认知的一致性（Cable & Judge，1996），属于认知层面的一致；而认同度则是个人自觉从属于某一组织或团体的感觉（Ashforth & Mael，1989），兼有认知、情感、行为等层面的表现。主观上也可以看出契合度和一致性之间存在差异，个人的价值观和某一组织或国家的文化相近，不代表就一定认同该组织或国家的文化；因此 Hofstede 的国家文化四构面（后增加为五构面）测量工具可以测量个人价值观和国家文化的相似或相背程度，却无法判断个人是否认同该国的文化。

此外，人与组织匹配的测量工具至今尚未完善。间接测量法的问题和弊端早已被学者指出（Edwards，1994），而直接测量法虽然较为简单和全面，且以受测者自身的感知为衡量对象，避开了信度问题，但目前多数量表的题目较为抽象，如 Cable & Judge（1997）的量表题目“我的价值观与组织的价值观十分相似”“我有能力在组织中维持自己的价值观”等，一般受测者可能较难理解，存在效度问题；此外，直接测量法的量表均以认知层面为主，缺少情感、行为等层面的题目。

因此，本研究试图从文化认同度角度切入，采用直接测量的方式，从认知、情感、行为和社会化层面设计出可用的量表，以衡量个人对组织文化的认同程度，具有理论和实践上的意义。

2.2.3 文化认同文献综述

目前管理学界对组织文化认同的实证研究较少。然而，文化认同（Cultural Identity 或 Cultural Identification）在人类学、社会学等领域，已经有相当的研究成果。

一、文化认同的概念

在人类学领域，文化认同是指“个人自觉投入并归属于某一文化群体的程度”（Oetting & Beauvais，1991）或是“个人接受某一族群文化所认可的态度与行为，并且不断将该文化之价值体系与行为规范内化至心灵的过程。而寻求文化及历史的认同是所有族群共通的现象”（卓石能，2002；陈枝烈，1997；谭光鼎、汤仁燕，1993）。

Banks & Banks（1989）认为文化是一个族群在为了生存和适应环境而进行的种种活动中产生的，其包含由成员通过沟通系统所分享的知识、概念和价值，亦包含与其他群体的信念（Beliefs）、符号（Symbols）及解释（Interpretation）的分享。任何一个组织、族群或社会的存在，都包含着某种合理性或理想性，这就是它们的文化，是维系族群生命永续中重要的一种力量；而文化的主体内容，并不是人工制品、工具或有形的文化元素，而是这个族群的人们如何去诠释、使用与感知它们。换句话说，任何一个族群的文化都必须在被其成员信仰、认同的基础上，才能够延续下去并不断焕发活力。

陈枝烈（1997）认为，文化认同是将关于个人的思考、知觉、情感与行为组型归于某一文化团体（Cultural Group）中，文化认同的产生，是由于同一族群的人对其族群文化产生接受与内化。文化认同具有强化族群成员的自尊及内部凝聚力的功能，所以从某些方面来说，文化认同与族群认同或团体认同的意义是相近的。两者同样都是同化与内化的心理过程，强调将价值、标准、期望与社会角色内化于个人的行为和自我概念之中，当个体发展对特定群体的认同时，他会将该团体的兴趣、标准与角色期望内化。

然而，文化认同和族群认同的心理基础是不同的。族群认同以族群（Ethnic Group）或种族（Race）为认同的主要依据，属于一种个人身份的认同（我“是”谁）；而文化认同是以文化象征或风俗习惯、仪式等作为认同的基础依据（我“相信”什么），因此两者存在差异。但由于不同的族群通常各有各的文化特质，这也是区别族群的重要因素，文化的取向同时影响了个人对族群的态度，因此族群认同往往也取决于文化认同，所以，族群认同与文化认同就常被结合在一起讨论，甚至视为同义词（卓石能，2002；陈枝烈，2002）。

因此，文化认同之意义及性质可归纳如下：

（1）文化认同是个人与族群身份的界定，通过对文化价值观、习俗和仪式的接纳及信仰，对个人身份和认同不断地重新定位（Oetting & Beauvais，1991；张京媛，1995）。

（2）文化认同是一种价值观内化的过程，个人经由文化认同把族群的价值体系内化为自身价值体系的一部分。而这些价值观反映出族群文化的特质，并界定了对人与自然关系的观点（汤仁燕，2002）。

（3）文化认同与族群认同经常是不可分割的，不同的族群通常具有各自的文化特质，而文化的取向则影响了个人对族群的态度。可以说，对族群的认同决定了个人对文化认同的程度，而对特定文化象征符号的接收和认同，反过来又能增强个人对族群的认同（卓石能，2002）。

此外，社会学及传播学学者也从消费文化的角度分析文化认同。他们认为现代的消费模式中包含了一种族群认同感的概念；个人投入消费，是为了成为自己所希望成为的人（张君玫、黄鹏仁译，1996）。这就是说，厂商通过媒介，将产品以特定象征及符号包装，消费者通过购买，满足了自己想成为某种类型的人的欲望。所以消费者可以由所消费的产品来找到自我，或是获得心目中理想自我的认同（Sarup，1996）。在许多的消费研究中皆指出，消费与认同感有关（张君玫、黄鹏仁译，1996），以符号消费的功能来说，人们会通过消费模式中的符号使用来建构他们的自我感与认同感。因此，现代社会的人很少只拥有单一的认同，而是在文化商品及文化消费的影响下，同时拥有包括许多不同民族及文化属性在内的认同体（朱全斌，1998）。

二、文化认同的形成

关于文化认同是如何形成的，Phinney（1990）曾提出三种主要的论述，分别为社会认同论（Social Identity and the Self）、涵化论（Accultural Theory，或称为文化交流论）和认同形成论（Identity Formation Theory）：

1. 社会认同论

这种理论认为，文化认同完全是由族群认同产生的。例如，身为某族群的一员，因为感到自己从属于这个团体，因此就会自然而然地逐步接纳该族群的价值观、风俗、行为规范、仪式、方言等。而在接纳这些文化内涵的同时，个人也会进一步提高对族群的认同度。

Tajefl & Turner（1986）认为，多数人都需要一种稳固的群体认同（Group Identification）以维系自己身心的安适感（Sense of Well-being）。成为一个群体的成员，能给个人带来一种归属感（Sense of Belonging），而在此过程中，个体的自我意识与其所属的族群文化会逐渐产生关联，从而建立一种正向、积极的自我概念。

由此可知，社会认同理论强调的是“存在决定其思想”，因为从属于某个群体，而发展出对该群体的文化认同。

2. 涵化论

涵化论认为，因为有不同文化之间的接触，族群的界限才容易被凸显，文化认同才容易形成。Berry、Trimble & Olmedo（1986）认为，涵化一词通常是指两个不同的文化族群相互接触后，其中某一文化族群（或两个文化族群同时）在文化态度、价值观和行为方面产生改变。

涵化论所关注的焦点，通常在于族群团体而非个体，例如少数族群或移民团体的文化，与主流群体或整体社会的文化发生交流、冲突时，产生的互相对立或融合现象。

Hutnik（1991）认为，在遭遇不同族群间的文化交流和碰撞时，个人的适应模式可分为四种：

（1）涵化者（Acculturative）：或称为双认同取向。这样的人对于本族群的传统文化和社会的主流文化都能够接受，也有能力将它们加以整合和调适，形成自己的一套价值体系。

（2）分离者（Dissociative）：或称为本族文化取向。这种人排斥并抗拒其他的文化，但对于自己族群的传统文化具有强烈的向心力，会固守传统的生活方式和风俗，与外界显得比较格格不入。

（3）边缘人（Marginal）：或称为双疏离取向。这样的人受到文化之间冲突的影响，不接受主流文化的涵化，却也丧失了自己族群文化的传承，显得与二者都脱节，无法融入任何一方。

（4）同化者（Assimilative）：或称为主流文化取向。这类人几乎完全抛弃了自己族群的传统文化，转而彻底接受了社会上主流的文化价值观和规范体系。

总之，涵化论认为，文化认同主要是发生在两种或多种族群文化互相交流、碰撞的时候，个人由于面对不同价值体系之间的冲突，因此需要在各种文化体系之间做出选择。当然，个体不一定只能认同其中一种文化（同化者或分离者），也可能可以很好地整合两种文化的特性，欣赏并尊重每一种价值体系，并且在多种文化之间游走自如（涵化者）。Johnson 等（2002）利用 Oetting & Beauvais（1991）的直交文化认同量表（Orthogonal Cultural Identificationl Scale，OCIS，也称为他族文化认同量表）对 121 位亚裔美国大学生进行研究时就发现，对两种文化的认同不一定是冲突的，个人完全有可能在吸收主流文化优点的同时，依然保有自己族群的传统文化。

3. 认同形成论

这种理论认为，每个人的文化认同过程都是独一无二的。文化认同是在个体、文化、时间及社会背景的交互作用下，通过不断的抉择与评价而产生的，其中可能会出现冲突的情形（赖庆安，2002）。

Smith（1991）的研究表明，文化认同的形成与发展，有以下几个特色：①文化认同与个人的身份认同有关；②文化认同是一个终其一生的过程，个人会不断地调整、深化或改变其文化认同；③文化认同是一种区别差异、划分界限的过程，对某一族群文化的认同，也代表着划定族内、族外的界限，决定什么样的行为在界限内部或外部。

另外，Helms（1990）根据过去不同学者定义的文化认同发展模式，总结出以下重点：①在文化认同的阶段上，有的以价值观的改变为阶段分类的基础，有的以态度的转变为基础，有的则以行为改变为基础；②每个学者都假定个人在文化认同发展上具有阶段性，并且一般而言是循序渐进、由低阶往高阶发展的；③在文化认同形成的最终阶段，个人对自己所属的族群会拥有一种健全而稳定的正面态度，能够理性地看待主流文化以及其他的族群文化，并且愿意为本族文化的延续和发展贡献自身的力量。

三、文化认同的维度

关于文化认同的要素或是维度，由于研究出发点的不同，学者们有各种归纳方式。其中有着重于本族文化的认识、了解，如部落的位置与历史、家庭亲属关系、各种生产活动与礼俗等（陈枝烈，1997）；也有强调个人对族群文化的感知、自我概念、对文化活动的投入、族群文化的归属等构面（黄森泉，1999；赖庆安，2002；Dehyle，1992；Hill，2004；Phinney，1990）。

部分人类学研究（例如，Dehyle，1992；陈枝烈，1997）将文化认同区分为文化投入（Cultural Input）、文化归属（Cultural Belongingness）和文化统合（Cultural Integration）三个维度：

1. 文化投入

文化投入是指个人主动参与到文化活动中，并积极吸收文化相关信息的一种表现。文化投入常被用来当作文化认同程度的指标，它不仅包含着对族群文化的认知，也包含着更积极的参与层面的表现。

在文化人类学领域，文化投入既表现在少数民族成员积极参与各种文化历史的传承及生产活动方面，如农事活动、祭典仪式等（陈枝烈，1997），也包括他们使用少数民族母语、延续传统习俗、信仰传统宗教等活动（许木柱，1990）。而在组织内部，员工的文化投入则表现为员工积极参与企业的文化宣讲、文化活动，以及主动向新进员工宣传企业文化理念和行为规范等。

2. 文化归属

文化归属是指个人自我感觉隶属于某个文化团体或属性的过程。这种文化归属感表明个人认为自己是族群的一分子，将族群的文化、价值观、社会规范等都视为自己价值体系的一部分。

在人类学领域，少数民族的文化归属意味着该少数民族成员认同自己是该民族的一分子，即使身处都市、长期与主流文化接触，也不会忘本。而在企业内部，员工的文化归属则代表该员工全心全意地认同自己是企业的一分子、是企业不可分割的一部分。

3. 文化统合

文化统合是指个人能把某一族群的文化与其他文化加以融合并适应的程度。从社会学观点来看，每个人都同时隶属于多个群体，如家庭、社区、公司、校友会乃至民族、国家等，同样地，每个人都面对着多种文化或次文化的冲击和融合。个人将这些次文化与主流文化加以融合并适应的过程，就称为文化统合。

在人类学研究中，Dehyle（1992）的研究发现，虽然印第安人的社会经济地位普遍较低，但各民族的自我认同程度却彼此有别，其教育状况也不相同。其中某些族群能够较好地将美国主流文化和本族传统文化统合在一起，因此自我认同感较强，传统文化也保存得较完整；其他族群则由于无法统合不同的文化而面临较大的文化冲突，自我认同感较低。在企业内部，文化统合意指员工把企业的文化和自身接受的其他文化加以融合，文化统合度低，则员工较易出现工作、家庭和休闲生活的冲突。

这三个维度事实上各自具有不同层次的文化认同目标。首先，文化投入度高不仅表现为个人对自己族群文化的熟悉度较高，也表现为个人积极参与文化发展的过程，如使用母语、参与本族群的宗教活动或民俗祭典、与自己的族人经常来往等。其次，文化归属则是将自我概念归属于这个文化团体或属性的一种心理过程，除了对族群文化的认知和参与外，个人更进一步对族群文化产生情感上的依附及归属，这属于文化认同的情感层面。最后，文化统合则是在不同族群文化的接触和冲击中，个人所采取的一种调适性的统合行动。由于现代人面临多族群、多文化的冲击和碰撞，因此文化统合对于个人的身心调节和社会适应十分重要。

另外，也有学者依照心理学的认知原则，将文化认同区分为四个维度（陈月娥，1986；李丁赞、陈兆勇，1998；刘明峰，2006）：

（1）认知的（Cognitive）：个人觉得自己从属于某一团体，并且了解该团体文化的各种特性。

（2）情感的（Affective）：个人对所认同的文化团体或文化对象产生归属感，而且在情感上有“团体内”与“团体外”的划分。

（3）知觉的（Perceptual）：除了对该团体认同外，还产生了喜爱的感觉，在团体中能够自得其乐。

（4）行为的（Behavioral）：不仅在认知和情感层面认同该文化团体，而且以具体的行为来支持该文化的发展和壮大。

四、小 结

从上面的文献综述可以看出，人类学及社会学学者早已对文化认同进行过许多研究，主要集中在次文化认同、少数民族文化认同、消费与文化认同等方面。但至今还很少有学者对组织文化认同进行过系统性的研究。

此外，由于对文化认同的定量测量工具尚未完善，目前多数学者是通过访谈、田野调查、符号学分析等定性方式来进行研究，采用问卷调查等定量研究方式者较少。在人类学领域，应用较广泛的文化认同调查工具是直交文化认同量表，这份量表主要是用于测量移民或少数团体成员对自身文化及主流文化的认同程度（Oetting & Beauvais，1991），它包括五套各六个条目的量表，用以测量个人对亚洲、盎格鲁—撒克逊、拉丁美洲、非洲以及美洲本土文化这五类文化的认同情形，主要题目有“是否了解该文化的特殊风俗或传统”“你或你的家庭是否按照文化传统生活”等，相对而言，这份量表比较难移植到组织文化认同的研究中。

另外，刘明峰（2006）在研究消费文化认同时，自行设计了包含认知、情感、知觉和行为四个维度的量表，其他研究者也有依照文化投入、文化归属和文化统合三个维度来拟定量表的。但这些量表多半并未经过充分验证，信度和效度难以保证。刘苑辉（2006）曾经采用盖洛普公司著名的 Q12 量表来衡量中国企业员工的文化认同度。然而 Q12 量表原本是用来测量企业基础环境和管理氛围的，与企业文化认同度的概念并不相同。

因此，本研究决定在文化认同、组织认同及人与组织匹配文献的基础上，以定性和定量研究的方式，初步探讨组织文化认同度及其对工作结果变量的影响。

关于组织文化认同度的定义，本研究参考人类学家对文化认同度的定义（卓石能，2002；陈枝烈，1997），定为：

> 员工接受组织文化所认可的态度与行为，并且不断将组织的价值体系与行为规范内化至心灵的程度。

在本研究中，设计出组织文化认同度量表将是主要贡献之一，量表主要包括认知层面、情感层面、行为层面和社会化层面四个维度，利用扎根理论研究法及专家讨论法进行条目的筛选和修正，再通过定量研究来验证该量表的适用性。

2.3 变革型领导文献综述

2.3.1 变革型领导的意义与特质

变革型领导一词最早出现在 Burns 于 1978 年所著的《领导论》（*Leadership*）一书当中。该词之所以称作“变革型领导”，是因为 Burns 将领导的研究焦点放在如何通过领导的作用来转变组织原有的价值观念、人际关系、组织文化与行为模式。

Burns 认为，领导是一种领导者与部属之间相互影响的演进过程，领导者与员工共同致力于利用才智激发（Stimulation）与心灵鼓舞（Inspiration）来带动组织变革，通过这一历程，领导者与部属的工作动机与合作道德得以提升，同时能促进组织社会系统的改变与组织体制的变革（Burns，1978）。

Bass（1985）指出的变革型领导是指成员信任、尊重、忠诚于领导者，领导者通过改变成员的价值与信念、开发其潜能、给予信心等方式来提高成员对组织目标的承诺，并使他们产生意愿与动机，为组织付出个人期望之外的努力。同时，领导者激励员工提升其需求层次，启发员工对自我行为的自觉意识，而非将自我行为建立于奖惩系统的交换行为上。

变革型领导是一种领导者和成员彼此提升与激励的相互关系，变革型的领导者应着重成员正向道德价值和高层次需求的启发（王佳玉，1999）。

Bennis & Nanus（2000）是从组织改变的角度来解释变革型领导的。他们认为，变革型领导者应善于运用权力和情境等有利因素，激发成员创新的意愿和能力，使组织在面临环境变迁时能调整运作的方式，为组织发掘出潜在改变的机会，以适应环境的变迁。

另外，在变革型领导者的人格特质方面，Bass（1990）指出，变革型领导者所具有的重要特质包括以下几项：在面临危机时能保持冷静和幽默感，在压力及关键时刻能够维持恒心与毅力，能够尽责并保持情绪稳定等。

此外，Koehler（1997）和张庆勋（1996）的研究认为，变革型领导者的人格特质包含以下内容：自信、较能冒险、有理想、较具有弹性、自我开放、具有创造力、能容忍较具复杂性（即不确定性）的问题、有前瞻性的视野、具有个人魅力。

张润书（1998）则认为变革型领导者具有下面几项特质：创造前瞻远景、启发自觉意识、掌握人性需求、鼓舞学习动机、树立个人价值、乐在工作。

因此，变革型领导理论希望通过领导者的个人魅力与愿景，从精神、观念和道德层面获得部属的敬仰和认同，激发人员超越交易的现实关系，共同追求人格的成长，并有效完成组织使命。所以，变革型领导者扮演着组织意义的创造者、组织凝聚的缔造者、组织不安的解决者、组织成功的舵手等种种启发性的角色（王佳玉，1999）。

2.3.2 变革型领导的维度与相关变量

关于变革型领导的维度及指标，各家学者的看法如下：

一、Bass & Avolio（1994）

Bass & Avolio（1994）在 *Improving Organizational Effectiveness through Transformational Leadership* 一书中明确指出当领导者表现出以下几种行为时，就是变革型领导：

（1）领导者能刺激成员以新的观点来看待他们的工作；

（2）使成员意识到工作结果的重要性；

（3）领导者协助成员发展本身的能力与潜能，以达到更高一层的需求层次；

（4）领导者能引发团体工作的意识与组织的愿景；

（5）引导成员以组织或团队合作为前提，并超越本身的利益需求，以有利于组织的发展。

Bass & Avolio（1994）即根据这些描述，进一步具体分析出变革型领导的四个维度，其中“理想化的影响力”和“心灵的鼓舞”又可以合并为一个构面：

（1）理想化的影响力（Idealized Influence）：理想化的影响力是指能使他人产生信任、崇拜和跟随的行为。它包括领导者成为下属行为的典范，得到下属的认同、尊重和信任。这些领导者一般具有公认较高的伦理道德标准和很强的个人魅力，深受下属的爱戴和信任。大家认同和支持他所倡导的愿景规划，并对其成就一番事业寄予厚望。

（2）心灵的鼓舞（Inspirational Motivation）：变革型领导和传统领导在理论上最大的不同在于对员工工作动机的启发。变革型领导者必须先揭示一个能够结合组织发展与个人成长的未来愿景，同时考虑组织所处之情境和部属的个别需要，使这个共通的愿景或组织目标能成为员工工作动机的源头，赋予个人工作行为较为深刻的行动意义。变格型领导者在这种愿景形成与动机启发的领导过程中，逐步提升组织绩效及部属个人的工作期望。

（3）才智的激发（Intellectual Stimulation）：变革型领导者的职责，在于建立一种能激发组织上下才智互动的创造过程。通过彼此意见的交换、脑力的激荡与思考观念的多元化，组织能够应对诡谲多变的环境。其中最重要的是，变革型领导者必须破除过去唯命是从的领导关系，从根本上去培养部属独立自主的能力，以避免盲目的服从和单一的思考。

（4）个性化的关怀（Individualized Consideration）：变革型领导者同时关注工作与员工两个方面，但更重要的是针对员工性情、能力的个别差异，关怀其思想与行为的改变。在关心员工的构面上，变革型领导者不只关切员工的心理感受，更通过引导的方式来促进其人格的成长。

二、Bennis & Nanus（2000）

Bennis & Nanus（2000）将能够带领人们行动、培养部属成为领袖，最后推动组织变革的领导者称为变革型领导者。变革型领导者会做以下几件事：①建立共同的愿景；②通过沟通达成共识；③形成彼此的信任；④让员工自我发展。

三、Yukl（1998）

Yukl（1998）提出了十一项变革型领导者的行为原则：

（1）发展清晰明确且吸引人的愿景；

（2）发展达成愿景的策略；

（3）说明与提升愿景；

（4）表现出自信与积极；

（5）表现出对员工的信心；

（6）以阶段性的成功来建立信心；

（7）庆祝成功；

（8）使用戏剧性和符号象征的行为来强调核心价值；

（9）成为员工的楷模；

（10）创造、树立或消弭文化形式；

（11）使用转移的仪式协助员工渡过改变。

四、Jantzi & Leithwood（1996）

Jantzi & Leithwood 两人根据 Bass & Avolio（1994）合作编制的多元领导特性问卷（MLQ），设计出另一套变革型领导的专门量表，其指标如下：

（1）提供愿景；

（2）提升对团体目标的接受度；

（3）提供个别的支持；

（4）智力启发；

（5）建立适切的典范；

（6）提高员工的期望。

五、Alimo（1998）

他提出下列几项新面向，作为衡量变革型领导的新模式：

（1）关怀部属的个别需要（Concern for Individuals' Needs）；

（2）正直（Integrity）；

（3）公开与诚实（Openness and Honesty）；

（4）亲和力（Accessibility and Availability）；

（5）授权（Empowers Others to Develop）；

（6）敏锐与精巧的变革（Managers Change Skillfully and Sensitively）；

（7）鼓励批判思考（Encourages Critical Thinking）；

（8）智识的多元化（Intellectual Versatility）；

（9）果断、不屈不挠、成就导向（Decisive，Tenacious，Achieving）。

其中，Bass & Avolio 于 1994 年提出的多元领导特性问卷包括了八个维度，分别为魅力型领导（Attributed Charisma）、理想化的影响力（Individual

Influence)、心灵鼓舞（Inspiration)、才智激发（Intellectual Stimulation)、个性化的关怀（Individualized Consideration)、适切的报偿（Contingent Reward)、主动式的例外管理（Active Management-by-exception）和被动式的例外管理（Passive management-by-exception)，这八个维度又可被归纳为两个二阶因子维度，即变革型领导与交易型领导。多元领导特性问卷是目前测量变革型领导最常用的工具之一。

在变革型领导的相关变量方面，近年来西方进行了大量的实证研究，发现变革型领导与组织效能或组织绩效（Bass & Avolio，1994；Geyer & Steyrer，1998)、单位凝聚力（Geyer & Steyrer，1998)、组织承诺（Geyer & Steyrer，1998）等变量具有显著相关关系。也有研究显示杰出企业领导者之领导行为，都是变革型领导（Friedman et al.，2000)。

国内学者的研究也表明，变革型领导与组织绩效（吴志明、武欣，2007；鞠芳辉、谢子远、宝贡敏，2008)、组织承诺（李超平、田宝、时勘，2006；范炽文，2001)、工作满足感（李超平、时勘，2005)、员工满意度（李超平、田宝、时勘，2006)、组织公民行为（吴志明、武欣，2007)、领导有效性（李超平、时勘，2003）等变量显著相关。

2.4 组织承诺文献综述

2.4.1 组织承诺之定义与维度

组织承诺是一个横跨组织与社会学的广泛的系列概念，学者们普遍认为组织承诺可以预测员工旷职（Brooke & Price，1989；Gellatly，1995；Sagie，1998)、离职（Martin，1979；Michaels & Spector，1982；Mueller & Price，1990）和其他工作行为（Mathieu & Zajac，1990；Williams & Anderson，1991)。然而，学者们对于组织承诺的概念与定义因为不同的学派、理论而缺乏一致性，Morrow（1983）就指出，有关组织承诺的定义超过25种。

最早提出组织承诺概念的是Becker（1960)，他认为组织承诺是指员工随着其对组织“单方面投入”的增加而产生的一种甘愿全身心地参与组织各项工作的感情。为此，他提出了“单方投入理论”（Side-bet Theory)，即随着员工对单位在时间、精力甚至金钱上投入的增加，员工一旦离开组织，不仅会损失各种福利，同时自己在组织中投入的大量精力和时间也将白费。因此，员工对组织投入得越多，就越不愿意离开组织，会继续待在组织里服务。

在 Becker 以后，许多学者都对组织承诺进行了定义和研究，部分学者的定义归纳如下：

表 2.3 组织承诺的定义

学 者	定 义
Porter et al.（1974）	组织承诺是个人认同与投入一个特定组织的强度
Buchanan（1974）	组织承诺是成员对于组织目标与价值的一种偏好的情感附着
Weiner（1982）	组织承诺是一种内化了的规范力，使员工的行为配合组织的目标和利益，甚至为组织做出牺牲
Mowday et al.（1979）	组织承诺是成员对组织的认同与投入态度的相对强度，即成员信任与接受组织的目标与价值，愿意为达成组织目标而努力，且具有维持组织成员身份的欲望
Morrow（1983）	组织承诺是成员对于组织目标与价值的信任与接受程度
Robbins（1991）	组织承诺是成员对于组织与组织目标之认同，且希望维持组织成员身份之程度
Meyer & Allen（1997）	组织承诺是员工对于组织的关注与附着程度

资料来源：本研究整理。

其中，1984 年，加拿大学者 Meyer & Allen 对过去研究者关于组织承诺的研究进行了全面的分析，将 Becker 所提出的承诺命名为“持续承诺”（Continuance Commitment），即员工看重的是保持自己在组织中的位置，从而保住自己应得的各种福利，也使自己已然投入的精力和成本不至于付诸东流。而 Buchanan & Porter 等人提出的定义，则被 Meyer & Allen 命名为“情感承诺”（Affective Commitment），即员工努力工作是因为对组织存在感情，而非基于单纯的物质利益。在这个基础上，Meyer & Allen 编制了持续承诺量表（Continuance Commitment Scale，CCS）和情感承诺量表（Affective Commitment Scale，ACS）。

1990 年，Meyer & Allen 进行了一次更为综合性的研究，将 Weiner 所提出的“内化的规范力”命名为“规范承诺”（Normative Commitment），即员工愿意为组织工作，是由于受到行为规范的约束，进而对组织产生责任感和义务感。两人还编制了规范承诺量表（Normative Commitment Scale，NCS）。

除了 Meyer & Allen 的三维度模型外，许多学者都提出过对组织承诺的维度划分。如，Kanter（1968）将组织承诺分为持续承诺、凝聚承诺与控制承诺，其中凝聚承诺和控制承诺正好对应 Meyer & Allen 的情感承诺及规范承诺。O'Reilly & Chatman（1986）则将组织承诺分为内在化（Internalization）、认同（Identification）和顺从（Compliance），Yoon & Thye（2002）把组织承诺分为情感途径（Emotional/Affective Approach）和认知/评价途径（Cognitive/Evaluative Approach）等。

在亚洲，Sekimoto M. & Hanada M. （1985）的研究表明，日本员工的组织承诺有四个维度：感情承诺、内部化承诺、规范承诺和持续承诺；而中国学者张治灿等（1997）则提出组织承诺包含感情承诺、规范承诺、理想承诺、经济承诺和机会承诺五个维度；余凯成（1997）则提出功利性承诺、参与性承诺、亲属性承诺、目标性承诺和精神性承诺五个层次的组织承诺模型。

由此可知，学术界对组织承诺的维度及分类还存在争议。但一般而言，Meyer & Allen 的持续承诺、情感承诺和规范承诺三维度模型，是目前最被广泛接受的组织承诺模型之一。

2.4.2 组织承诺相关变量

近年来，关于组织承诺与其他组织行为学相关变量的研究很多，例如，Bhuian & Menguc（2002）发现工作特性对组织承诺有直接的影响；Valentine 等（2002）发现组织承诺与道德、价值观及个人—组织调整明确相关；Elizur & Koslowsky（2001）发现个人的工作价值观与组织承诺相关；Testa（2001）等发现工作满足感与组织承诺有关。

国内学者近年对组织承诺的研究也逐渐增加，目前组织承诺与领导行为（朴英培，1988）、组织公平感（蔡木霖，2001）、国家文化（古金英，2000）、工作投入（陈孟修，1998）、工作绩效（陈孟修，1998；范炽文，2001）、工作价值观（朴英培，1988）等变量的关系，均得到实证研究的支持。

2.5 离职意向文献综述

2.5.1 离职意向概念界定

离职意向（Turnover Intention）是指个体在一定时期内变换其工作的可能性（Alfonso Sousa-Poza & Fred Henneberger，2004）。

离职行为通常分为被动离职（受到企业解雇、工伤、退休等因素导致的离职）和主动离职（员工基于自身的因素和考量而主动选择离职）（吕京儒，2004）；由于员工一般都会在仔细考虑后才选择主动离职，因此在正式离职前，员工或多或少都会显露出离职倾向。

西方学者认为，研究离职意向要比研究实际的离职行为更有意义。Bluedorn（1982）、Price & Mueller（1981）等人甚至建议在研究中用离职意向代替实际的离职行为，因为离职行为受到很多外在因素的影响，比离职意向更难预测。

另外，离职意向往往可以作为离职行为的直接预测指标。吕京儒（2004）认为，离职意向与态度、愿望和行为一致，并且它通常被认为是离职行为的“预测者”。Bluedorn（1982）针对23项离职意向研究所做的元分析中，也发现离职意向和离职行为之间有非常显著的直接关系。最后，相较于实际的离职行为，离职意向更能准确地反映组织实际的管理水平。因为一个组织的员工也许离职意向很高，但由于行业内失业率很高、不容易找到工作等其他原因，离职意向没有演化成实际的离职行动，这种低离职率可能会掩盖组织管理水平不佳的实况。

2.5.2 离职意向影响因素

离职意向可以说是企业管理水平最重要的指标之一，历年来学者们对影响员工离职意向的因素做了许多研究。

例如，March & Simmon（1958）认为离职意向主要受到工作满意度和个人在组织中转换单位的可能性影响。Igbaria & Greenhaus（1992）则指出，离职意向会受到工作满足感、生涯满足感和组织承诺的影响。McNeilly & Russ（1992）则认为组织承诺是离职意向的直接影响因素。

其他相关研究还有很多，但一般而言，组织承诺、工作满意度和工作压力三者，被认为是影响离职意向的最主要因素（吕京儒，2004）。

2.6 变革型领导、组织文化认同度、组织承诺与离职意向之相关研究

如前文所述，目前学术界对组织文化认同的实证研究较为稀少，因此对于组织文化认同的前因和结果变量，也缺乏相关的研究文献。

在人类学领域，许多学者对文化认同的前因与结果变量做过研究。例如，Hill（2004）指出文化认同能预测少数族群青少年的自我概念、学业表现等，Edgecombe（2004）发现文化认同与个人幸福感有关，陈月娥（1986）指出文化认同会影响到少数族群的环境适应和自我感觉等。台湾的人类学相关研究（谭光鼎、汤仁燕，1993 等）也指出文化认同与个人认

同、社会适应、自信心、学业表现等存在正相关。

此外，由于人与组织匹配概念与组织文化认同度相近，因此和人与组织匹配相关的因素，也可作为本研究的借鉴。过去的学者研究发现，人与组织匹配和工作满意度（Cable & Judge，1996；Chatman，1991）、组织公民行为（O'Reilly & Chatman，1986）、工作绩效（Goodman & Svyantek，1999）、组织认同（Cable & DeRue，2002；Saks & Ashforth，1997）、组织承诺（Cable & Judge，1996；Saks & Ashforth，1997；Vancouver & Schmitt，1991）、离职意向（Cable & Judge，1996；Chatman，1991；O'Reilly et al.，1991；Saks & Ashforth，1997）等变量存在相关。其中，人与组织匹配和组织承诺、离职意向的关系得到较多研究的支持。这主要是由于，如果一个人认为自己的价值观与组织间的匹配良好，那么其选择留在组织中的可能性越大（Chatman，1991），因此，价值观的一致与否，对员工是否在两年内离职有显著的预测效果（O'Reilly et al.，1991）。

而在组织认同的研究方面，同样有许多研究表明，组织认同与组织承诺（Bergami & Bagozzi，2000）、组织公民行为（Dukerich et al.，2002）、工作满意度（Dick et al.，2004）等变量存在显著相关。

另外，变革型领导也已被证实与许多组织行为学变量存在相关，如组织凝聚力（Geyer & Steyrer，1998）、组织承诺（Geyer & Steyrer，1998；李超平、田宝、时勘，2006）等。而变革型领导与组织认同（马云献，2006）的相关性也得到了证实。

2.7 关于传媒组织文化的文献综述

目前关于传媒组织文化方面的研究较少，且多半停留在业务总结和概念论述等方面，缺乏足够严谨的实证研究支持。例如，彭泰权和董天策（2004）、姜喆（2007）等曾论述过传媒组织文化的重要性，但未能更加深入地探索传媒组织文化的内涵和作用。然而，传媒毫无疑问是一种十分重要的社会组织，其不仅具有一般企业的经济属性，同时对社会的信息告知、教育、文化传承等方面皆具有关键作用。因此，探讨传媒本身的组织文化、员工行为等，对于传媒以及企业管理方面的研究均具有重要意义。

事实上，中外发展良好的报业集团、传媒集团（公司），都有其独特且优质的企业文化，有一套为其员工认同、信奉和实践的核心价值观。

以 BBC 为例，英国学者露西·金—尚克尔曼（Lucy Kung-Shankleman，2000）曾针对英国 BBC 的文化进行过深入的研究。通过在 BBC 组织内的大量访谈和观察，他发现除了众所周知的愿景和使命外，BBC 员工心中还有几个核心的文化基本假设：

（1）BBC 是与众不同的。政府的补助和公共服务的身份，使得 BBC 的员工对于公共广播电视怀有强烈的使命感。

（2）BBC 是业界第一的。BBC 对新闻、美术和技术能力皆有着极高的标准；BBC 的员工运用其独特且具创意性的技能，制作出世界第一的广播电视内容。

（3）BBC 是英国生活方式的一部分。BBC 不仅是广播电视集团，更在英国人的生活中扮演着独一无二的角色，是英国“国家结构”的一部分。

（4）BBC 有捍卫优良传统的使命。

这些文化假设实际上构成了为 BBC 员工所认同的核心价值观，使得每位员工都以身为 BBC 的一员为荣，即使管理者不以严格的制度来约束，员工仍然会自觉、自发地去生产高质量、高品位的节目，并且持续地提升自我，希冀真正能够达到 BBC 企业文化所追求的“与众不同”“业界第一”的目标。正如 BBC 一位员工所说：“能在这样一个深具优良传统的组织中工作，我觉得是一项殊荣，因为这个组织长期以来一直制作着世界上最好的广播与电视节目……即使竞争者不断急起直追，我们还是能够打败世界上众多的竞争者。”可以说，尽管 BBC 的成功有其时代背景，也有包含政府支持、正确的战略规划、高素质的人员等因素的影响，但其中强势的、员工高度认同的企业文化无疑起到了关键作用，是优质企业文化在凝聚员工的心智，引导组织及员工的努力方向，不断地激发其创新精神和工作激情，并使 BBC 持续创造出有口皆碑的一流新闻传播内容产品，赢得世界顶级传媒的声誉。

价值观是企业文化的基石，而核心价值观则是企业组织的基本理念和信仰。吴海民（2006）曾论述道：“（核心价值观）是一个企业所信奉的、倡导的、员工共同持有并在实践中真正实行的价值理念。这种价值理念应当成为一种相当持久的信念、一种渗透于日常决策中的思想方法和道德规范。以此为出发点，形成对企业建设和发展问题的基本看法、基本主张，形成员工群体共同信奉的理性原则和是非评判标准。从这个意义上说，它是企业人格化的产物，是企业的图腾。它不是拿来炫耀的某种招牌或口号，而是企业真正信奉的东西，是信仰，是使命；它不是某种秘而不宣的单向默契或心理暗示，而是在企业中公开昭示并大力倡导的理性化信条；它不是企业领导人的个人信念和主张，也不是几个高层管理者的约定和共识，而是全体员工共同的精神追求；它不是放在抽屉里的一纸空文，而是在企业中真正实践着、落实着的价值理念。它体现在每个员工的自觉意识上，是企业建设的灵魂。”对员工而言，核心价值观既是一种理想信念和精神追求，也是组织内部的成就标准。它不仅界定了“成功”这一概念的具体内容，而且为员工指明了前进的方向。

国内报业组织作为“准企业”，建设企业文化是其题中应有之义，核心价值观作为企业文化的灵魂，也必然是报业企业文化的支柱。所以，高度重视对核心价值观的提炼、传播与共享，无疑是报业集团组织文化建设的重任之一。

在我国，对报业集团组织文化进行的专题研究目前较少，特别是有关的实证研究仍付之阙如。从国内已有的相关论著看，范以锦所撰的《南方报业战略》（2005）在论述报业集团组织文化与其核心竞争力二者的关系方面，可谓见解独到且颇具新意：“一张成功的报纸，一家成功的报业集团，它的企业文化必定有自己的独到之处，神奇之处……如果说南方报业的企业文化有什么特点，那就是更加包容，更加理性，更加注重创新开拓。宽松和谐的内部关系，激发了南方报人对事业执着的理想和狂热的激情，在一个开放式的氛围里，一个开放式的平台上，强烈的社会责任感与专业精神得到最大限度的激活与迸发。这样一个充满活力的内在机制和精神气质，使事业的发展、个人的发展形成良性互动，造就了一个个独树一帜的品牌媒体，造就了一个个有着显明个性的职业报人，造就了南方报业独特的企业文化。”

在阐述南方报业组织文化形成的历史渊源和“文化基因”时，他进一步指出：“南方报业是从有56年历史的南方日报发展衍生而来的，南方日报的前身中有香港《华商报》的影子。从根基上看，注定了她的眼光从来都是开放的，务实的。而广东这个地域上的南方，历来的办报环境都有着独到的优势……这其中的血脉延续，实际是有规律可循的，这些基因深埋在南方报人的骨子里，浸淫在南方报人的呼吸里。解开了南方报人的代代相传的文化密码，就会真正明白‘品牌媒体创新力量’的全部含义。”“品牌媒体创新力量”是范以锦在实践基础上对南方报业核心竞争力的独特认识和高度概括，他的这段论述，深刻地揭示了南方报业历史传承的企业文化在其中的重要功能和作用，他还联系集团实施的多品牌战略，对其功能作用做了进一步的阐释：“一个充满活力和生命力的报业集团，它的内在能量，是从组织架构上看不出来的，而是要看它企业文化内在的价值链。正是这种‘价值链’的共同价值观，把报业集团企业文化的各个要素环环相扣，相互依存，相互补充，相互促进，终端反过来又可作用于始点，以良性循环不断推动报业集团的事业螺旋式上升。”由此可见，企业文化与南方报业传媒集团核心竞争力的形成与提升之间有着重要和密切的内在联系。

从实证研究方面的成果看，陈致中（2010）针对台湾《联合报》的定量研究有一定的说服力，该项成果表明，当员工高度认同其组织的文化价值观时，会对组织有较高的组织承诺（归属感、投入感与忠诚感），并且离职意向也较低。这足以说明一个强势的、员工高度认同的文化，是传媒核心竞争力的一个关键。因为员工高度认同传媒组织的文化，才能够产生向心力和职业归属感，以高度自觉的敬业精神和勤奋不懈的工作态度做好本职工作，充分发挥其聪明才智和潜能，创造良好的业绩，留住员工并且吸引更多的优秀人才加盟。这对于人才密集型的企业——报纸、报业集团等传媒组织而言，乃是获得持续发展至关重要的一环。

从总体上看，目前国内有关传媒企业文化的研究成果相对匮乏，然而，中国报业组织在其发展实践中，却积累了相当丰富的建构企业文化的经验，提供了不少可资借鉴的鲜活案例，其中的佼佼者对其企业文化也形成了独到的认识。

比如，南方报业集团前董事长杨兴锋（2008）曾将南方报业的文化归纳为四个主题词："担当""创新""包容""卓越"。"担当"意指媒体必须担当起包括新闻、政治、社会、文化和经济五个方面的社会责任。具体内容是：新闻方面要为每一篇报道的真实性负责；政治方面要掌握社会的话语权，要对自己所传播的舆论、意见和观点负起政治责任；社会方面要将社会效益放在第一位，对自己所传播内容的社会影响负责；文化方面要传承民族优秀文化和传统，对引导信息文化发展方向负责；经济方面要履行自身的经济责任，包括依法经营、构建企业文明、保护员工的合法权益等。"创新"对于南方报业来说，不仅意味着产品创新、营销创新和经营创新，还包括组织创新、制度创新乃至对品牌媒体群运筹帷幄的产业创新。"包容"则反映了南方报业的和谐观，它包括三个层次的含义：其一，把握正确的导向和积极探索之间的平衡；其二，强调文化的多样性与和谐；其三，强调多品牌、多元化发展的战略异同。而"卓越"既是一种境界，也是一种姿态，要求南方报业的员工积极进取，不断超越自我。

如果说南方报业的企业文化中蕴含着深厚的历史积淀和"文化基因"传承，并体现出一种多品牌、多元化组织结构下的向心力、凝聚力与协调关系，那么一报独大的强势媒体或报业集团，其企业文化则呈现出组织中员工对于自身（报纸或报业集团）的高度认同感和自豪感，它折射出组织内部价值观的同一与自信。

例如，国内报业集团中的先行者——广州日报报业集团，其主报《广州日报》是一路领跑、气势如虹的强势品牌媒体，"追求最出色的新闻"

这句话每天都印在该报头版报头位置，它可以说是对该报核心价值观的高度概括，体现出一种职业理想和追求，且透露出某种自信。这句话的延伸就是“办读者最喜欢的报纸”。《广州日报》十余年来在广州报业市场乃至全国单份报纸中均保持着多项第一，正是该报员工对这一办报理念及其核心价值观高度认同与认真贯彻执行的回报，他们也完全有理由为之感到自豪。该报另一句广告语“塑造最具公信力媒体”表达的办报理念，同样体现出这种职业理想和追求，也充满着职业传媒人的自信和自豪感。

除了广州的两大报业集团外，北京京华时报社社长吴海民（2006），对于报纸企业文化的理解和诠释也见解独到：“对《京华时报》以及所有创新媒体来说，企业文化建设都是一个长期的过程……像《京华时报》这样另起炉灶的创新媒体，没有自己沿袭下来的传统，也没有组织文化上的历史积淀，要想形成一套全新的企业文化体系，就是一个全新的课题。”因此，《京华时报》所设定的企业文化关键词是“认同感”，即包括对战略选择的认同和制度安排的认同，也包括对经营活动中一些原则的认同。在全体员工对核心价值高度认同的基础上，才有《京华时报》建“一流队伍，办一流报纸，创一流效益”的使命感，才有“百年京华”的长远发展目标，才有“真诚、团结、实干、创新”的行为规范。一份新创办的报纸能有这样明晰而务实的办报理念，对企业文化建设有如此自觉的意识，的确难能可贵，它在强手林立、竞争激烈的北京报业市场中，能够奋力拼杀且站稳脚跟，甚至后来居上，绝非偶然。

分析南方报业传媒集团、广州日报报业集团、《京华时报》等强势报业组织（报业集团或报纸），不难发现，清晰明了的核心理念所构成的企业文化，是推动其不断前进的基石。目前中国表现较为出色的报纸或报业集团，大都具备其员工高度认同的企业文化及核心理念，如《广州日报》的“追求最出色的新闻”、《南方周末》的“正义、良知、爱心、理性”等，既体现出媒体面对社会的责任担当，也聚合了媒体人共同的愿景和使命，其中充盈着强烈的自尊、自信和开拓创新的进取精神。

不必讳言，中国报业在由传统的计划经济体制下的事业单位，逐步向具有现代企业制度的报业组织转型的过程中，保守的企业文化依旧较为强势，能够在改革大潮中脱胎换骨的毕竟是凤毛麟角，绝大多数的报业组织还未能形成与市场机制相匹配的企业文化。这样的局面是难以适应迅速发展变化着的媒体环境的。

当前，国内报业走向市场的步伐在不断加快，报业集团面临的市场竞争也千变万化，不仅报纸产业内部存在着传统的竞争关系，而且报业与互联网、广播、电视等媒体间也存在着不同程度的竞争，而中国传媒业发展已进入“传媒集团”时代，跨媒体、跨地域、跨行业等产业化经营，也已成为传媒集团发展的新趋势。如何在激烈的市场竞争中保持竞争优势，获得可持续的发展，这是时下报业集团最关心的问题。

对于包括报业集团在内的企业组织而言，能否健康地成长乃至基业长青，企业文化不是最直接的因素，却是最持久的决定性因素，因而，对于任重道远的国内报业集团来说，要以打造“百年大报”的战略眼光和职业理想追求，悉心地培育和呵护自己的优质企业文化，增强团队的凝聚力，提高报业组织的创新能力，保有持久的竞争优势，获得可持续的发展，进而实现其共同愿景中的宏伟蓝图。

然而，由于种种原因，目前国内报业集团的企业文化建设存在一定的滞后性，甚至呈现出某种弱势，包括报业生存的社会环境、企业文化要素当中的核心价值观及其沟通呈现机制等方面，都有某些薄弱环节。如果让这种状况延续下去，企业文化将会成为制约报业集团可持续发展的短板。

1. 社会环境导致企业文化建设相对滞后

企业环境即企业所处的社会环境。企业的生存发展总是离不开特定的环境，企业文化建设也必须面对其所处的环境。企业经营所面临的现实环境可分为两个层次，即宏观环境和微观环境。宏观环境，主要是指其所处的政治、经济、文化、社会、法律、科学技术、自然等环境，这是形成企业文化共性的一个因素。微观环境则是指由企业内部因素、供应商、中介机构、顾客、竞争对手、社会公众等组成的具象环境形态。

在塑造企业文化的过程中，企业所处的环境是十分重要的一个影响因素。它既是决定企业能否成功的必要条件，也是塑造企业文化至关重要的决定性因素，不同的企业生存和发展环境会产生不同的企业文化。这个关于企业文化建设的命题，对任何进行企业文化建设的组织都是适用的。因为报业作为一种产业，进入市场参与竞争，其企业文化建设必然受到报业组织所处的特定环境的影响。

中国报业集团企业文化建设的相对滞后，正好说明了企业环境对企业文化的决定作用。这里试从传媒的“非产业性问题”来探讨企业环境的重要性，从某种意义上说，企业所处环境对企业文化的形成起到了决定性作用。

所谓“非产业性问题”，就是指报业发展过程中出现的令报业无法成为独立产业的问题。理论上说，我国传媒在被确认为具有双重属性（即事业属性和产业属性）后，传媒作为一个产业应无疑问，采用企业管理也属必然，报业改革获得了初步的成功。然而，随着报业改革向纵深挺进，影响报业组织特别是报业集团可持续发展的“非产业性问题”形成的“硬伤”也日益凸显。刘海贵（2006）在其主编的《中国报业发展战略》一书中，归纳了“产权残缺”“委托人残缺”“集团内部管理体制不规范、组织结构不科学”“缺乏有效的激励和约束机制”“管理层的自利行为”“集团功能开发受抑”等“非产业性问题”。这些问题不仅是报业面临的问题，也是中国报业的真实处境。“非产业性问题”凸显出的矛盾表明：现有的报业管理体制不能保证企业完全成为一个产业，或者说“事业性质、企业化管理”的内在矛盾性严重影响了当前媒介产业的独立性，这是中国报业面临的宏观社会环境。

既然报业尚且不能成为一个独立的企业，即还不能作为完全的市场主体参与竞争，那么作为新兴“管理模式”的企业文化建设也就必然受到影响。因此，中国报业的企业文化建设相对滞后，甚至缺乏严格意义上的成熟企业文化也就不足为奇了。这种“非产业性问题”等现实语境带来的困惑，也导致国内相当一部分报业组织在建设企业文化时，往往偏重物质文化和制度文化方面内容的建设，对属于企业文化核心的精神文化特别是核心价值观的建设反而有些力不从心。

2. 报业集团企业文化建设对核心价值观的忽略

如前所述，价值观特别是核心理念，是一个企业组织的基本理念和信仰，是企业文化的灵魂。因为核心理念（包括核心价值观和共同愿景）既为企业界定了“成功”这一概念的具体内容，建立了组织内部的成就标准，也为企业的长远发展设定了目标，为员工指明了前进的方向。而核心价值观作为核心理念的精髓，既是一种理想信念和精神追求，又是组织内部的成就标准，是“一个企业所信奉的、倡导的、员工共同持有并在实践中真正实行的价值理念。这种价值理念应当成为一种相当持久的信念、一种渗透于日常决策中的思想方法和道德规范。以此为出发点，形成对企业建设和发展问题的基本看法、基本主张，形成员工群体共同信奉的理性原则和是非评判标准”（吴海民，2006）。

可以毫不夸张地说，优质企业文化中的核心价值观，不仅是企业生存发展的精神支柱，也是其取之不尽、用之不竭的动力源泉。然而，现实中由于企业文化属于报业组织竞争力的软性构成要素，其发挥作用的方式是内隐和潜移默化的，因而同那些作用外显的硬性构成要素相比，似乎仍未能得到应有的重视。这导致报业组织企业文化建设的相对滞后，包括有意或无意的对核心价值观的忽略，其主要表现在以下几个方面：

首先，从新闻传播业界的现实情况看，我国报业组织（含报业集团）

中真正形成了属于本组织的独特企业文化，而且有全体员工高度认同的基本价值理念，即已经成为一种相当持久的信念、一种渗透于日常决策中的思想方法和道德规范的核心价值观的，尚不多见。故而由此延伸出的对企业建设和发展问题的基本看法、基本主张，以及形成员工群体共同信奉的理性原则和是非评判标准等一系列具有标志性的要素，自然也就难觅踪影。况且报业组织人才的高流动性也从一个侧面说明了企业核心价值观的缺失。当前，我国媒体从业人员的流动性加大，一些大众报纸人员的年流动率达到30%。造成这种高流动性的因素固然很多，但是，报业组织企业文化建设滞后和核心价值观的缺失，无疑是其中的两个因素。

优秀的企业文化追求“核心价值观”的认同，其所具有的凝聚力能够让员工安心工作，乐于奉献，并将本职工作与理想及事业追求结合起来，这种核心理念能够吸引各种人才涌向组织，从而降低人员的流动性，尤其是优秀人才的流动性。

审视一些高度重视企业文化建设，且拥有核心价值理念的传媒组织（公司），其优秀人才的流动性就相对较低。

例如，美国品牌大报《纽约时报》《华盛顿邮报》等报纸的人才，特别是核心员工，流动性就比其他媒体低很多，这与其强势的组织文化以及具有高度凝聚力的员工工作氛围是密切相关的。

再如，国内南方报业传媒集团的企业文化建设有其独到之处，组织内员工共同追求的某些精神层面的东西，已经成为报业组织的传统，其对人才尊重产生的“泉涌效应”，使其核心员工的流动性相对于其他报业集团也要低一些。

又如，组建历史虽然并不长，却高度重视企业文化建设的华人传媒组织凤凰卫视，由于具有尊重员工的创新精神、追求职业理想、倡导客观公正的报道原则等核心价值理念，因而其凝聚力很强，不仅原有的人才队伍相对稳定，而且不断吸引各方优秀人才加盟，事业发展蒸蒸日上。

与之相反，企业如果缺乏核心价值观，就容易一味追求短期效益，把人才当成获取利润的工具，这必然导致凝聚力、向心力的式微，人才流失也难以避免。从企业的长远规划和可持续发展目标来看，离开文化认同的人才策略，事业的根基就不牢靠。尤其是从事精神产品生产与传播的报业组织，如果没有理想和信念的支撑，员工失去了专业理想和事业追求，凝聚力、向心力和创新精神从何而来？其结果也会导致人才的流失和事业的衰败。

其次，国内报业组织（传媒集团）在总结、探讨其发展战略和路径时，或以发行战略、营销战略、人才战略为重，很少涉及企业文化方面的内容；或将企业文化建设等同于“以人为本”的人才战略，未能自觉地把企业文化建设与其人才战略放在同等重要的地位。

当然，国内有少数报业集团的高管明确表述了企业文化建设在打造报业核心竞争力中的独特作用，并提出了报业集团的核心价值观问题，即把企业文化建设上升到更高的战略层面，同时能够深入其实质与核心，体现出一种自觉意识。

例如，王永亮编著的《传媒方家：高层权威解读传媒》（2006）、《传媒精神：高层权威解读传媒》（2005）和《传媒榜样：高层权威解读文化体制改革》（2006）三本著述中，共有13位报业集团的社长（董事长）分别从党报创新、党报听潮、报界群雄的角度论述了各自报业的成功经验，但其中只有南方报业传媒集团的范以锦、天津日报报业集团的张建星和河北报业集团的赵曙光三位，明确提出要重视和加强企业文化建设。另外，范以锦的《南方报业战略》、张建星的《传媒的运营时代——从媒体经营到经营媒体30讲》、京华时报社社长吴海民的《媒体木桶系列》等论著里面，也都明确表达了企业文化对于打造报业核心竞争力的重要作用。

不过从总体上看，国内报业集团的高层领导对于企业文化建设所具有的重要意义仍然认识不足，特别是在提炼与形成员工认同的核心价值观方面，普遍缺乏自觉意识，以至有意无意地忽略了它。这显然不利于培育自身的核心竞争力。

3. 对“以人为本”企业文化理念的误解误用

企业文化是企业组织内员工广泛认同的、内容丰富的价值观体系，其中核心价值观是灵魂，“以人为本”的价值理念则是基础。道理很简单，企业要发展，人是最重要的因素。因此，尊重员工、发挥员工的积极性和创造性，是企业文化建设得以获得成功的一个重要保证。

当前中国报业组织都承认“人才”的重要性，强调“以人为本”，认为报业的竞争归根到底是“人才”的竞争，并纷纷出台岗位竞争条例或是提供各种丰厚条件，以鼓励、激发员工的创造性，甚至不惜出高价挖墙脚来吸引优秀人才。可是，各种问题矛盾依然突出：业界普遍出台的奖励政策似乎并没有给报业带来普遍的利润，也没有为中国报业的可持续发展提供可靠的人力资源支撑，目前绝大多数报业集团在人才储备方面尚未形成优势。

造成这种局面的原因固然很多，但其中最重要的因素仍与报业组织的企业文化不无关系——将竞争上岗、优胜劣汰的政策混同于“以人为本”的企业文化理念，这是许多报业组织的做法。

由于东西方文化语境的差异，西方企业文化中“以人为本”的理念是内含于核心价值观的，即“以人为本”是企业文化建设的前提，不需明示。而中国的情况恰好相反，建设企业文化必须首先明示“以人为本”的价值理念，这就容易导致政策的偏差，将企业文化建设的前提当作企业文化的灵魂和目标，即“以人为本”成为核心价值观，将竞争上岗、优胜劣汰的用人政策等同于“以人为本”的文化理念就是明证。当然，建立在成功的企业文化基础之上的竞争淘汰机制，也在某种程度上反映了企业文化中的核心价值观。

比如，凤凰卫视的用人机制就建立在其“高调做事，低调做人”的“不断放下的文化”基础上。但是，脱离企业文化基础的所谓竞争淘汰机制，很容易变为一种“强人哲学”。所谓“重赏之下，必有勇夫”，勇夫可以帮助企业角逐短期利益。当前报业组织中普遍存在的“新闻民工”现象，报社向员工摊派报纸发行数额、广告额等做法，大都披着“竞争上岗、优胜劣汰”等合法外衣，但是，急功近利的竞争机制实际上与“以人为本”的根本宗旨相去甚远。虽然这些做法也能帮助报纸实现某些短期效益，然而“勇夫”毕竟不是英雄，英雄的影响应当是深远的。

报业等传媒组织（集团）中知识分子荟萃，英雄的存在对追求个人价值的实现尤为重要。因此，在确立核心价值观的前提下，为优秀人才提供生存和发展的自由空间并树立起榜样和英雄的标杆的意义重大。美国《华盛顿邮报》报道水门事件的鲍勃·伍德沃德和卡尔·伯恩斯坦，凤凰卫视的卢宇光、闾丘露薇等，都是所在媒体的英雄，都为该媒体的品牌、文化理念带来了深远影响。只有在尊重人、激励人奋发向上的基础上，竞争淘汰机制才是真正的“以人为本”。

正如凤凰卫视集团董事长刘长乐（2005）所说：“每个人都有实现价值的渴望和梦想，中国的读书人尤其有参与国家建设、为民族兴衰效力的责任感和精神诉求，这是儒家文化的影响，修身齐家治国平天下。只要你给他空间，他都有一股愿意不计辛劳地为理想奋斗的劲儿。”正是由于深谙此道，凤凰卫视创造了华语电视的一个个奇迹。国内的报业集团要想做强、做大、做长久，就需要培育、形成自身的优质企业文化，而这显然离不开能够为其员工普遍认同的核心价值观。

“以人为本”是企业文化建设的前提，在此基础上，提炼与形成企业文化的核心价值观，以增强报业集团及其麾下媒体的凝聚力、向心力，通过为员工提供良好的环境氛围和个人发展空间，以及组织内英雄人物的榜样力量，不断地激发其积极性和创造性，保持集团的竞争优势，进而培育与提升其核心竞争力，实现可持续发展的目标。

2.8 本章小结

通过上述文献综述与探讨，可以发现目前学术界对组织文化认同的研究仍存在较多不足：

1. 尚缺少对组织文化认同的定量实证研究

尽管国内外并不缺乏对员工文化认同的论述，但大多停留在理论阐述和讨论的阶段，缺少定量的研究工具和成果。而人类学、社会学领域的文化认同度研究量表，虽可供管理学领域作为借鉴，但因为概念和施测对象的差异而难以直接套用到组织中的研究。因此，目前对组织文化认同的研究可以说还处在初步阶段。

2. 缺少组织文化认同度和其他变量之间的相关研究

尽管相似的变量如组织认同、人与组织匹配等，已经被证实与组织公民、组织承诺、离职意向等变量相关，但对于组织文化认同度的前因及结果变量，还缺少实证研究的阐释。

基于对前人研究结果的分析和归纳，本研究首先将以定性和定量研究结合的方法，建构组织文化认同度的结构模型及测量工具；继而在此基础上，研究组织文化认同度与变革型领导、组织承诺、离职意向等变量的关系，建构出中国背景下的组织文化认同度及其相关变量的模型。这具有一定的理论及实践意义。

3. 缺乏针对传媒集团的系统化、科学化研究

从前面的综述可以看出，目前对传媒组织文化的论述和探讨，大体还停留在经验性、思辨性阶段，虽有不少业界人士论述过传媒组织文化的重要性，但对于该如何打造优秀的传媒组织文化却仍处在摸索阶段；虽有针对部分传媒集团文化的经验性总结，但实证性、科学性的研究却付之阙如。因此，本书立足在规范的组织行为学研究基础上，对传媒集团的组织文化和员工行为进行深入探讨，并提出有针对性的建议，这对传媒学术界和实务界都有一定的价值和意义。

3　探索性研究与组织人际和谐概念的提出

一般而言，探索性研究常被视为研究程序的第一步，其作用在于协助研究人员全盘了解情况，并发现可能的问题。探索性研究在资料收集上具有很大的弹性，利用访谈的方式，可以有效且深入地了解到受测者的意见。

陈膺强（1994）亦认为在某些情况下，如发展新的研究计划或研究题目涉及的范围太广泛时，为加深对研究题目的了解，需要进行一些探索性研究，以帮助澄清和界定研究题目，并找出有关的概念、理论以及适当且可行的研究方法和技术，以便将研究和现存的知识、理论联结起来，使其成为知识体系内的一部分。

本研究的主题较为新颖——试图探讨员工组织文化认同度的结构与测量方法。由于过去学术界对组织文化认同的研究较少，而人类学、社会学领域的文化认同研究虽可借鉴，却仍有较多不同之处。因此，本书采用了探索性研究的方法，以深度访谈辅以开放式问卷调查，收集了原始的数据资料，并采用扎根理论及专家讨论法，以更好地形成研究框架。但是探索性研究的受测对象有限，故仅能做暂时性的推论。因此，在后续的研究中将采用问卷调查方式广泛收集数据，进行实证分析。

3.1　研究目的

本研究的主要贡献之一，在于提出组织文化认同度的概念结构及测量方式。因此，本书所进行的探索性研究在于按照规范的定性研究方法，提取出组织文化认同度的关键语句和维度，并在此基础上编制出规范化、满足信度及效度标准的量表，为接下来的定量研究奠定基础。

3.2　研究过程

本书按照规范的质化研究方法，首先，通过深度访谈、开放式问卷调查及文献资料调研，收集描述组织文化认同度及其相关变量的原始语句，然后采用扎根理论的思想，抽取出组织文化认同度的维度。其次，请数位专家对通过质化研究得出的结果进行审核和讨论，根据专家意见确定了组织文化认同度的测量维度；与此同时，还提出了“组织人际和谐”这一新概念。最后，根据专家讨论的结果编制出组织文化认同度、组织人际和谐量表，并采用预测试的方式，依据定量统计的结果对量表进行修订，完成了组织文化认同度、组织人际和谐正式量表的编制。

3.2.1 访谈研究

3.2.1.1 访谈对象

根据方便取样和目的取样相结合的原则，从 2007 年 5 月至 11 月，共在北京、昆山、珠海、澳门等地选择了十家公司进行调查，其中台资企业三家、港澳企业一家、外资企业两家、民营企业四家。主要采用深度访谈的方式，辅以开放式问卷调查，共访谈了 52 位中层以上的管理人员，其中高级管理人员 10 名，中层管理人员 42 名。样本详细信息见表 3.1。

表 3.1 访谈样本信息

企业	访谈人数	规模	行业	性质
A 企业	3	400 人	纺织	台资企业
B 企业	3	1 000 人	服装加工	民营企业
C 企业	3	1 000 人	服装加工	民营企业
D 企业	3	300 人	高科技	外资企业
E 企业	15	3 000 人	高科技	台资企业
F 企业	3	3 000 人	金融	外资企业
G 企业	5	1 000 人	造纸	台资企业
H 企业	6	1 000 人	食品饮料	港澳企业
I 企业	6	1 000 人	制造业	民营企业
J 企业	5	500 人	高科技	民营企业

3.2.1.2 访谈提纲

主要的访谈提纲如下：

（1）您对企业文化的看法如何？

（2）您认为员工对企业文化的认同，对企业的重要性如何？

（3）您认为有哪些外在的行为或态度表现，可以判断员工对企业文化高度认同？

（4）相反地，您认为有哪些外在的行为或态度表现，可以判断员工对企业文化并不认同？

（5）您认为员工对企业文化的认同与否，对企业有哪些影响？

3.2.1.3 访谈初步结论

通过访谈分析，本研究得出如下初步的观点：

（1）所有受访者一致认为，员工对企业文化认同是十分重要的，但对于该如何衡量员工的文化认同以及文化认同的影响，则并不十分清楚。

（2）总体来说，员工对文化的认同程度，可以从几个层面来判断：首先，员工必然对自己公司的价值理念和宣传词十分清楚；其次，员工会表现出对组织的喜好和热爱；最后，员工会有一些行为表现，如积极参与公司的各种活动、积极引导新同事适应公司等。

（3）受访者认为，组织文化认同程度对员工的行为有很多方面的影响，如员工会主动加班、勤奋努力、与同事齐心协力等。特别是许多受访者都提到，员工认同组织文化，有助于使公司内的和谐气氛更加浓厚。

访谈资料的详细分析与提取文献资料的内容一起进行，这部分将在变量的维度归纳一节中进行阐述。

3.2.2 文献提取

在进行深度访谈及开放式问卷调查的同时，本研究还采用文献提取法，从描述组织文化的相关案例及文献中，收集描述组织文化认同和企业文化认同的相关语句。从《中外企业文化》《企业文化》《企业文化案例》《现代管理科学》《中国人力资源开发》等10多种期刊及国内著名学者的著作中，摘录出数百条与组织文化认同相关的语句。文献提取法所得到的语句和深度访谈及开放式问卷调查所得到的语句，都作为扎根理论的原始数据资料。

3.3 变量维度归纳

收集好原始资料后，笔者按照扎根理论的思想，归纳出员工组织文化认同度的维度。

第一步：开放式登录。对通过访谈、开放式问卷调查及文献提取法所收集到的语句资料进行开放式登录。登录标准为：①描述的内容必须有清楚的含义；②必须是员工所表现出来的行为或态度特征，且与组织文化认同有清晰的逻辑关系。根据以上标准，形成组织文化认同度相关的原始语句共348条。在开放式登录完成后，请3位硕士以上学历的成员组成课题小组，对所有语句进行了初步审核，确认无误后，即展开下一步的编码工作。

第二步：编码。由3位硕士以上学历的成员组成课题小组，对348条原始语句进行编码。编码分为一级编码和二级编码两个阶段：一级编码即将原始语句整理、编排成标准化、容易理解的短语，使其成为一个概括性的编码；二级编码则将一级编码的结果进一步归类和整理，形成初步的概念分类框架。如果小组内出现意见不一致时，则进行充分的讨论和沟通，直到达成共识为止。

第三步：编码的归类。这可以视为第三级的编码，将前面二级编码完成的短语，进行通盘的考虑、比较和归类，在小组成员的沟通和讨论下，形成最后的分类框架，也就是概念的分析维度。最后，课题小组将组织文化认同度分为三个维度：认知层面认同度、情感层面认同度以及行为层面认同度。

限于篇幅，本书选取了30条典型的语句作为例子，语句的编码及归类结果见表3.2。

表3.2　组织文化认同度典型语句提取与关键词提炼

编　号	典型语句描述	一级编码	二级编码	归　类
1	正确理解公司的政策	了解公司政策	了解公司文化	认知层面
2	非常了解本公司的文化	了解公司文化	了解公司文化	认知层面
3	对公司文化有很深的认识	了解公司文化	了解公司文化	认知层面
4	良好地理解企业精神	了解公司精神	了解公司文化	认知层面
5	准确了解企业文化的内涵	了解公司文化	了解公司文化	认知层面
6	对公司的品牌和宣传方针很了解	了解公司品牌	了解公司文化	认知层面
7	十分了解公司的典型人物或事迹	了解典型人物	了解公司文化	认知层面
8	可以说出本公司文化的特点	了解公司文化	了解公司文化	认知层面
9	认同公司的政策	认同政策	认同文化及政策	情感层面
10	觉得工作氛围良好	认同氛围	认同公司氛围	情感层面
11	觉得工作有尊严	工作有尊严	认同公司氛围	情感层面
12	觉得在公司工作是快乐的事	工作快乐	认同公司氛围	情感层面
13	享受公司营造的整体氛围	认同氛围	认同公司氛围	情感层面

（续上表）

编 号	典型语句描述	一级编码	二级编码	归 类
14	向亲戚朋友称赞自己的公司	向亲友宣传文化	主动宣传文化	情感层面
15	愿意介绍亲戚朋友到这家公司	向亲友宣传文化	主动宣传文化	情感层面
16	为公司感到自豪和光荣	自豪与光荣	自豪与光荣感	情感层面
17	欣赏公司的品牌形象	认同公司品牌	认同公司品牌	情感层面
18	认同公司的工作氛围	认同氛围	认同公司氛围	情感层面
19	与公司有共同的目标	共同目标	共同目标与愿景	情感层面
20	朝着共同目标一起努力	共同目标	共同目标与愿景	情感层面
21	主动参与公司的文化建设	参与文化建设	文化建设与落实	行为层面
22	积极协助公司文化的建设和落实	参与文化建设	文化建设与落实	行为层面
23	踊跃参加各种文化培训	参与文化培训	文化培训与宣传	行为层面
24	主动参与文化的宣传工作	参与文化宣传	文化培训与宣传	行为层面
25	主动维护公司的品牌形象	维护公司品牌	维护品牌与声誉	行为层面
26	自觉遵守公司的规章制度	自觉遵守制度	遵守公司制度	行为层面
27	穿着上与公司文化要求一致	穿着受文化制约	穿着言行符合文化	行为层面
28	言谈举止不自觉地符合公司要求	言行受文化制约	穿着言行符合文化	行为层面
29	不会做出违反公司规章的事情	自觉遵守制度	遵守公司制度	行为层面
30	自觉遵守公司的管理制度	自觉遵守制度	遵守公司制度	行为层面

3.4 变量维度归纳结果与组织人际和谐概念的提出

3.4.1 维度归纳结果

结合已有的理论成果，从表 3.2 可以看出，组织文化认同度这一概念可以由认知层面、情感层面及行为层面三个维度来描述，这与过去人类学家对文化认同的研究基本吻合。其中，认知层面主要表现在员工非常了解公司的文化、十分了解公司的典型人物或事迹、对公司的品牌和宣传方针很了解等。情感层面主要表现在员工喜爱公司的文化价值观、工作氛围及公司形象等。而行为层面则主要表现在员工愿意主动参与文化的建设和宣传、主动维护公司的声誉和品牌等。对组织文化认同度各维度的定义见表 3.3。

表3.3 组织文化认同度各维度定义

维 度	定 义
认知层面认同度	员工深刻了解组织文化的内涵、价值观、典型人物和事迹，以及组织的品牌和宣传词等
情感层面认同度	员工喜爱组织的文化价值观、工作氛围、组织形象等
行为层面认同度	员工愿意主动参与文化的建设和宣传，并且主动维护组织的声誉和品牌

值得注意的是，在人类学领域对文化认同的研究中，有学者把文化认同分为认知的、情感的、知觉的与行为的四个维度（陈月娥，1986；刘明峰，2006），这同样借鉴了心理学对态度的划分，但比本研究得出的结果多出一个维度。经过仔细检验，发现文化认同分类中的情感维度（对该文化群体的归属感）和知觉维度（对该文化的喜爱程度），都偏向情感或情绪层面的内容，因此在本研究中，将这两者合并为情感层面认同度。

3.4.2 专家讨论

由于本研究的主题较为新颖，组织文化认同度的概念及测量维度都是本研究新提出的，为了验证扎根理论研究结果的可信度，笔者邀请了人力资源管理与组织行为学界的5位教授及5位博士生，对归纳的变量维度以及变量的定义进行讨论和审核。

5位专家和5位博士生一致认为，本研究归纳的组织文化认同度测量方法可行，概念界定也较为清晰，具有可操作性。经过专家们的讨论和审查，笔者对整理出来的条目进行了进一步的修订和删减，最后形成了3个维度、共24个条目的初步的组织文化认同度量表。

在专家的讨论过程中，有专家提出原本的语句中有不少与“人际和谐”或“和谐氛围”有关。由于和谐是具有中国特色的概念，与西方的组织公民行为、组织凝聚力等概念并不相同，具有研究的价值和新颖性。因此，专家们建议对原本整理出来的、与“和谐”有关的语句进行再一次的整理和归纳，形成一个新的研究变量——组织人际和谐。

3.4.3 组织人际和谐概念的提出

在前面针对组织文化认同度进行的深度访谈和开放式问卷调查中，有不少受访者表达了对组织内部人际和谐的关注；同时，通过扎根理论抽取出的语句中也有不少与组织内部的和谐、融洽有关。再结合专家的意见，本研究认为组织人际和谐概念的提出有其必然性。

“和谐”一向是中国文化的主轴之一。孔子的“君子和而不同，小人同而不和”（《论语·子路》）被认为是和谐思想的起源。儒家的中心思想是“仁”，也就是人与人之间的关系；儒家认为人不是独立存在的，而是处于与其他个人、社会、自然乃至整个宇宙的关系网络内。“已欲立而立人，已欲达而达人”（《论语·雍也》）、“仁者爱人”（《孟子·离娄章句下》）及“仁民而爱物”（《孟子·尽心章句上》）均体现出把人视为整个社会、宇宙和谐整体一部分的精神。

2004 年 9 月 19 日，中国共产党第十六届中央委员会第四次全体会议正式提出了“构建社会主义和谐社会”的概念。此后，“和谐社会”便成为中国的主要发展方向之一。随后，在中国，“和谐社会”便常作为这一概念的缩略语。和谐社会这一概念的出现，主要是为了解决中国在快速发展过程中出现的各种矛盾、不公正或脱序问题，如城乡发展不均衡、社会福利保障制度不够完善等。尽管“和谐社会”的施政方针主要集中在区域均衡发展、就业、教育文化、医疗卫生等整体性的社会政策上，但以人为本、诚信友爱、和谐相处等精神仍然贯彻在其中。可见，人际和谐在今天的中国社会也是受到高度关注的议题之一。

然而，虽然和谐早在先秦时代就已经是儒家哲学思想的核心，如今又成为中国的施政重点，但对人际和谐这一具有中国特色的概念的研究，学术界主要还停留在理论探讨和概念陈述的阶段，定量的研究分析相对较少。

翟双萍（2005）认为人际和谐是一种合理的人际观念，在重视个体价值的同时，还能够体现人与人之间相济相合的精神。杨中芳（1992）分析华人的价值体系时也指出，相较于西方社会，华人社会无论在文化、社会还是个人方面，均以追求和谐、和合、秩序、稳定和均衡为中心思想或基本价值。李亦园（1992）也指出中国文化最基本的运作法则就是追求和谐与均衡，也就是“致中和”。成中英（1986）则总结认为中国古代无论是儒家还是道家的思想，持有的都是一种“和谐化辩证观”（Dialectics of Harmonization），社会和个人都会不自觉地向和谐发展。

黄鹂莉（2005）曾检索心理学的重要数据库 PsycINFO（由美国心理学会出版），发现近年来，每年平均有 2 000 至 2 500 篇关于“冲突”（Conflict）的论文发表，但关于“和谐”（Harmony）的研究论文则每年还不到 100 篇（约 67 ~ 98 篇），可见西方心理学更重视对冲突的研究而较少关注和谐。在少数关于和谐的西方研究中，Braithwaite（1997）研究了澳大利亚的197名大学生，发现“追求和谐”是贯穿于个人、人际以及社会团体间的重要价值。Jason等（2001）研究一般人所认定的“智慧”（Wisdom）时，发现“和谐”是构成智慧的五个重要因子之一。同样属于东方文明古国的印度，也有学者（Misra et al.，2000）指出，与外在环境维持和谐的关系，是印度等东方文明传统的、深层的“智慧观”。

在中国本土的实证研究方面，台湾大学的黄鹂莉（1999）采用定性与定量结合的研究方法，将人际和谐区分为六种类型，分别是投契式、亲和式、合模式、区隔式、疏离式和隐抑式，这六种类型的人际和谐又可归为两大类，即实性和谐（外表及内在均和谐）和虚性和谐（貌合神离）。这六种和谐类型及相应的行为模式见表3.4。

表3.4　六种人际和谐特征

	实性和谐			虚性和谐		
类　型	投契式和谐	亲和式和谐	合模式和谐	区隔式和谐	疏离式和谐	隐抑式和谐
人际导向	本真取向	情意取向	顺适取向	领域取向	形式取向	抑制取向
相处方式	尊重分享、关心支持	主动付出、情感表露	遵循配合、责任优先	关系简化、谨守分际	敬而远之、貌合神离	互不相容、虚与委蛇
情绪感受	自由自在、轻松自然	深情依靠、温暖幸福	理性和顺、安定踏实	平淡无关、小心谨慎	疏远淡漠、客套敬畏	失望不满、压抑愤怒
共同性	信任、支持、主动、接纳			防卫、拒斥、被动、隔离		

资料来源：黄鹂莉（1999）。

此外，这六种类型的人际和谐之间还能够互相转化。原本是虚性和谐的关系，如果彼此间减少疏离感和硬性的规则，增加情意和义气，就有可能转化成实性和谐。黄鹂莉（1999）还将定性研究的资料提取、编制成自陈式的心理量表，在约500人的样本中进行测试，初步验证了这六种人际和谐的存在和转化机制。然而，自陈式量表毕竟在信度和效度上存在一定的问题，且六种人际和谐的分类属于对所有人际关系的概括归类，而并非针对组织内部人际和谐所设计。

综上所述，尽管关于人际和谐，近年来已经有了一些研究，但定量的实证研究较少，也没有专门针对组织内部所进行的人际和谐研究。因此，本研究决定在前面深度访谈和开放式问卷调查的基础上，辅以文献提取和专家讨论的方法，自行设计出组织人际和谐的测量量表。

作为具有特殊性质和意义的事业单位，“和谐”对于新闻事业而言具有特别重要的意义。毫无疑问，新闻报道以其提供信息、教化大众、进行舆论监督等功能，对于维持社会的和谐、稳定具有重大作用。而另一方面，内部的和谐管理对于维系、发挥新闻事业的社会功能无疑也是极为重要的。

目前国内关于新闻媒体“和谐”相关议题的研究并不罕见，但多半是从对外的“和谐报道”或“和谐传播”角度来谈。如陈铭（2007）探讨了法制新闻报道对构建社会主义和谐社会的作用，白润生和年永刚（2007）则分析了民族新闻传播与构建和谐社会之间的关系，郭秦（2006）提出以和谐社会报道作为党报新闻价值发展的取向，陈亚洲（2007）也探讨了党报社会新闻采写当中和谐理念的运用等。祁海玲（2006）更直接探讨了新闻媒体与社会和谐之间的关系，提出新闻宣传在构建社会主义和谐社会中具有不可替代的重要作用。

相对而言，探讨新闻事业单位内部和谐的文献则较少，且多半从思想政治工作的观点切入。例如，黄勇（2010）提出以和谐理念来指导报业的思想政治工作，罗娜和易巍（2006）则论述了子报子刊对于报业集团和谐发展的作用等。但整体来说，对于报业集团内部和谐的研究还停留在论述、政令解读等初步探索阶段，对于什么是内部和谐、该如何塑造和谐的气氛、内部和谐对报业管理的影响等，则缺乏切实的认识。

因此，本研究采用规范的定量研究法，以经过验证的、具有信度和效度的组织人际和谐量表为工具，实际分析报业集团内部的和谐氛围及其影响，具有较大的理论和实践价值。

3.4.4 组织人际和谐维度归纳

对组织人际和谐的概念构建与维度归纳，本研究同样按照扎根理论的思想进行。

第一步：开放式登录。将前面访谈及开放式问卷调查中获得的有关“和谐”或“人际关系”的语句加以汇总，并参考各类期刊及专业书籍上有关“和谐”的相关陈述等，共提取了86条与人际和谐有关的原始语句，进入下一步的编码工作。

第二步：编码及归类。同样由3位硕士以上学历成员组成的课题小组对86条原始语句进行编码，形成初步的概念分类框架。接着，在小组成员的沟通和讨论下，形成最后的分析维度。课题小组最后将组织人际和谐分为三个维度：同事和谐、上下级和谐和整体和谐。

限于篇幅，本书选取10条典型的语句作为例子，语句的编码及归类结果见表3.5。

表 3.5　组织人际和谐典型语句提取与关键词提炼

编　号	典型语句描述	编　码	归　类
1	我和同事间的相处十分融洽	同事间融洽	同事和谐
2	我经常与同事讨论如何圆满完成任务	同事间相互支持	同事和谐
3	我乐于融入同事团体	同事间融洽	同事和谐
4	主动帮助工作上遇到困难的同事	同事间相互支持	同事和谐
5	上下级之间的沟通非常顺畅	上下级沟通良好	上下级和谐
6	上级能够耐心倾听我的意见	上下级沟通良好	上下级和谐
7	我喜欢我的上级	上下级关系融洽	上下级和谐
8	员工之间的信任感和沟通充分	员工整体融洽	整体和谐
9	员工之间的相处没有压力	员工整体融洽	整体和谐
10	员工之间总是互相信任和支持	员工相互支持	整体和谐

第三步：专家讨论。形成初步的概念框架与维度后，又经过 5 位人力资源与组织行为学界的教授和 5 位相关专业博士生的审核和讨论。专家们一致认为组织人际和谐的概念清晰、维度界定也较为准确，具有可操作性。经过专家们的讨论、删减和修订，本研究最后形成了三个维度、共 13 个条目的初步的组织人际和谐量表。同时，在定性研究的基础上，参考黄鹂莉（1999，2005）、翟双萍（2005）等人的研究，将组织人际和谐定义为：存在于组织内部的一种融洽、互相尊重并且相互支持的人际关系及氛围。

组织人际和谐及其各维度的定义见表 3.6。

表 3.6　组织人际和谐及其各维度的定义

概　念	定　义
组织人际和谐	存在于组织内部的一种融洽、互相尊重并且相互支持的人际关系及氛围
同事和谐	同一部门的同事间，存在的融洽、互相尊重和相互支持的关系
上下级和谐	直属上下级之间互相尊重、互相信任和支持的关系
整体和谐	无论是否处于同一部门，员工之间具有的融洽、关心和尊重的关系

3.5　预测试

由于本研究的组织文化认同度量表及组织人际和谐量表都是通过扎根

理论研究法新编制的，因此为了进一步精简量表，提高量表的信度和效度，在大规模调查前，本研究进行了预测试。

3.5.1 问卷编制

理想的问句设计应使调查人员能够获得所需的信息，同时被调查者又能轻松、方便地回答问题。

本研究的问卷编制，主要采用扎根理论形成的关于组织文化认同度和组织人际和谐的概念维度，选取具有代表性的关键语句，进行测量条目的编制，力求条目通俗易懂、含义清晰而又准确。

在量表设计过程中，笔者征询了5位人力资源与组织行为学领域的教授、5位博士生和3位企业界人士的意见，对量表条目进行了审核和筛选，经历1个月的讨论和修订，最后形成了预测试的量表。其中组织文化认同度测量条目共有24条，组织人际和谐测量条目共有13条。预测试的量表条目见表3.7和表3.8。

表3.7 组织文化认同度预测试量表

维　度	测量条目
认知层面	我清楚地了解我们公司文化的内涵
	我可以说出本公司文化的优点和特色
	我对公司宣传的各种典型人物或事迹很熟悉
	我认为自己与公司是命运共同体
	我觉得自己与公司有共同的目标，共同成长
	我把老板视为自己的典范
	我认为公司提倡的价值观也是我的做事准则
	我认为维护自己公司的文化是非常重要的
情感层面	我把公司当做自己的家
	当别人批评我们公司时，我会感到气愤
	我非常欣赏我们公司的文化价值观
	我很喜欢本公司的工作氛围
	我很赞赏我们公司的品牌和形象
	我为我们公司的文化感到自豪和光荣
	我愿意为我们公司的文化建设奉献心力
	我觉得在本公司工作是件快乐的事

（续上表）

维　度	测量条目
行为层面	我会对外主动宣扬自己公司的品牌和形象
	我积极地为公司的各种文化活动出谋划策
	我积极地参与公司的文化活动
	我总是按照公司文化的要求调整自己的行为
	我自觉遵守公司的一切制度和规范
	我主动引导其他员工适应公司的文化
	我的穿着与言谈举止都努力与公司文化的要求相一致
	我会主动地维护公司的品牌和形象

表 3.8　组织人际和谐预测试量表

维　度	测量条目
同事和谐	本公司同事之间的相处十分融洽
	同事之间总能在工作上互相支持、共同达成目标
	在发生冲突时，同事之间能够互相体谅
	同事之间能够分享工作所需的信息或资源
	同事间是互相信任、互相接纳的
上下级和谐	上下级之间的沟通非常顺畅
	上下级之间总可以耐心地倾听对方的意见
	上下级之间是互相尊重、互相关爱的
	当上下级意见不一致时，双方能互相体谅
整体和谐	无论是否在同一部门，员工之间的相处都很和睦、友善
	无论是否在同一部门，员工之间都有温馨、亲近的感觉
	无论是否在同一部门，员工之间发生联系时，感觉都很自然，没有压力
	无论是否在同一部门，组织内员工遇到困难时，其他人都会主动帮忙

3.5.2　预测试样本

根据方便取样的原则，笔者在本人所在学校的 MBA 及 EMBA 课堂上，共发放 120 份预测试问卷，回收 117 份，其中有效问卷 117 份，有效回收率为 97.5%。调查样本中，男性占 70.9%，本科以上学历占 99.2%，在单位工作 5 年以上者占 50%，担任基层及以上管理人员者占 73.2%（样本具体信息见表 3.9）。

表 3.9 预测试样本基本信息

		频数（人）	百分比（%）	有效百分比（%）
性　别	男	83	70.9	70.9
	女	34	29.1	29.1
文化程度	高中/中专/职专	0	0	2.1
	大　专	1	0.9	0.9
	本　科	71	60.7	60.7
	研究生及以上	45	38.5	38.5
职　务	高层管理人员	7	6	6
	中层管理人员	31	26.5	26.7
	基层管理人员	47	40.2	40.5
	其他人员	30	25.6	25.9
在本单位工作时间	1～4 年	58	49.6	50
	5～9 年	50	42.7	43.1
	10～15 年	7	6	6
	15 年以上	1	0.9	0.9
企业性质	国有企业	57	48.7	49.6
	民营企业	26	22.2	22.6
	港澳台或外资企业	32	27.4	27.8
规　模	100 人以下	16	13.7	14
	100～200 人	25	21.4	21.9
	200～500 人	12	10.3	10.5
	500～1 000 人	23	19.7	20.2
	1 000～10 000 人	37	31.6	32.5
	10 000 人以上	1	0.9	0.9

3.5.3 信度分析

在通过扎根理论完成量表设计后，还需要通过考察各变量测量条目的相关性，并进行一致性系数 α 值（The Cronbach Alpha）的检验和探索性因子分析（EFA），来进一步验证量表的结构，删除那些低负荷、对 α 系数有消极作用或指标相关性低的测量条目，使量表更加完善，具备更好的操作性。

对117份预测试问卷的处理方法包括：利用α值检验测量条目的信度（Reliability）；通过探索性因子分析检验变量的维度结构，删除负载过低、表现较差的条目。

内部一致性系数是目前计算量表信度最常用的工具，它测量的是同一维度各条目之间得分的一致性，如果条目之间得分的一致性过低，则显示这份量表的测量信度不高。一般而言，α值在0.70以上就被认为具有较好的信度。

在信度分析后，接着可以对每一维度进行探索性因子分析或验证性因子分析（CFA），以评价条目的单维度性。如果出现条目负载过低或者交叉负载的情况，可以考虑删除条目；但如果研究者出于理论的原因而认为值得保留的话，也可以保留下来，在大规模的样本研究中再进行处理和验证。

对预测试回收的117份问卷进行α值检验后，结果显示组织文化认同度的三个维度及组织人际和谐的三个维度的α值全都大于0.7，量表的信度较高。组织文化认同度、组织人际和谐的信度分析分别见表3.10和表3.11。

表3.10　组织文化认同度信度分析（$N=117$）

维　度	测量条目	内部一致性系数	删除条目后内部一致性系数变化
认知层面		0.80	
	CI1		0.77
	CI2		0.77
	CI3		0.78
	CI4		0.78
	CI5		0.76
	CI6		0.77
	CI7		0.78
	CI8		0.81
情感层面		0.82	
	CI9		0.81
	CI10		0.83
	CI11		0.78
	CI12		0.80
	CI13		0.79
	CI14		0.78
	CI15		0.82
	CI16		0.79

（续上表）

维　度	测量条目	内部一致性系数	删除条目后内部一致性系数变化
行为层面		0.82	
	CI17		0.78
	CI18		0.79
	CI19		0.78
	CI20		0.80
	CI21		0.81
	CI22		0.82
	CI23		0.81
	CI24		0.79

表 3.11　组织人际和谐信度分析（$N=117$）

维　度	测量项目	内部一致性系数	删除条目后内部一致性系数变化
同事和谐		0.90	
	IH1		0.88
	IH2		0.87
	IH3		0.88
	IH4		0.80
	IH5		0.88
上下级和谐		0.90	
	IH6		0.87
	IH7		0.86
	IH8		0.85
	IH9		0.88
整体和谐		0.85	
	IH10		0.80
	IH11		0.81
	IH12		0.80
	IH13		0.83

3.5.4 探索性因子分析

3.5.4.1 组织文化认同度探索性因子分析

利用 SPSS 14.0 软件中的探索性因子分析功能进行分析，得出 KMO 指标为 0.82，Bartlett 球体检验达到显著水准，适合进行探索性因子分析（见表 3.12）。

表 3.12 组织文化认同度 KMO and Bartlett's 检验

Kaiser-Meyer-Olkin Measure of Sampling Adequacy		0.82
Bartlett's Test of Sphericity	*Chi-Square*	1 294.87
	df	276
	Sig.	0.000

采用主成分分析，经 Promax 旋转后，得到 4 个因子，对总体方差的解释率为 54.73%，其中以第一个因子对方差的解释率最高，为 31.88%（见表 3.13）。

表 3.13 组织文化认同度探索性因子分析：因子负荷值（$N=117$）

测量条目	因子 1	因子 2	因子 3	因子 4
CI11	0.82			
CI14	0.74			
CI7	0.70			
CI12	0.68			
CI13	0.66			
CI8	0.57	0.43		
CI10	0.46			
CI16	0.45			
CI19		0.82		
CI18		0.79		
CI17		0.75		
CI15		0.71		
CI24		0.67		
CI20		0.52		0.47
CI2			0.81	

（续上表）

测量条目	因子 1	因子 2	因子 3	因子 4
CI1			0.81	
CI3			0.77	
CI6	0.54		0.56	0.47
CI5				0.78
CI4				0.70
CI9				0.67
CI23				0.66
CI21				0.57
CI22	0.49			0.50
特征根	7.65	2.52	1.53	1.43
方差贡献率（%）	31.88	10.51	6.361	5.98
累计贡献率（%）	54.73			

由于因子分析的结果与原先设计的 3 个构面存在差异，为此需要做进一步的分析。仔细分析发现：①测量条目 CI6、CI8、CI20、CI22 的维度单一性不好，均在两个以上的因子出现 0.4 以上的负荷，故予以删除。②测量项目 CI10、CI16 的负荷过低，在各因子负荷均未超过 0.5，故予以删除。

在删除上述条目后，重新检视因子结构，发现因子 3 基本等同于原先归纳的认知层面维度；因子 1 等同于原先的情感层面维度，但条目有所调整，原先属于第一维度的条目 7 “我认为公司提倡的价值观也是我的做事准则” 归属到因子 1，经专家讨论，认为此条目确实可以归属于情感维度，故予以保留；因子 2 则等同于行为层面维度，但将原先属于情感层面的条目 15 “我愿意为我们公司的文化建设奉献心力” 归属到了因子 2，经专家讨论，认为此条目确实有行为的成分，因此予以保留。

然而条目 CI4、CI5、CI9、CI21、CI23 却出现在一个全新的因子 4 上。经过专家审视，发现这一因子包含的条目 “我认为自己与公司是命运共同体” “我觉得自己与公司有共同的目标，共同成长” “我把公司当作自己的家” “我自觉遵守公司的一切制度和规范” 及 “我的穿着与言谈举止都努力与公司文化的要求相一致”，均与员工把公司价值观及规范内化到自身有关，这与前面的认知层面、情感层面和行为层面维度不完全一致。

专家们认为，由于中国的文化较倾向集体主义，员工容易把自己视为整个组织的一部分，和组织共存共荣、共同成长，因此这个新出现的第4维度，可以说体现了一部分的中国特色，即员工不但会把组织所提倡的价值观和规范内化到自己的心灵，而且会由此产生与组织休戚与共、命运相连的感觉。因此专家们建议把这个新的维度命名为：社会化层面。

文化认同度的社会化层面定义为：员工把组织的价值观、制度、规范等内化到自身的程度。

组织文化认同度的整体定义及各维度的定义整理见表3.14。

表3.14 组织文化认同度及其各维度定义

概　念	含　义
组织文化认同度	员工接受组织文化所认可的态度与行为，并且不断将组织的价值体系与行为规范内化至心灵的程度
认知层面认同度	员工深刻了解组织文化的内涵、价值观、典型人物和事迹，以及组织的品牌和宣传词等
情感层面认同度	员工喜爱组织的文化价值观、工作氛围、组织形象等
行为层面认同度	员工愿意主动参与文化的建设和宣传，并且主动维护组织的声誉和品牌
社会化层面认同度	员工把组织的价值观、制度、规范等内化到自身的程度

在删除表现不佳的条目后，重新对组织文化认同度的各构面进行内部一致性系数检定，结果见表3.15。

表3.15 组织文化认同度（修正）信度分析（$N=117$）

维　度	测量条目	内部一致性系数	删除条目后内部一致性系数变化
认知层面		0.79	
	CI1		0.65
	CI2		0.71
	CI3		0.78
情感层面		0.83	
	CI7		0.81
	CI11		0.74
	CI12		0.81
	CI13		0.81
	CI14		0.78

（续上表）

维　度	测量条目	内部一致性系数	删除条目后内部一致性系数变化
行为层面		0. 84	
	CI15		0. 79
	CI17		0. 80
	CI18		0. 79
	CI19		0. 83
	CI24		0. 82
社会化层面		0. 73	
	CI4		0. 65
	CI5		0. 62
	CI9		0. 68
	CI21		0. 74
	CI23		0. 72

由内部一致性系数检验得知，调整后的量表各维度信度良好，各维度 α 值均在 0. 6 以上。

接下来对调整后的量表各条目重新进行探索性因子分析。结果见表 3. 16 及表 3. 17。

表 3. 16　组织文化认同度（修正）KMO and Bartlett's 检验

Kaiser-Meyer-Olkin Measure of Sampling Adequacy		0. 81
Bartlett's Test of Sphericity	*Chi-Square*	940. 19
	df	15
	Sig.	0. 000

表 3. 17　组织文化认同度（修正）探索性因子分析：因子负荷值（$N=117$）

测量条目	行为层面	情感层面	社会化层面	认知层面
CI15	0. 84			
CI17	0. 83			
CI18	0. 71			
CI19	0. 66			
CI24	0. 62			
CI7		0. 87		

（续上表）

测量条目	行为层面	情感层面	社会化层面	认知层面
CI11		0.74		
CI12		0.74		
CI13		0.67		
CI14		0.53		
CI4			0.78	
CI5			0.75	
CI9			0.62	
CI21			0.58	
CI23			0.54	
CI1				0.86
CI2				0.84
CI3				0.77
特征根	6.10	2.29	1.49	1.25
方差贡献率（%）	33.91	12.71	8.25	6.96
累计贡献率（%）	61.83			

由表3.17可知，在删除表现不佳的条目后，因子分析的表现得到改善，所有条目在相应因子上的负荷均大于0.5，而在其他因子上的负荷均小于0.3。同时对方差的总体解释率达到61.83%，比原先有所提高。其中第一个因子“行为层面”对总体方差的解释率最高，达33.91%。

不过，由于在删减条目后，原先认知层面维度的条目不足5条，因此在专家建议下，参考原先收集的原始语句及其他相关文献，增加了两个条目，分别是“我很熟悉本公司的品牌形象和宣传词”及“我清楚地了解本公司所提倡的价值观”。修改后的量表见表3.18。

表3.18　组织文化认同度量表（修正）

维　度	测量条目
认知层面	我清楚地了解我们公司文化的内涵
	我可以说出本公司文化的优点和特色
	我对公司宣传的各种典型人物或事迹很熟悉
	我很熟悉本公司的品牌形象和宣传词
	我清楚地了解本公司所提倡的价值观

（续上表）

维 度	测量条目
情感层面	我非常欣赏我们公司的文化价值观
	我认为公司提倡的价值观也是我的做事准则
	我很喜欢本公司的工作氛围
	我很赞赏我们公司的品牌和形象
	我为我们公司的文化感到自豪和光荣
行为层面	我愿意为我们公司的文化建设奉献心力
	我会对外主动宣扬自己公司的品牌和形象
	我积极地为公司的各种文化活动出谋划策
	我积极地参与公司的文化活动
	我会主动地维护公司的品牌和形象
社会化层面	我认为自己与公司是命运共同体
	我觉得自己与公司有共同的目标，共同成长
	我把公司当做自己的家
	我自觉遵守公司的一切制度和规范
	我的穿着与言谈举止都努力与公司文化的要求相一致

3.5.4.2 组织人际和谐探索性因子分析

利用 SPSS 14.0 软件中的探索性因子分析功能，对预测试的组织人际和谐量表进行分析，得出 KMO 指标为 0.88，Bartlett 球体检验达到显著水准，适合进行探索性因子分析（见表 3.19）。

表 3.19 组织人际和谐 KMO and Bartlett's 检验

Kaiser-Meyer-Olkin Measure of Sampling Adequacy		0.880
Bartlett's Test of Sphericity	*Chi-Square*	1 033.362
	df	78
	Sig.	0.000

采用主成分分析，经 Promax 旋转后得到 3 个因子，3 个因子的累计方差贡献率达到 73.21%，其中，第一个因子“同事和谐”对总方差的解释率最高，为 53.64%（见表 3.20）。所有条目表现均良好，在相应因子上的负荷均大于 0.7，在其他因子上均没有超过 0.3 的负荷；因子结构与前

面探索性研究得出的结构一致。组织人际和谐的因子结构及因子负荷见表3.20。

表3.20 组织人际和谐探索性因子分析：因子负荷值（$N=117$）

测量条目编号	同事和谐	上下级和谐	整体和谐
IH1	0.86		
IH2	0.84		
IH3	0.77		
IH4	0.86		
IH5	0.84		
IH6		0.87	
IH7		0.94	
IH8		0.84	
IH9		0.79	
IH10			0.93
IH11			0.82
IH12			0.77
IH13			0.70
特征根	6.97	1.42	1.13
方差贡献率（%）	53.64	10.88	8.68
累计贡献率（%）	73.21		

3.5.5 变量独立性检验

通过前面的信度分析及探索性因子分析，本研究自行编制的组织文化认同度量表及组织人际和谐量表的结构和内容已经得到初步验证。

然而，由于组织文化认同度及组织人际和谐这两个变量与组织行为学中既有的一些变量存在概念上的相似之处，为了避免出现变量和测量条目与现有量表重叠的现象，必须进行变量的独立性检验。

具体做法是把本研究提出的变量测量条目和其他相似变量的量表条目放置在同一份问卷中，不加任何说明或区隔，让受测者直接作答。将回收的问卷中相关变量的条目进行验证性因子分析，观察各变量的维度是否能够独立。

3.5.5.1 组织文化认同度独立性检验

专家经过讨论，认为组织文化认同度这一概念与组织认同、情感承诺等概念较为接近，为了避免与既有的概念混淆，建议将组织文化认同度的测量条目与相近概念的条目放在一起，进行验证性因子分析，以检验区分效度（Differential Validity），确定其是否为独立的变量。

组织认同的定义是“对与组织一致或从属于组织的感知”，本研究选用的量表是 Mael & Ashforth（1992）的中文版组织认同量表。该量表包含6个条目，内部一致性系数为0.81，是目前最常使用的组织认同量表之一。该量表的条目为预测试问卷中组织文化认同度部分的25~30条。

情感承诺是组织承诺的一部分，代表个人认同与投入一个特定组织的强度（Porter et al.，1974）或组织成员对于组织目标与价值的一种偏好的情感附着（Buchanan，1974），在定义上与组织文化认同度有相似之处。本研究选用的是 Meyer & Allen（1984）设计的情感承诺量表，共6个条目。

在检验区分效度的具体做法上，由于组织认同和情感承诺均为一维度的变量，为了避免潜变量只有一个条目而导致的模型无法识别的问题，笔者参照了 Wang 等（2005）及陈永霞等（2006）的做法，把组织认同的6个条目随机分为3个部分，情感承诺的6个条目也随机分为3个部分，并把每个部分视为一个因子。接下来把组织文化认同度、组织认同及情感承诺3个变量的各因子作为显示条目（Indicators）进行验证性因子分析，结果如表3.21所示。

表3.21 组织文化认同度、组织认同及情感承诺验证性因子分析结果（$N=117$）

	所含因子	χ^2	*df*	χ^2/df	*GFI*	*RMSEA*	*CFI*	*NFI*	*NNFI*
标 准				<5	>0.90	<0.08	>0.90	>0.90	>0.90
模型1	3因子：CI、OI、AC	45.76	32	1.43	0.86	0.09	0.93	0.83	0.90
模型2	2因子：CI+AC、OI	57.48	34	1.69	0.83	0.11	0.90	0.80	0.87
模型3	2因子：CI+OI、AC	96.66	34	2.84	0.75	0.18	0.81	0.72	0.74
模型4	1因子：CI+OI+AC	98.46	35	2.81	0.74	0.18	0.79	0.71	0.74

注：CI=组织文化认同度；OI=组织认同；AC=情感承诺。
模型中的“+”表示将该两个变量合并为一个因子。

由表3.21可以看出，模型1的拟合优度显著优于另外三个模型，因此，组织文化认同度、组织认同和情感承诺是三个独立的变量，组织文化认同度具有良好的区分效度。

3.5.5.2 组织人际和谐独立性检验

在组织人际和谐的独立性检验部分，专家们经讨论后，认为组织人际和谐与知觉上级支持（Perceived Supervisory Support）及团队凝聚力（Group Cohesiveness）等变量较为相似。

知觉上级支持是指员工感受到上级重视他们的努力付出和价值，并且关心他们的福祉（Kottke & Sahrainski，1988）。从定义来看，知觉上级支持与组织人际和谐中的上下级和谐较为相似。本研究选择了 Kottke & Sahrainski（1988）所编制的 PSS 知觉上级支持量表，共 8 个条目，其内部一致性系数达 0.98。该量表的条目为预测试问卷中组织人际和谐部分的 14～21 条。

凝聚力（Cohesion）一词源于拉丁文"Cohaesus"，意为结合或粘在一起。而团队凝聚力则意味着团队内成员为了达成组织目标与任务而紧密结合在一起的动态过程（Carron，1982），或是团队对个人的吸引力、荣誉感和承诺（Mullen & Copper，1994）。从定义上看，团队凝聚力与组织人际和谐中的同事和谐、整体和谐等存在相似之处。本研究选择了 Knoll（2000）的团队凝聚力量表，共 10 个条目，其内部一致性系数为 0.9。该量表的条目为预测试问卷中组织人际和谐部分的 22～31 条。

在检验区分效度的具体做法上，由于知觉上级支持和团队凝聚力均为一维度的变量，因此同样把知觉上级支持的 8 个条目随机分为 3 个部分，团队凝聚力的 10 个条目也随机分为 3 个部分，并把每个部分视为一个因子。接下来把组织人际和谐、知觉上级支持和团队凝聚力 3 个变量的各因子作为显示条目，进行验证性因子分析，结果如表 3.22 所示。

表 3.22 组织人际和谐、知觉上级支持及团队凝聚力验证性因子分析结果（$N = 117$）

	所含因子	χ^2	df	χ^2/df	GFI	$RMSEA$	CFI	NFI	$NNFI$
标 准				<5	>0.90	<0.08	>0.90	>0.90	>0.90
模型 1	3 因子：IH、PS、GC	49.77	24	2.07	0.84	0.14	0.95	0.91	0.93
模型 2	2 因子：IH + GC、PS	136.08	26	5.23	0.65	0.27	0.82	0.78	0.74
模型 3	2 因子：IH + PS、GC	107.94	26	4.15	0.71	0.24	0.87	0.83	0.81
模型 4	1 因子：IH + PS + GC	102.07	27	3.78	0.72	0.22	0.88	0.84	0.84

注：IH = 组织人际和谐；PS = 知觉上级支持；GC = 团队凝聚力。
模型中的"+"表示将该两个变量合并为一个因子。

从表 3.22 可以看出，模型 1 的拟合优度显著优于另外三个模型，因此，组织人际和谐、知觉上级支持和团队凝聚力是三个独立的变量，组织人际和谐具有良好的区分效度。

3.6 本章小结

本章以扎根理论研究法，对组织文化认同度、组织人际和谐进行了系统性的探索，完成了初步的概念建构和量表设计工作，并通过预测试初步检验了量表的信度和效度，对量表进行了修订。在完成探索性研究后，接下来将以大样本的实证数据来进一步检验组织文化认同度以及组织人际和谐的概念和作用机制。

4 组织文化认同度、组织人际和谐结构验证

4.1 研究目的

在前面的章节中，在深度访谈和文献提取的基础上，通过扎根理论研究法，本研究编制出了组织文化认同度及组织人际和谐的初步量表，并采用探索性因子分析方法初步对量表进行了维度验证。

在这个基础上，本研究继续通过大样本数据的收集，以验证性因子分析方法进一步检验组织文化认同度及组织人际和谐的结构，为下一步的实证研究分析奠定基础。

4.2 组织文化认同度概念结构

在心理学上，一般认为态度是由认知、情感和行为三个层面组成的（孟昭兰，1994），而这三个层面一般具有顺序性，即普通人对某事物的态度，一般是由对事物的认知（Cognition）开始，认知影响到情感（Affection），继而出现相应的行为（Behavior）。

在人类学对文化认同度的研究中，也有不少学者（陈月娥，1986；李丁赞、陈兆勇，1998；刘明峰，2006）将认同度依照认知、情感和行为的脉络来加以分类。例如，刘明峰（2006）就把消费文化认同度分为认知的、情感的、知觉的与行为的四个构面。

本研究采用扎根理论研究法，从深度访谈和文献调研所得的原始语句中，抽取出组织文化认同度的概念维度。结果发现，组织文化认同度基本上也包含着认知、情感和行为三个层面；许多访谈对象都认为，员工对企业文化的认同度，必然从对文化的正确认知开始，例如：

如果员工不了解我们的文化，又怎么谈得上认同文化呢？

一旦员工了解文化，并且喜欢我们的文化，他自然就会从行动上支持我们的文化。

除了认知、情感和行为这三个层面外，在预测试的过程中，我们又发现了一个新的因子，其中包含的条目如“我认为自己与公司是命运共同体”“我自觉遵守公司的一切制度和规范”等，专家讨论的结果认为这个因子属于社会化层面，即员工把组织所倡导的价值观、理念和行为规范等，内化到自身的程度。这也符合本研究对组织文化认同度的定义：员工接受组织文化所认可的态度与行为，并且不断将组织的价值体系与行为规范内化至心灵的程度。

综上所述，本研究认为组织文化认同度可以通过认知层面、情感层面、行为层面及社会化层面这四个维度来解释。且这四个维度彼此间存在顺序关系，一般而言，员工应是先了解组织的文化（认知层面），然后对文化产生情感上的投入（情感层面），再产生相应的支持组织文化的行动（行为层面），最后把组织的文化内化成自身的一部分（社会化层面）。四个维度的关系见图 4. 1。

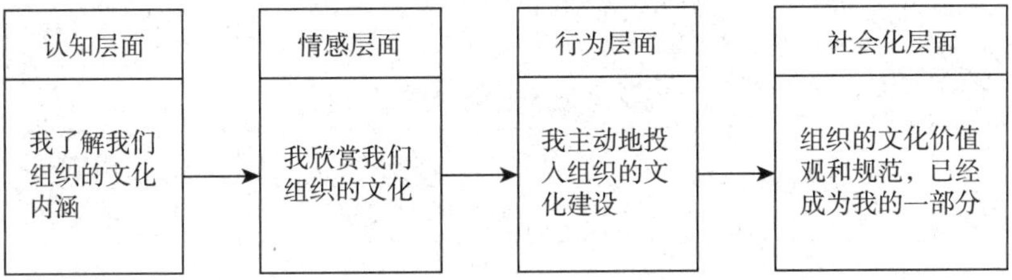

图 4. 1　组织文化认同度各维度的关系

4. 3　组织人际和谐概念结构

人际和谐一向是中国传统文化所追求的精神（李亦园，1992），然而关于人际和谐的详细概念结构及测量方式，目前的研究并不多。台湾的黄鹂莉（1999）曾将人际和谐分为投契式、亲和式、合模式、区隔式、疏离式和隐抑式，这六种类型的人际和谐又可归为两大类，即实性和谐（外表及内在均和谐）和虚性和谐（貌合神离），每种类型包含了特定的行为模式和态度特征。然而，这种分类方式在组织内部的人际和谐测量上存在一定的难度。

本研究通过扎根理论研究法，分析了深度访谈和文献检索得到的语句资料，发现组织内部的人际和谐可以依照对象的不同分为三类，一是同部门的同事之间的和谐（同事和谐）；二是直属上下级之间的和谐（上下级和谐）；三是无论是否在同一部门，员工之间存在的和谐氛围（整体和谐）。通过探索性因子分析，本研究发现这三个维度的概念结构基本成立。

因此，以下就采用验证性因子分析的方法，对组织文化认同度的四维度结构和组织人际和谐的三维度结构做进一步的验证。

4.4 样 本

（1）样本选择。根据方便取样的原则，本研究共调查了北京、深圳、珠海、内蒙古等地共8家企业。为了确保数据的真实性，问卷全部采用匿名方式填写。

在8家企业中，现场发放、现场回收问卷的企业有两家，其余企业采用邮寄问卷方式进行，但每次均通过电话和企业的高级管理人员联系，所有问卷都在寄出后1个月之内完成了回收。

（2）问卷回收。总计寄出调查问卷500份，回收492份，其中有效问卷480份，有效回收率为96%。

调查企业及样本的基本信息见表4.1和表4.2。

表4.1 样本信息（SPSS统计量，$N=480$）

		频数（人）	百分比（%）
性 别	男	224	48.9
	女	234	51.1
学 历	高中及以下	62	13.6
	大 专	117	25.6
	本 科	201	44
	研究生及以上	77	16.8
在本单位工龄	1~4年	234	53.1
	5~9年	99	22.4
	10~15年	84	19
	15年以上	24	5.5
职 位	高层管理人员	12	2.7
	中层管理人员	38	8.5
	基层管理人员	60	13.5
	技术人员	17	3.8
	生产人员	87	19.6
	营销人员	193	43.4
	行政后勤人员	38	8.5

表 4.2　企业样本信息

	企业性质	行　业	规　模	样本人数
A 企业	国有企业	批发及零售	500 人	220
B 企业	港澳台及外资企业	信息技术与服务	3 500 人	75
C 企业	港澳台及外资企业	服装生产	4 000 人	47
D 企业	民营企业	金属模具生产	80 人	40
E 企业	港澳台及外资企业	造　纸	60 人	38
F 企业	民营企业	房地产	200 人	20
G 企业	民营企业	餐饮业	100 人	20
H 企业	民营企业	信息技术与服务	100 人	20

4.5　组织文化认同度结构验证与讨论

4.5.1　组织文化认同度因子结构验证

根据扎根理论及预测试的结果，首先假设组织文化认同度是一个一阶四因子的模型。采用附录 C 量表中的第一部分，共 20 个条目来测量员工的组织文化认同度。最后，采用 LISREL 8.2 软件包中的验证性因子分析程序来验证组织文化认同度的结构，验证结果见图 4.2，模型拟合优度见表 4.3。

从图 4.2 中可以看出，除了 CI4 及 CI15 这两个条目外，所有测量条目在相应因子上的负荷都高于 0.5。除了 *GFI* 稍低外，模型整体拟合优度指标均达到标准，这说明该模型是可以接受的。

在探讨了组织文化认同度的一阶四因子模型后，我们还需要进一步检验这四个层面的组织文化认同度是否从属于一个更高阶的潜变量。由于我们假设认知层面、情感层面、行为层面及社会化层面这四个维度都从属于一个高阶的潜变量——组织文化认同度，因此可以利用高阶验证性因子分析来对组织文化认同度的二阶模型进行验证。二阶因子分析结果如图 4.3 所示，二阶四因子模型的拟合优度结果如表 4.4 所示。

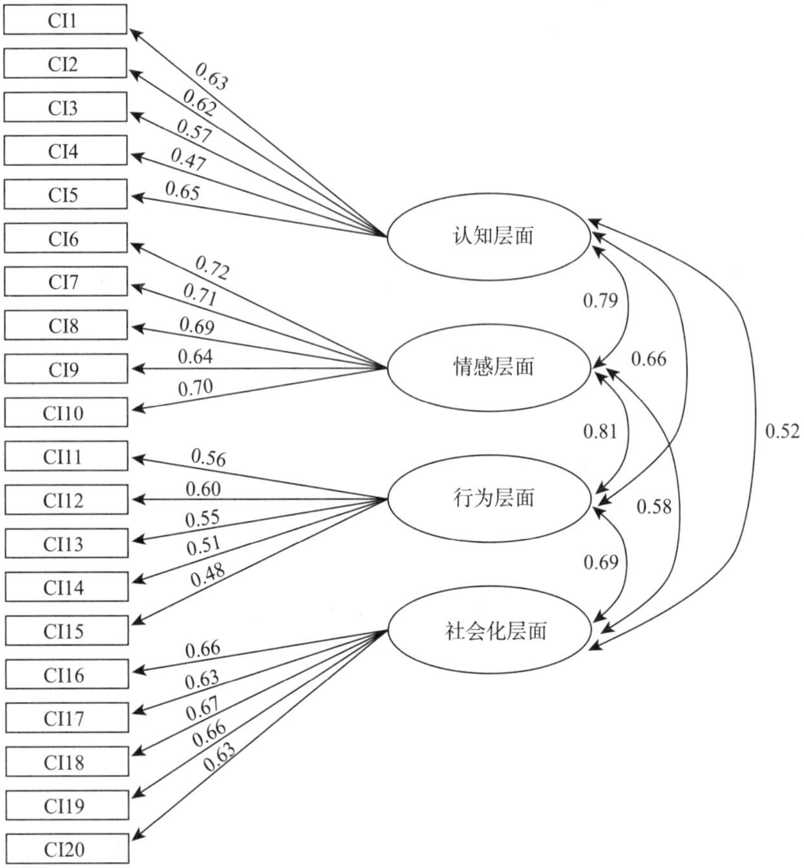

图 4.2　组织文化认同度一阶四因子模型

表 4.3　组织文化认同度一阶四因子模型拟合优度指标（LISREL 估计量，$N=480$）

	χ^2	*df*	χ^2/df	*GFI*	*RMSEA*	*CFI*	*NFI*	*NNFI*
判断标准			<5	>0.90	<0.08	>0.90	>0.90	>0.90
模　型	582.84	164	3.55	0.89	0.08	0.94	0.92	0.93

从图 4.3 中可以看出，组织文化认同度很好地解释了认知层面（0.80）、情感层面（0.92）、行为层面（0.89）和社会化层面（0.68）这四个维度的认同度。同时，绝大多数的拟合优度指标也都达到了可接受的水平。因此，组织文化认同度的二阶因子结构得到很好的验证。

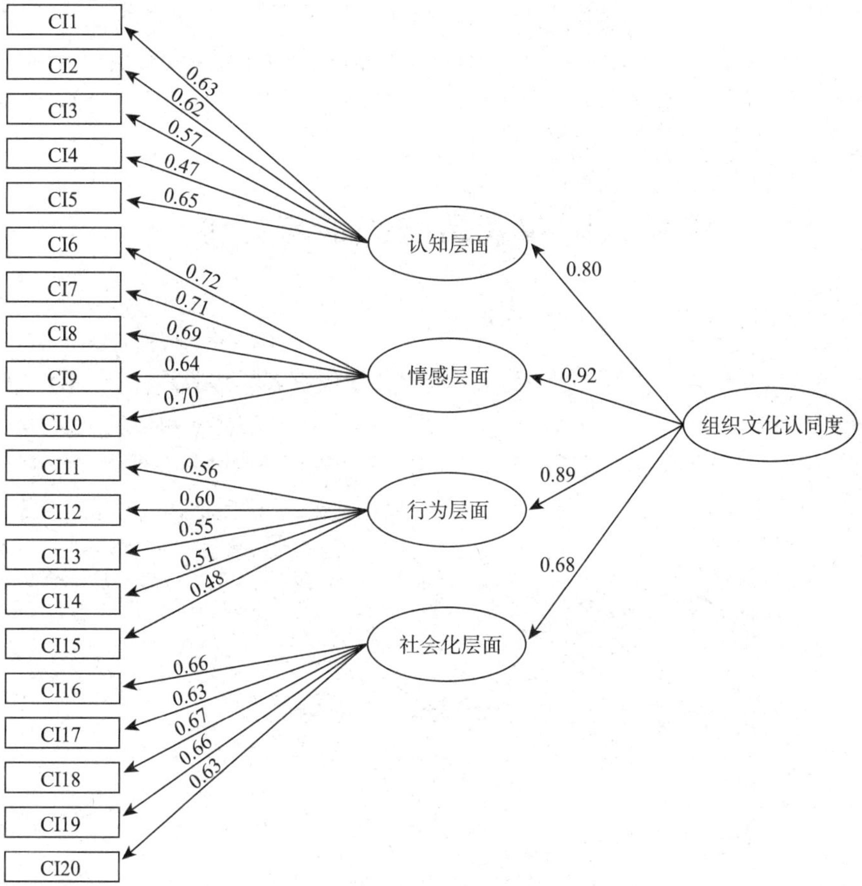

图 4.3　组织文化认同度二阶四因子模型

表 4.4　组织文化认同度二阶四因子模型拟合优度指标（LISREL 估计量，$N=480$）

	χ^2	*df*	χ^2/df	*GFI*	*RMSEA*	*CFI*	*NFI*	*NNFI*
判断标准			<5	>0. 90	<0. 08	>0. 90	>0. 90	>0. 90
模　型	829. 3	166	4. 99	0. 86	0. 09	0. 97	0. 95	0. 97

4.5.2　结果讨论

通过验证性因子分析，本研究对组织文化认同度的四维度结构（认知、情感、行为、社会化）进行了检验，证实了这个结构具有较好的信度和效度；同时，高阶验证性因子分析的结果也表明了四个因子从属于一个更高阶的因子——组织文化认同度。

这为后续的实证研究探讨组织文化认同度对组织人际和谐、组织承诺及离职意向的影响时所需进行的概念化操作提供了依据。我们既可以分别探讨认知层面、情感层面、行为层面及社会化层面的认同度对组织人际和谐、组织承诺的影响，也可以用一个更高阶的变量——组织文化认同度来进行探讨。

4.6 组织人际和谐结构验证与讨论

4.6.1 组织人际和谐因子结构验证

根据扎根理论及预测试的结果，首先假设组织人际和谐是一个一阶三因子的模型。采用附录 C 量表中的第二部分，共 13 个条目来测量员工所感知的组织人际和谐程度。最后，采用 LISREL 8.2 软件包中的验证性因子分析程序，来验证组织人际和谐的结构，验证结果见图 4.4，模型拟合优度见表 4.5。

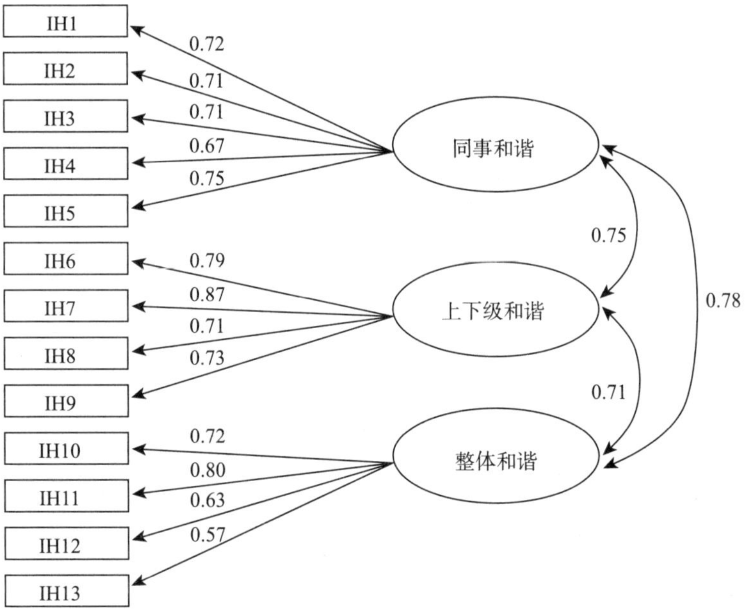

图 4.4 组织人际和谐一阶三因子模型

表 4.5 组织人际和谐一阶三因子模型拟合优度指标（LISREL 估计量，$N=480$）

	χ^2	*df*	χ^2/df	*GFI*	*RMSEA*	*CFI*	*NFI*	*NNFI*
判断标准			<5	>0.90	<0.08	>0.90	>0.90	>0.90
模　型	279.20	62	4.5	0.91	0.08	0.94	0.92	0.92

从图 4. 4 中可以看出，除了 IH13 这一条目外，其他测量条目在相应因子上的负荷都高于 0. 63。而模型整体拟合优度指标均达到标准，这说明模型是可以接受的。

在验证了组织人际和谐的一阶三因子模型后，我们进一步以高阶验证性因子分析方法，对组织人际和谐的二阶模型进行验证，以探讨同事和谐、上下级和谐及整体和谐这三个维度是否从属于更高阶的潜变量——组织人际和谐。二阶因子分析结果如图 4. 5 所示，二阶三因子模型的拟合优度结果如表 4. 6 所示。

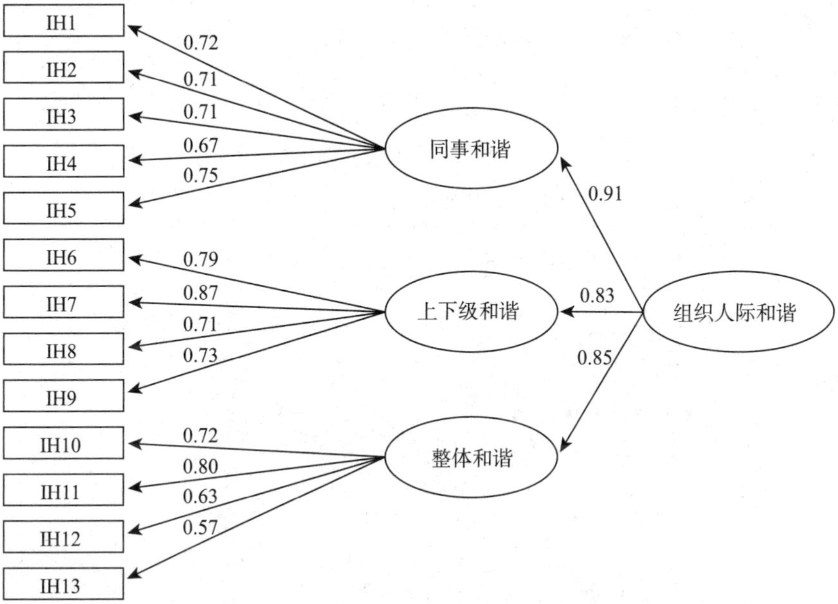

图 4. 5 组织人际和谐二阶三因子模型

表 4. 6 组织人际和谐二阶三因子模型拟合优度指标（LISREL 估计量，$N=480$）

	χ^2	*df*	χ^2/df	*GFI*	*RMSEA*	*CFI*	*NFI*	*NNFI*
判断标准			<5	>0. 90	<0. 08	>0. 90	>0. 90	>0. 90
模 型	310. 35	62	5	0. 91	0. 09	0. 90	0. 89	0. 88

从图 4. 5 中可以看出，组织人际和谐这一高阶潜变量很好地解释了同事和谐（0. 91）、上下级和谐（0. 83）和整体和谐（0. 85）这三个维度的人际和谐。同时，绝大多数的拟合优度指标也都达到了可接受的水平。因此，组织人际和谐的二阶三因子结构得到了很好的验证。

4.6.2 结果讨论

通过验证性因子分析，本研究对组织人际和谐的三维度结构（同事和谐、上下级和谐、整体和谐）进行了检验，证实了这个结构具有较好的信度和效度；同时，通过高阶验证性因子分析，也证明了三个因子确实可以归属于一个更高阶的因子——组织人际和谐。这为我们在后续的实证研究中探讨组织人际和谐与组织文化认同度、组织承诺及离职意向的关联时所需进行的概念化操作提供了依据。

5 组织文化认同度及其作用机制之实证研究

5.1 研究目的

本章的主要目的在于验证组织文化认同度的作用机制。具体而言，本章主要探讨组织人际和谐和变革型领导对组织文化认同度的影响，以及组织文化认同度对组织承诺、离职意向的影响机制。

研究工具方面，采用经本研究开发并验证的组织文化认同度量表、组织人际和谐量表，并对 Podsakoff 等（1990）的变革型领导量表进行修订和验证。

本章主要采用方差分析来验证员工的工作年限、年龄及教育程度是否对组织文化认同度有影响；采用层次回归分析验证变革型领导对组织人际和谐、组织文化认同度的影响，组织人际和谐对组织文化认同度的影响，以及组织文化认同度对组织承诺、离职意向的影响；采用偏相关分析验证组织文化认同度的中介作用；运用结构方程模型（Structural Equation Model, SEM）来验证变革型领导及组织人际和谐通过组织文化认同度来对组织承诺及离职意向产生效果的过程模型。

5.2 研究框架

企业文化（或组织文化）乃是企业全体员工在长期发展过程中培育形成并共同遵守的最高目标、价值观念、基本信念和行为规范（张德，2003）。换句话说，组织文化必须得到绝大多数员工的认同和遵守才能发挥作用。而要描述一个组织的文化特征，一般要包含两方面的内容：一是这个文化的核心价值观是什么，二是这个核心价值观在多大程度上被员工接受和共享（Saffold，1988；王玉芹，2007）。这体现了组织文化认同研究的意义。

尽管关于组织文化认同的实证研究并不多，但根据学者们对其他相似变量的研究，例如人与组织匹配对组织承诺（Chatman，1991）、离职意向

（O'Reilly et al.，1991）的影响及组织认同对组织承诺的影响（Bergami & Bagozzi，2000），本研究认为：员工对组织文化的认同度会对组织承诺和离职意向产生影响。

在人际和谐上，目前已有的研究（黄鹂莉，2005；王锦堂，2002）发现，人际和谐会对组织承诺、工作满意度及个人绩效产生影响。而在中国的环境下，组织内部的和谐、互相帮助、互相体谅的氛围，除了会影响员工的工作情绪、工作满意度之外，还会影响员工对组织文化的认同程度。本研究因此认为：员工所感知的组织人际和谐会影响员工的组织文化认同度。此外，组织人际和谐也会通过提高员工的组织文化认同度而影响组织承诺、离职意向等组织效能变量。

变革型领导已经被证实与组织凝聚力（Bass & Avolio，1994）、组织承诺（Geyer & Steyrer，1998）、组织认同（马云献，2006）有关联，且变革型领导可以通过人际和谐影响领导效能（王锦堂，2002；钟昆原、王锦堂，2002）。本研究认为：变革型领导会对组织文化认同度和组织人际和谐产生影响，而且由于组织人际和谐是存在于组织中的一种氛围，而组织文化认同度则是员工的个人态度，因此变革型领导可能会通过影响组织人际和谐来影响组织文化认同度。此外，变革型领导还可以通过组织文化认同度来影响组织承诺及离职意向。

5.3 研究假设

根据上一节的研究概念框架，在组织文化认同度的前因变量部分，本研究将首先检验组织人际和谐对组织文化认同度的影响，接着检验变革型领导对组织文化认同度、组织人际和谐的影响，以及变革型领导通过组织人际和谐对组织文化认同度的影响。然后，本研究将在组织文化认同度的结果变量部分检验组织文化认同度对组织承诺、离职意向的影响。最后，本研究将检验组织文化认同度在变革型领导对组织承诺、离职意向影响机制中的中介作用，以及组织文化认同度在组织人际和谐对组织承诺、离职意向影响机制中的中介作用，并以结构方程模型建立起变革型领导及组织人际和谐通过组织文化认同度影响组织承诺、离职意向的过程模型。

5.3.1 组织人际和谐与组织文化认同度关系假设

人际和谐是中国传统文化的主流价值之一。在前面的扎根理论研究中，许多受访者都反映员工对组织文化的认同度与组织内的人际和谐氛围密切相关，例如：

员工之间愿意主动分享信息。
大家相处融洽，工作气氛佳。
发生冲突时，大家能够互相体谅，达成一致。

事实上，组织文化认同度代表的是员工接受组织文化所认可的态度与行为，并且不断将组织的价值体系与行为规范内化至心灵的程度。当组织内部的和谐气氛浓厚，员工之间相处融洽，愿意互相支持和互相体谅时，员工必然会更认同所在组织的文化和工作气氛。已有的研究（王锦堂，2002；钟昆原、彭台光，2002）也表明了人际和谐对组织气氛、组织承诺等变量有影响。本研究因此认为，组织人际和谐是可能影响员工的文化认同度的。

本研究因此提出以下假设：

假设 1：组织人际和谐对组织文化认同度有正向影响。

5.3.2 变革型领导与组织文化认同度、组织人际和谐关系假设

变革型领导是近年来领导学研究的热点问题。相较于传统的交易型领导（Transactional Leadership），变革型领导并不是通过奖惩系统来激励、领导员工的，而是以个人魅力、愿景塑造等手段来激发员工对领导者的信任和忠诚，开发员工的潜能，启发员工的自觉意识，实现更高层次的目标（Bass，1985）。

变革型领导已经被证实与许多组织行为学变量相关，如组织凝聚力（Bass & Avolio，1994；Geyer & Steyrer，1998）、组织认同（马云献，2006）等。

由于变革型领导涉及通过领导者的个人魅力来影响员工的价值观和动机，因此对员工的组织文化认同度有影响。同时，变革型领导有助于提升组织的凝聚力，而王锦堂（2002）的研究也表明变革型领导与人际和谐存在正相关，因此可以假定，变革型领导对组织人际和谐也有影响。

因此，本研究提出下述假设：

假设 2a：变革型领导对组织文化认同度有正向影响。
假设 2b：变革型领导对组织人际和谐有正向影响。

另外，由于组织人际和谐是存在于组织中的一种氛围，而组织文化认同度则是一种员工个人层面的态度，因此变革型领导也可能通过营造浓厚

的组织内部人际和谐氛围来增强员工的向心力和凝聚力，进而影响员工的组织文化认同度。王锦堂（2002）的研究也表明变革型领导会通过影响人际和谐氛围来影响组织认同、工作满意度等变量。因此，本研究提出如下假设：

假设3：变革型领导会通过组织人际和谐来影响组织文化认同度。

5.3.3 组织文化认同度与组织承诺、离职意向关系假设

本研究在运用扎根理论研究法的过程中发现，组织文化认同度对组织效能可能存在显著影响。例如，在深度访谈中，许多受访者都反映组织文化认同度对企业十分重要，例如：

组织文化认同度的提高，代表组织凝聚力的提高。

高度的组织文化认同，有助于树立良好的企业形象，提高公司的市场竞争力和影响力。

员工对组织文化高度认同，就会对组织有更高的情感归属。

人类学领域对于族群文化认同的研究也指出，文化认同与个人的幸福感（Edgecombe，2004）、自我感觉（Hill，2004；Chen，2004）、社会适应、个人认同（谭光鼎、汤仁燕，1993；陈枝烈，1997）等存在正相关。

人与组织匹配的研究也指出，个人与组织在价值观上的一致，对工作满意度和组织承诺（Cable & Judge，1996；Chatman，1991）有正向影响，对离职意向则有负向影响（Cable & Judge，1996；Chatman，1991），也就是员工与组织的价值观愈匹配就愈不容易离职。

由上述不同学者的研究，可以推论，员工对组织文化的认同与否，是影响组织效能的重要因素之一。因此本研究提出以下假设：

假设4a：组织文化认同度对组织承诺有正向影响。

假设4b：组织文化认同度对离职意向有负向影响。

5.3.4 组织文化认同度的中介作用假设

变革型领导对组织承诺的影响早已得到证明（Geyer & Steyrer，1998；李超平、田宝、时勘，2006）。然而，变革型领导与员工表现之间的中介作用研究却仍在初期阶段。Bass（1999）总结了20年来有关变革型领导的

研究并指出，未来的研究方向之一是探讨变革型领导对员工工作态度的作用机制。已有的研究成果已经证明变革型领导通过心理授权而影响组织承诺（陈永霞、贾良定、李超平等，2006）和员工工作态度（李超平、田宝、时勘，2006），而组织公民行为也在变革型领导对团队绩效的影响中起中介作用（吴志明、武欣，2006）。但关于组织文化是否在变革型领导的作用机制中起中介作用，目前尚没有相关研究支持。

由于变革型领导是通过改变员工的价值观和动机来激发员工的潜力，以达成组织的目标，因此，我们可以假定变革型领导是通过组织文化认同度来影响组织承诺等组织效能变量的。

本研究提出以下假设：

假设 5a：组织文化认同度在变革型领导对组织承诺的影响中起中介作用。

假设 5b：组织文化认同度在变革型领导对离职意向的影响中起中介作用。

另外，由于组织人际和谐乃是员工对组织气氛的认知，而组织文化认同度、组织承诺、离职意向等，均属于个人层面的态度变量。因此，组织人际和谐也可能通过提高员工的组织文化认同度来发挥作用。从逻辑上说，当组织内部和谐气氛浓厚，员工之间相处融洽，员工对所在组织的文化和工作气氛更加认同时，员工对组织的向心力和投入程度就可能提高，而他们离职的可能性就可能降低。因此本研究提出以下假设：

假设 6a：组织文化认同度在组织人际和谐对组织承诺的影响中起中介作用。

假设 6b：组织文化认同度在组织人际和谐对离职意向的影响中起中介作用。

5.3.5 员工特质与组织文化认同度关系假设

由于本研究的企业样本较少，国有企业仅有一家，港澳台及外资企业也仅有三家，因此难以比较各类型的组织在组织文化认同度、组织人际和谐方面的差异。

不过在员工个人层面上，由于工作年限、年龄等个人变量的不同，在对组织的文化认同度上可能存在差异。例如，在一家公司工作年限较长的员工，可能对公司的文化认同度较高；另外，年龄较大的员工，因为社会历练较多，也许更容易迅速适应公司的文化；而教育程度较高的员工，也许更容易理解公司的价值观和规范，因此对公司的文化认同度可能较高。因此本研究提出如下假设：

假设 7a：员工的工作年限对组织文化认同度有影响。
假设 7b：员工的年龄对组织文化认同度有影响。
假设 7c：员工的教育程度对组织文化认同度有影响。

本研究的所有假设整理见表 5.1。

表 5.1 本研究假设汇总

假设	假设内容
1	组织人际和谐对组织文化认同度有正向影响
2a	变革型领导对组织文化认同度有正向影响
2b	变革型领导对组织人际和谐有正向影响
3	变革型领导会通过组织人际和谐来影响组织文化认同度
4a	组织文化认同度对组织承诺有正向影响
4b	组织文化认同度对离职意向有负向影响
5a	组织文化认同度在变革型领导对组织承诺的影响中起中介作用
5b	组织文化认同度在变革型领导对离职意向的影响中起中介作用
6a	组织文化认同度在组织人际和谐对组织承诺的影响中起中介作用
6b	组织文化认同度在组织人际和谐对离职意向的影响中起中介作用
7a	员工的工作年限对组织文化认同度有影响
7b	员工的年龄对组织文化认同度有影响
7c	员工的教育程度对组织文化认同度有影响

5.4 分析方法

5.4.1 测量工具

5.4.1.1 组织文化认同度

组织文化认同度的测量，采用本研究自行开发的组织文化认同度量表来进行。量表分为四个维度：认知层面、情感层面、行为层面和社会化层面。采用李克特五点量表（1 表示非常不同意，2 表示不同意，3 表示不确定，4 表示同意，5 表示非常同意）。该量表经过信度检验，各维度内部一致性系数均高于 0.8，其中认知层面 5 个条目 $\alpha = 0.83$，情感层面 5 个条目 $\alpha = 0.86$，行为层面 5 个条目 $\alpha = 0.81$，社会化层面 5 个条目 $\alpha = 0.86$。同时，每个测量条目在相应因子上的负荷都高于 0.5。

5.4.1.2 组织人际和谐

组织人际和谐的测量，采用本研究自行开发的组织人际和谐量表来进行。量表分为三个维度：同事和谐、上下级和谐和整体和谐。同样采用李克特五点量表。该量表经过信度检验，各维度内部一致性系数均高于 0.8，其中同事和谐 5 个条目 $\alpha = 0.88$，上下级和谐 4 个条目 $\alpha = 0.88$，整体和谐 4 个条目 $\alpha = 0.86$。同时，每个测量条目在相应因子上的负荷均高于 0.5。

5.4.1.3 变革型领导

变革型领导的测量，主要参考 Podsakoff 等（1990）的变革型领导量表，并参考邱淑妙（2005）的翻译。该量表包含 22 道题，其中 14 道题测量理想化的影响力及心灵鼓舞，5 道题测量个性化的关怀，3 道题测量才智激发。由于该量表翻译后存在部分条目意义重叠、模糊不清等现象，在专家讨论后，决定对该量表进行修正。主要调整重点如下：

（1）删除意义重叠的条目。例如，“直属主管会尊重我个人的感受”及“直属主管在工作时会体贴地考虑我个人的感受”意义相近，删除前一个条目。

（2）将意义相近的条目合并。如将“直属主管以身作则领导我们”和“直属主管树立了一个员工可以追随的好榜样”合并。

（3）在中国环境下，对部分条目的措辞进行调整，使其更容易被中国员工理解。如原量表所有条目的开头均为“我的直属上级……”专家经过讨论，认为在中国企业中，集体意识较强，员工除了受直属上级影响外，还在很大程度上受到公司最高领导及其他高阶主管的影响，因此，把条目开头修改为“公司的经理人员”或“公司主要领导”。

修正后的变革型领导量表共有 14 道题，其中 6 道题测量心灵鼓舞（或愿景塑造），4 道题测量理想化的影响力（或魅力领导），2 道题测量个性化的关怀，2 道题测量才智激发。

对修正后的变革型领导量表进行信度检验，发现内部一致性系数均在 0.7 以上，其中心灵鼓舞 6 道题 $\alpha = 0.83$，理想化的影响力 4 道题 $\alpha = 0.84$，个性化的关怀 2 道题 $\alpha = 0.73$，才智激发 2 道题 $\alpha = 0.72$。

接着对变革型领导的一阶四因子模型进行验证性因子分析，验证结果见图5.1，模型拟合优度见表5.2。

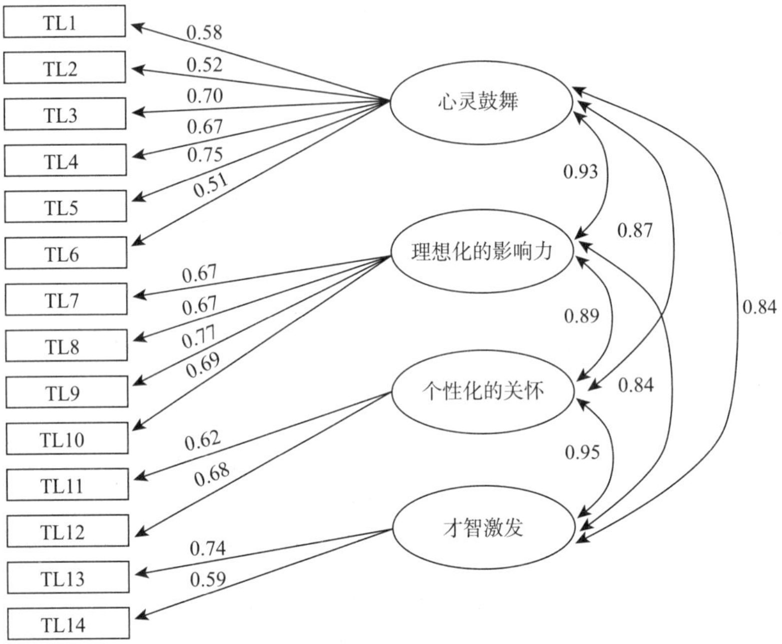

图5.1　变革型领导一阶四因子模型

表5.2　变革型领导一阶四因子模型拟合优度指标（LISREL估计量，$N=480$）

	χ^2	*df*	χ^2/df	*GFI*	*RMSEA*	*CFI*	*NFI*	*NNFI*
判断标准			<5	>0.90	<0.08	>0.90	>0.90	>0.90
模　型	358.80	71	5.05	0.90	0.09	0.91	0.90	0.89

从图5.1中可以看出，所有测量条目在相应因子上的负荷都高于0.5，而且模型整体拟合优度指标基本均达到标准，这说明模型是可以接受的。

在验证了变革型领导的一阶四因子模型后，我们进一步运用二阶验证性因子分析方法来验证这四个因子是否从属于一个更高阶的潜变量。二阶四因子分析结果如图5.2所示，二阶四因子模型的拟合优度结果如表5.3所示。

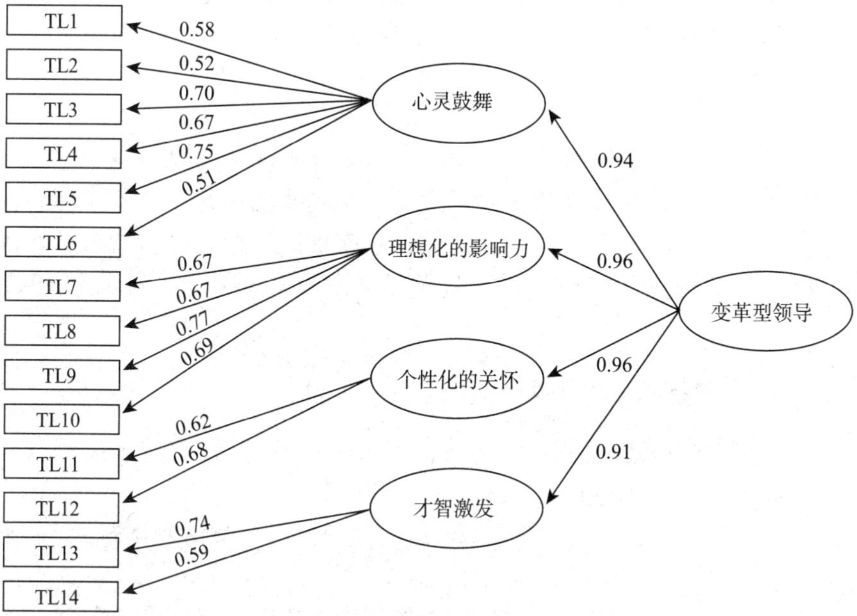

图 5.2　变革型领导二阶四因子模型

表 5.3　变革型领导二阶四因子模型拟合优度指标（LISREL 估计量，$N=480$）

	χ^2	*df*	χ^2/df	*GFI*	*RMSEA*	*CFI*	*NFI*	*NNFI*
判断标准			<5	>0.90	<0.08	>0.90	>0.90	>0.90
模　型	505.69	73	6.92	0.88	0.10	0.87	0.85	0.84

从图 5.2 中可以看出，所有测量条目在相应因子上的负荷都高于 0.5。高阶潜变量“变革型领导”很好地解释了心灵鼓舞（0.94）、理想化的影响力（0.96）、个性化的关怀（0.96）和才智激发（0.91）。而模型整体拟合优度指标虽然较一阶模型略有降低，但仍然基本达到标准，这说明模型是可以接受的。

综上所述，本研究所修正的变革型领导四维度量表，具备一定的信度和效度，可以在以下的实证研究中使用。详细的测量条目参见附录 C 问卷第三部分。

5.4.1.4　组织承诺

组织承诺部分的测量，采用 Meyer & Allen（1997）编制的三维度组织承诺量表。该量表共 18 道题，分为持续承诺、规范承诺和情感承诺三个维度，每个维度 6 道题，采用李克特五点量表。在回收问卷后，对该量表的信度进行了检验，结果发现各维度的内部一致性系数均高于0.7，其中持续承诺6道题 $\alpha=0.78$，规范承诺6道题 $\alpha=0.81$，情感承诺6道题 $\alpha=0.84$。详细的测量条目见附录C问卷第四部分的1至18题。

5.4.1.5　离职意向

离职意向部分的测量，采用Michaels & Spector（1982）编制的离职意向量表，参考吕京儒（2004）的翻译。该量表为一维度共6道题，同样采用李克特五点量表。回收问卷后，对该量表的信度进行检验，发现该量表的 α 值达0.89。详细的测量条目见附录C问卷第四部分的19至24题。

5.4.2　数据收集及分析

采用问卷调查法收集数据，共从8家企业收回480份有效问卷，样本及受测企业详细信息见上一章的表4.1及表4.2。

在分析方法上，采用方差分析、层次回归分析、偏相关分析及结构方程模型。

具体而言，采用方差分析探讨工作年限、年龄等员工个人特质与组织文化认同度的关系。采用层次回归分析验证组织文化认同度与组织承诺、离职意向的关系，验证组织人际和谐与组织文化认同度的关系及验证变革型领导与组织文化认同度、组织人际和谐的关系。采用偏相关分析来验证在变革型领导对组织承诺、离职意向影响模型中，组织文化认同度的中介作用，以及在组织人际和谐对组织承诺、离职意向的影响模型中，组织文化认同度的中介作用。采用结构方程模型验证变革型领导及组织人际和谐通过组织文化认同度来影响组织承诺、离职意向的过程模型。

5.4.2.1　中介作用的检验

如果自变量 X 是通过另一个变量 M 来影响因变量 Y 的，则称 M 为中介变量（见图5.3）。

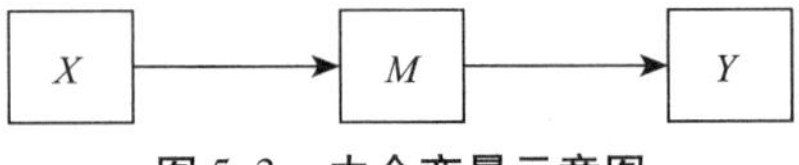

图5.3　中介变量示意图

Miller & Pollock（1994）指出，可以按以下四个条件来检验中介作用：

（1）自变量 X 和因变量 Y 之间显著相关。

（2）自变量 X 和中介变量 M 之间显著相关。

（3）中介变量 M 和因变量 Y 之间显著相关。

（4）在控制住 M 的影响之后，若自变量 X 和因变量 Y 之间的相关显著降低，则 M 的中介作用得到验证。如果 X 和 Y 之间的相关性完全消失（相关系数未达显著水准），则称 M 有完全中介作用。

本研究利用偏相关分析来检验变革型领导是否通过组织人际和谐来影响组织文化认同度，组织人际和谐是否通过组织文化认同度来影响组织承诺、离职意向，以及变革型领导是否通过组织文化认同度来影响组织承诺、离职意向。

5.5 分析结果

5.5.1 描述性统计及变量之间的相关系数

首先对本研究各主要变量进行描述性统计分析，各变量的平均数、标准差及变量间的相关系数见表5.4。

在组织文化认同度各维度中，社会化层面认同度（4.15）得分最高，而认知层面认同度（3.74）得分最低。在组织人际和谐各维度中，同事和谐（3.91）的得分最高，其次是整体和谐（3.83），而上下级和谐（3.75）得分最低。

变革型领导方面，理想化的影响力（3.87）得分最高，而才智激发（3.74）得分最低。组织承诺方面，情感承诺（3.68）得分最高，而持续承诺（3.36）得分最低。

表 5.4 各主要变量平均数、标准差和变量间相关系数表（SPSS 估计量，$N=480$）

	变　量	均值	标准差	1	2	3	4	5	6	7	8	9	10	11	12	13	14	15
组织文化认同度	认知层面	3.74	0.65	(0.83)														
	情感层面	3.88	0.76	0.67**	(0.86)													
	行为层面	4.05	0.61	0.57**	0.68**	(0.81)												
	社会化层面	4.15	0.66	0.54**	0.67**	0.73**	(0.86)											
组织人际和谐	同事和谐	3.91	0.77	0.39**	0.57**	0.49**	0.50**	(0.88)										
	上下级和谐	3.75	0.84	0.43**	0.56**	0.48**	0.47**	0.67**	(0.88)									
	整体和谐	3.83	0.76	0.45**	0.59**	0.48**	0.50**	0.69**	0.64**	(0.86)								
变革型领导	心灵鼓舞	3.83	0.69	0.52**	0.58**	0.53**	0.53**	0.53**	0.55**	0.49**	(0.83)							
	理想化的影响力	3.87	0.76	0.43**	0.52**	0.47**	0.49**	0.54**	0.60**	0.50**	0.78**	(0.84)						
	个性化的关怀	3.80	0.79	0.44**	0.51**	0.50**	0.50**	0.54**	0.63**	0.48**	0.64**	0.70**	(0.76)					
	才智激发	3.74	0.77	0.42**	0.45**	0.44**	0.45**	0.43**	0.51**	0.45**	0.65**	0.64**	0.65**	(0.72)				
组织承诺	持续承诺	3.36	0.78	0.39**	0.43**	0.35**	0.41**	0.35**	0.38**	0.35**	0.31**	0.29**	0.38**	0.29**	(0.78)			
	规范承诺	3.41	0.77	0.42**	0.56**	0.50**	0.52**	0.46**	0.46**	0.48**	0.47**	0.47**	0.47**	0.44**	0.63**	(0.81)		
	情感承诺	3.68	0.86	0.50**	0.61**	0.53**	0.62**	0.46**	0.43**	0.51**	0.52**	0.48**	0.50**	0.47**	0.56**	0.74**	(0.84)	
离职意向	离职意向	2.66	0.96	-0.25**	-0.31**	-0.28**	-0.37**	-0.26**	-0.28**	-0.25**	-0.35**	-0.31**	-0.29**	-0.28**	-0.23**	-0.29**	-0.39**	(0.89)

注：对角线上报告的是各变量的内部一致性系数 α；$^{**}p<0.01$。

5.5.2 组织人际和谐与组织文化认同度关系验证

假设 1 认为，组织人际和谐对组织文化认同度有正向影响。采用一元线性回归分析对组织文化认同度的各个维度分别进行验证。

首先以组织文化认同度为因变量，同事和谐、上下级和谐及整体和谐三个维度为自变量进行回归分析；接着分别以组织文化认同度的认知层面、情感层面、行为层面及社会化层面为因变量，组织人际和谐的三个维度为自变量，逐一进行回归分析。

具体步骤：第一步，控制变量（组织类型、行业、组织规模）进入回归方程；第二步，自变量进入方程。所有变量均采用直接进入方式，结果见表 5.5 及表 5.6。

表 5.5 组织人际和谐与组织文化认同度回归分析表 1（SPSS 估计量，$N=480$）

变 量	组织文化认同度		认知层面		情感层面	
	第一步	第二步	第一步	第二步	第一步	第二步
控制变量						
组织类型	-0.26	-0.18	-0.24	-0.18	-0.19	-0.11
行 业	0.11	0.04	0.01	-0.03	0.18	0.10
规 模	0.08	0.06	0.07	0.06	0.10	0.08
自变量						
同事和谐		0.19**		0.03		0.21**
上下级和谐		0.27**		0.23**		0.22**
整体和谐		0.25**		0.27**		0.28**
R^2	0.08	0.46	0.05	0.27	0.06	0.44
Adjusted R^2	0.07	0.45	0.04	0.26	0.06	0.43
F	11.56**	59.97**	7.36**	27.33**	10.11**	57.96**

注：进入模型的均为标准化回归系数；** $p<0.01$。

表 5.6 组织人际和谐与组织文化认同度回归分析表 2（SPSS 估计量，$N=480$）

变 量	行为层面		社会化层面	
	第一步	第二步	第一步	第二步
控制变量				
组织类型	-0.23	-0.16	-0.28	-0.22
行 业	0.07	0.01	0.11	0.05
规 模	0.03	0.00	0.11	0.09

（续上表）

变量	行为层面		社会化层面	
	第一步	第二步	第一步	第二步
自变量				
同事和谐		0.19**		0.21**
上下级和谐		0.26**		0.21**
整体和谐		0.14*		0.18**
R^2	0.06	0.33	0.08	0.35
Adjusted R^2	0.05	0.32	0.07	0.34
F	8.99**	35.32**	12.71**	39.60**

注：进入模型的均为标准化回归系数；* $p<0.05$；** $p<0.01$。

由表5.5及表5.6可以看出，组织人际和谐对组织文化认同度有正向影响，其中组织人际和谐的三个维度——同事和谐（$\beta=0.19$，$p<0.01$）、上下级和谐（$\beta=0.27$，$p<0.01$）和整体和谐（$\beta=0.25$，$p<0.01$）均对组织文化认同度有显著正向影响。

另外，对于组织文化认同度的各维度，同事和谐对情感层面（$\beta=0.21$，$p<0.01$）、行为层面（$\beta=0.19$，$p<0.01$）和社会化层面（$\beta=0.21$，$p<0.01$）均有显著正向影响；上下级和谐对认知层面（$\beta=0.23$，$p<0.01$）、情感层面（$\beta=0.22$，$p<0.01$）、行为层面（$\beta=0.26$，$p<0.01$）和社会化层面（$\beta=0.21$，$p<0.01$）均有显著正向影响；整体和谐也对认知层面（$\beta=0.27$，$p<0.01$）、情感层面（$\beta=0.28$，$p<0.01$）、行为层面（$\beta=0.14$，$p<0.05$）和社会化层面（$\beta=0.18$，$p<0.01$）的组织文化认同度均有显著正向影响。因此，假设1得到验证。

5.5.3 变革型领导、组织文化认同度与组织人际和谐关系验证

假设2认为，变革型领导对组织文化认同度及组织人际和谐有正向影响。采用一元线性回归分析对变革型领导及组织文化认同度、组织人际和谐的各个维度分别进行验证。

首先检验假设2a。以组织文化认同度为因变量，心灵鼓舞、理想化的影响力、个性化的关怀及才智激发四个维度为自变量进行回归分析；接着分别以组织文化认同度的认知层面、情感层面、行为层面及社会化层面为因变量，变革型领导的四个维度为自变量，逐一进行回归分析。

具体步骤：第一步，控制变量（组织类型、行业、组织规模）进入回归方程；第二步，自变量进入方程。所有变量均采用直接进入方式，结果见表5.7及表5.8。

表 5.7 变革型领导与组织文化认同度回归分析表 1（SPSS 估计量，$N=480$）

变量	组织文化认同度		认知层面		情感层面	
	第一步	第二步	第一步	第二步	第一步	第二步
控制变量						
组织类型	-0.28	-0.23	-0.23	-0.19	-0.21	-0.15
行业	0.09	0.05	0.00	-0.02	0.15	0.12
规模	0.08	0.08	0.07	0.05	0.10	0.08
自变量						
心灵鼓舞		0.39**		0.38**		0.37**
理想化的影响力		0.03		-0.05		0.04
个性化的关怀		0.24**		0.16*		0.19**
才智激发		0.08		0.10		0.05
R^2	0.08	0.50	0.04	0.31	0.06	0.40
Adjusted R^2	0.07	0.49	0.04	0.30	0.06	0.39
F	12.14*	59.19*	6.61**	27.65**	9.81**	40.79**

注：进入模型的均为标准化回归系数；* $p<0.05$；** $p<0.01$。

表 5.8 变革型领导与组织文化认同度回归分析表 2（SPSS 估计量，$N=480$）

变量	行为层面		社会化层面	
	第一步	第二步	第一步	第二步
控制变量				
组织类型	-0.25	-0.19	-0.32	-0.27
行业	0.05	0.03	0.08	0.06
规模	0.03	0.02	0.11	0.12
自变量				
心灵鼓舞		0.31**		0.28**
理想化的影响力		-0.01		0.06
个性化的关怀		0.23**		0.22**
才智激发		0.08		0.07
R^2	0.06	0.35	0.09	0.40
Adjusted R^2	0.06	0.34	0.09	0.39
F	9.96**	33.77**	14.77**	41.02**

注：进入模型的均为标准化回归系数；** $p<0.01$。

由表 5.7 及表 5.8 可以看出，变革型领导中的心灵鼓舞（$\beta=0.39$，$p<0.01$）和个性化的关怀（$\beta=0.24$，$p<0.01$）对组织文化认同度有显著的正向影响。

此外，心灵鼓舞对组织文化认同度的认知层面（$\beta=0.38$，$p<0.01$）、情感层面（$\beta=0.37$，$p<0.01$）、行为层面（$\beta=0.31$，$p<0.01$）及社会化层面（$\beta=0.28$，$p<0.01$）四个维度均有显著影响；而个性化的关怀也同样对这四个维度有显著影响。但理想化的影响力和才智激发这两个维度对组织文化认同度则没有显著影响。

因此，假设 2a 得到基本验证。

接下来验证假设 2b：变革型领导对组织人际和谐有正向影响。以组织人际和谐为因变量，心灵鼓舞、理想化的影响力、个性化的关怀及才智激发四个维度为自变量进行回归分析；接着分别以同事和谐、上下级和谐、整体和谐为因变量，变革型领导的四个维度为自变量，逐一进行回归分析，结果见表 5.9。

表 5.9　变革型领导与组织人际和谐回归分析表（SPSS 估计量，$N=480$）

变　量	组织人际和谐		同事和谐		上下级和谐		整体和谐	
	第一步	第二步	第一步	第二步	第一步	第二步	第一步	第二步
控制变量								
组织类型	−0.14	−0.07	−0.14	−0.08	−0.04	0.03	−0.18	−0.13
行　业	0.13	0.09	0.16	0.13	0.11	0.07	0.07	0.04
规　模	0.06	0.05	0.09	0.08	0.08	0.08	−0.04	−0.05
自变量								
心灵鼓舞		0.14*		0.18**		0.07		0.14*
理想化的影响力		0.20**		0.16*		0.23**		0.13
个性化的关怀		0.35**		0.32**		0.39**		0.22**
才智激发		0.09		0.02		0.08		0.12*
R^2	0.04	0.50	0.04	0.40	0.01	0.48	0.05	0.33
Adjusted R^2	0.03	0.49	0.04	0.39	0.00	0.47	0.05	0.32
F	5.11**	60.93**	6.24**	40.53**	1.52	56.69**	8.36**	31.07**

注：进入模型的均为标准化回归系数；* $p<0.05$；** $p<0.01$。

由表 5.9 可以看出，变革型领导对组织人际和谐存在正向影响。其中心灵鼓舞（$\beta=0.14$，$p<0.05$）、理想化的影响力（$\beta=0.20$，$p<0.01$）和个

性化的关怀（$\beta=0.35$，$p<0.01$）这三个维度均对组织人际和谐有显著的正向影响。

此外，心灵鼓舞对同事和谐（$\beta=0.18$，$p<0.01$）及整体和谐（$\beta=0.14$，$p<0.05$）有显著正向影响；理想化的影响力对同事和谐（$\beta=0.16$，$p<0.05$）及上下级和谐（$\beta=0.23$，$p<0.01$）有显著正向影响；个性化的关怀对同事和谐（$\beta=0.32$，$p<0.01$）、上下级和谐（$\beta=0.39$，$p<0.01$）及整体和谐（$\beta=0.22$，$p<0.01$）均有显著正向影响；才智激发对整体和谐（$\beta=0.12$，$p<0.05$）有显著正向影响。

因此，假设 2b 得到验证。

假设 3 认为，变革型领导会通过组织人际和谐来影响组织文化认同度。本研究采用偏相关分析来检验组织文化认同度的中介作用。

中介作用的存在需满足四个条件（Miller & Pollock，1994）：第一，自变量和因变量之间显著相关。第二，自变量和中介变量之间显著相关。第三，中介变量和因变量之间显著相关。第四，当中介变量的影响被控制住后，若自变量和因变量之间的相关性明显降低，则中介作用得到证实。倘若自变量与因变量之间的相关性完全消失（相关系数不显著），则完全中介作用得到证实。

前面对假设 1 的验证说明组织人际和谐与组织文化认同度存在显著相关（条件三），对假设 2a 的验证说明变革型领导与组织文化认同度存在显著相关（条件一），对假设 2b 的验证说明变革型领导与组织人际和谐存在显著相关（条件二）。因此，接下来用偏相关分析来检验第四个条件。

具体步骤：第一步，控制住组织类型、行业、组织规模的影响，检验变革型领导与组织文化认同度之间的相关系数；第二步，控制住组织人际和谐的影响，检验变革型领导与组织文化认同度之间的净相关系数。结果见表 5.10。

表 5.10　变革型领导与组织文化认同度偏相关分析表（SPSS 估计量，$N=480$）

变　量	相关系数	控制住组织人际和谐之净相关
变革型领导 & 组织文化认同度	0.66**	0.39**
心灵鼓舞 & 组织文化认同度	0.64**	0.42**
理想化的影响力 & 组织文化认同度	0.57**	0.28**
个性化的关怀 & 组织文化认同度	0.58**	0.28**

（续上表）

变　量	相关系数	控制住组织人际和谐之净相关
才智激发 & 组织文化认同度	0.52**	0.26**
变革型领导 & 认知层面认同度	0.53**	0.31**
心灵鼓舞 & 认知层面认同度	0.52**	0.34**
理想化的影响力 & 认知层面认同度	0.44**	0.20**
个性化的关怀 & 认知层面认同度	0.45**	0.22**
才智激发 & 认知层面认同度	0.43**	0.21**
变革型领导 & 情感层面认同度	0.59**	0.28**
心灵鼓舞 & 情感层面认同度	0.58**	0.35**
理想化的影响力 & 情感层面认同度	0.51**	0.21**
个性化的关怀 & 情感层面认同度	0.51**	0.17**
才智激发 & 情感层面认同度	0.45**	0.15**
变革型领导 & 行为层面认同度	0.55**	0.28**
心灵鼓舞 & 行为层面认同度	0.52**	0.30**
理想化的影响力 & 行为层面认同度	0.47**	0.20**
个性化的关怀 & 行为层面认同度	0.49**	0.21**
才智激发 & 行为层面认同度	0.43**	0.19**
变革型领导 & 社会化层面认同度	0.58**	0.34**
心灵鼓舞 & 社会化层面认同度	0.54**	0.32**
理想化的影响力 & 社会化层面认同度	0.50**	0.26**
个性化的关怀 & 社会化层面认同度	0.51**	0.25**
才智激发 & 社会化层面认同度	0.46**	0.25**

注：所有变量均采用一阶潜变量；** $p<0.01$。

由表5.10可以看出，在控制住组织人际和谐的影响后，变革型领导与组织文化认同度各维度之间的相关系数均有明显的下降，条件四得到满足，说明组织人际和谐的中介作用是存在的。不过，由于变革型领导与组织文化认同度之间的净相关依然存在（相关系数达显著水准），说明组织人际和谐只是起部分中介作用，而非完全中介作用。

因此，假设3得到基本验证。

5.5.4 组织文化认同度与组织承诺、离职意向关系验证

假设4认为，组织文化认同度对组织承诺有正向影响，对离职意向则有负向影响。本研究采用一元线性回归分析对组织文化认同度及组织承诺、离职意向的各个维度分别进行验证。

首先以组织承诺为因变量，以认知层面、情感层面、行为层面及社会化层面四个维度的文化认同度为自变量进行回归分析；接着分别以持续承诺、规范承诺和情感承诺为因变量，组织文化认同度的四个维度为自变量，逐一进行回归分析。

具体步骤：第一步，控制变量（组织类型、行业、组织规模）进入回归方程；第二步，自变量进入方程。所有变量均采用直接进入方式，结果见表5.11。

表5.11 组织文化认同度与组织承诺回归分析表（SPSS估计量，$N=480$）

变量	组织承诺		持续承诺		规范承诺		情感承诺	
	第一步	第二步	第一步	第二步	第一步	第二步	第一步	第二步
控制变量								
组织类型	-0.25	-0.06	-0.24	-0.13	-0.17	-0.01	-0.25	-0.07
行业	0.13	0.03	0.06	0.02	0.14	0.05	0.15	0.06
规模	-0.01	-0.09	-0.07	-0.01	0.06	-0.01	0.05	-0.04
自变量								
认知层面认同度		0.12*		0.13*		0.09		0.12*
情感层面认同度		0.28**		0.17*		0.31**		0.29**
行为层面认同度		0.03		-0.01		0.07		-0.04
社会化层面认同度		0.30**		0.18**		0.19**		0.35**
R^2	0.10	0.46	0.10	0.25	0.05	0.35	0.09	0.47
Adjusted R^2	0.10	0.45	0.09	0.24	0.04	0.34	0.09	0.46
F	15.32**	49.66**	15.32**	20.34**	6.93**	32.07**	14.96**	54.47**

注：进入模型的均为标准化回归系数；* $p<0.05$；** $p<0.01$。

由表5.11可以看出，组织文化认同度对组织承诺存在正向影响。其中认知层面认同度（$\beta=0.12$，$p<0.05$）、情感层面认同度（$\beta=0.28$，$p<0.01$）及社会化层面认同度（$\beta=0.30$，$p<0.01$）均对组织承诺有显著的正向影响。

另外，认知层面认同度对持续承诺（$\beta = 0.13$，$p < 0.05$）和情感承诺（$\beta = 0.12$，$p < 0.05$）有显著影响；情感层面认同度对持续承诺（$\beta = 0.17$，$p < 0.05$）、规范承诺（$\beta = 0.31$，$p < 0.01$）和情感承诺（$\beta = 0.29$，$p < 0.01$）均有显著正向影响；社会化层面认同度同样也对持续承诺（$\beta = 0.18$，$p < 0.01$）、规范承诺（$\beta = 0.19$，$p < 0.01$）和情感承诺（$\beta = 0.35$，$p < 0.01$）有显著正向影响。而行为层面认同度则对组织承诺的各个维度均没有显著影响。

因此，假设4a得到验证。

接下来，以离职意向为因变量，组织文化认同度的各维度为自变量，进行回归分析。

具体步骤：第一步，控制变量（组织类型、行业、组织规模）进入回归方程；第二步，自变量进入方程。所有变量均采用直接进入方式，结果见表5.12。

表5.12 组织文化认同度与离职意向回归分析表（SPSS 估计量，$N = 480$）

变量	离职意向	
	第一步	第二步
控制变量		
组织类型	0.14	0.03
行业	-0.04	0.01
规模	-0.11	-0.07
自变量		
认知层面认同度		-0.02
情感层面认同度		-0.09
行为层面认同度		0.00
社会化层面认同度		-0.29**
R^2	0.02	0.15
Adjusted R^2	0.01	0.13
F	2.53	10.64**

注：进入模型的均为标准化回归系数；** $p < 0.01$。

由表5.12可以看出，在控制了组织类型、行业、规模等因素之后，只有社会化层面认同度对离职意向具有显著的负向影响（$\beta = -0.29$，$p <$

0.01)，而其他三个维度的组织文化认同度对离职意向均没有显著影响。因此，假设4b得到基本验证。

5.5.5 组织文化认同度的中介作用验证

假设5认为，组织文化认同度在变革型领导对组织承诺和离职意向的影响中起中介作用。同样采用偏相关分析来检验中介作用。

前面对假设2a的验证说明变革型领导与组织文化认同度存在显著相关（条件二），对假设4的验证说明组织文化认同度与组织承诺、离职意向之间存在显著相关（条件三）。接下来用偏相关分析检验第一和第四个条件。

具体步骤：第一步，控制住组织类型、行业、组织规模的影响，检验变革型领导与组织承诺、离职意向之间的相关；第二步，控制住组织文化认同度的影响，检验变革型领导与组织承诺、离职意向间的净相关系数。结果见表5.13。

表5.13 变革型领导、组织承诺与离职意向偏相关分析表（SPSS估计量，$N=480$）

变　量	相关系数	控制住组织文化认同度之净相关
变革型领导 & 组织承诺	0.53**	0.26**
心灵鼓舞 & 组织承诺	0.47**	0.13**
理想化的影响力 & 组织承诺	0.47**	0.21**
个性化的关怀 & 组织承诺	0.52**	0.26**
才智激发 & 组织承诺	0.46**	0.22**
变革型领导 & 持续承诺	0.34**	0.16**
心灵鼓舞 & 持续承诺	0.26**	0.05
理想化的影响力 & 持续承诺	0.27**	0.11*
个性化的关怀 & 持续承诺	0.36**	0.22**
才智激发 & 持续承诺	0.26**	0.11*
变革型领导 & 规范承诺	0.53**	0.24**
心灵鼓舞 & 规范承诺	0.46**	0.13**
理想化的影响力 & 规范承诺	0.47**	0.22**
个性化的关怀 & 规范承诺	0.46**	0.19**

（续上表）

变　量	相关系数	控制住组织文化认同度之净相关
才智激发 & 规范承诺	0.46**	0.22**
变革型领导 & 情感承诺	0.56**	0.24**
心灵鼓舞 & 情感承诺	0.48**	0.14**
理想化的影响力 & 情感承诺	0.47**	0.19**
个性化的关怀 & 情感承诺	0.50**	0.22**
才智激发 & 情感承诺	0.47**	0.20**
变革型领导 & 离职意向	-0.35**	-0.22**
心灵鼓舞 & 离职意向	-0.36**	-0.25**
理想化的影响力 & 离职意向	-0.31**	-0.20**
个性化的关怀 & 离职意向	-0.28**	-0.13*
才智激发 & 离职意向	-0.26**	-0.13*

注：组织文化认同度及组织人际和谐采用一阶潜变量；* $p<0.05$；** $p<0.01$。

从表5.13中可以看出，变革型领导的各维度与组织承诺的各维度之间均有显著正向相关，而与离职意向有负向相关，因此满足第一个条件。

接下来检视组织文化认同度的中介作用。在控制住组织文化认同度各维度的影响之后，变革型领导与组织承诺各维度之间的相关系数均有明显降低，因此组织文化认同度的中介作用是存在的。但大部分相关系数仍达到显著水准，仅心灵鼓舞—持续承诺之间的相关性完全消失，因此组织文化认同度的完全中介作用未得到证实，仅可证明有部分中介作用。假设5a得到基本验证。

同样地，在控制住组织文化认同度的影响之后，变革型领导与离职意向之间的相关系数均有明显降低，因此组织文化认同度的中介作用是存在的。然而控制住组织文化认同度影响后的相关系数仍然达到显著水准，因此未能证实有完全中介作用，仅可证明部分中介作用。假设5b得到基本验证。

接下来对假设6进行验证。假设6认为，组织文化认同度在组织人际和谐对组织承诺、离职意向的影响中起中介作用。同样采用偏相关分析来检验其中介作用。

前面已经验证过了假设1及假设4。其中对假设1的验证说明组织人际和谐与组织文化认同度显著相关（条件二），对假设4的验证则说明组织文化认同度与组织承诺、离职意向显著相关（条件三）。因此，条件二和条件三都已经满足。接下来用偏相关分析检验第一和第四个条件。

具体步骤：第一步，控制住组织类型、行业和组织规模的影响，检验组织人际和谐与组织承诺、离职意向之间的相关系数；第二步，控制住组织文化认同度的影响，检验组织人际和谐与组织承诺、离职意向间的净相关系数。结果见表5.14。

表5.14 组织人际和谐、组织承诺与离职意向偏相关分析表（SPSS估计量，$N=480$）

变　量	相关系数	控制住组织文化认同度之净相关
人际和谐 & 组织承诺	0.55**	0.21**
同事和谐 & 组织承诺	0.44**	0.10*
上下级和谐 & 组织承诺	0.51**	0.22**
整体和谐 & 组织承诺	0.49**	0.19**
人际和谐 & 持续承诺	0.39**	0.17**
同事和谐 & 持续承诺	0.31**	0.09
上下级和谐 & 持续承诺	0.39**	0.20**
整体和谐 & 持续承诺	0.33**	0.13*
人际和谐 & 规范承诺	0.51**	0.18**
同事和谐 & 规范承诺	0.41**	0.09
上下级和谐 & 规范承诺	0.47**	0.19**
整体和谐 & 规范承诺	0.46**	0.15**
人际和谐 & 情感承诺	0.52**	0.15**
同事和谐 & 情感承诺	0.41**	0.07
上下级和谐 & 情感承诺	0.47**	0.14**
整体和谐 & 情感承诺	0.49**	0.17**
人际和谐 & 离职意向	-0.31**	-0.11*
同事和谐 & 离职意向	-0.26**	-0.08
上下级和谐 & 离职意向	-0.30**	-0.12*
整体和谐 & 离职意向	-0.25**	-0.06

注：组织文化认同度采用一阶潜变量；$*p<0.05$；$**p<0.01$。

从表5.14中可以发现，组织人际和谐的各维度与组织承诺均存在显著的正相关，而与离职意向存在负相关，因此满足条件一。

而在控制住组织文化认同度的影响后，组织人际和谐与组织承诺、离职意向之间的相关系数均有明显的下降。其中同事和谐与持续承诺、规范承诺、情感承诺和离职意向之间的相关系数，以及整体和谐与离职意向之间的相关系数完全消失（相关系数不明显），条件四得到满足，这说明组织文化认同度的中介作用是存在的。不过组织人际和谐与组织承诺、离职意向的大部分维度之间的相关系数依然存在，这说明组织文化认同度只是起部分中介作用，而非完全中介作用。

因此，假设6a、6b得到基本验证。

在验证了组织文化认同度的中介作用后，关于变革型领导、组织人际和谐通过组织文化认同度来影响组织承诺、离职意向的作用机制，将在下一节采用结构方程模型做进一步分析。

5.5.6 组织文化认同度综合作用机制模型分析

传统上，多元回归分析常被用来检验自变量与因变量之间的因果关系。然而，由于在多元回归分析中所有自变量都被放在同样的位置，所得的回归系数是各个自变量单独对因变量影响的净作用。因此，多元回归无法检验自变量之间的交互作用关系或是更复杂的因果链关系。此外，社会科学的很多变量都不是直接能测量到的，而是隐藏在观察变量背后的潜变量（Latent Variables），而多元回归分析无法处理潜变量的问题。另外，因子分析虽然可以处理潜变量，却无法检视因子之间的关系（郭志刚，1999）。

而结构方程模型就是一个既可以处理潜在变量，又可以检视变量之间复杂关系的统计工具。结构方程模型事实上包含两个部分：①测量模型（Measurement Model），其能反映观察变量与潜在变量之间的关系，相当于验证性因子分析；②结构关系的假设验证，通过结构模型（Structure Model）使潜在变量之间的关系可以用路径分析（Path Analysis）的方法来讨论（邱皓政，2003）。

上一节已经证实了变革型领导和组织人际和谐会通过组织文化认同度的部分中介作用来影响组织承诺与离职意向。以下就采用结构方程模型来进一步检验其中的作用机制。

由于组织文化认同度仅被证实有部分中介作用（而非完全中介作用），因此以下需要考虑不同的作用模型。

模型一：部分中介作用模型。变革型领导及组织人际和谐除了通过组织文化认同度外，也会直接影响组织承诺和离职意向。

模型二：完全中介作用模型。变革型领导和组织人际和谐完全通过组织文化认同度来影响组织承诺及离职意向。

模型三：无中介作用模型。变革型领导和组织人际和谐直接影响组织承诺及离职意向，不考虑组织文化认同度的中介作用。

各模型的拟合优度指标见表5.15。各变量均采用一阶因子进入模型。

表 5.15 各结构方程模型拟合优度指标比较（LISREL 估计量，$N=480$）

	χ^2	df	χ^2/df	GFI	$RMSEA$	CFI	NFI	$NNFI$
判断标准			<5	>0.90	<0.08	>0.90	>0.90	>0.90
部分中介模型	159.03	81	1.96	0.95	0.05	0.97	0.95	0.97
完全中介模型	174.88	85	2.06	0.95	0.05	0.97	0.95	0.96
无中介模型	382.11	85	4.50	0.89	0.09	0.87	0.85	0.84

由表 5.15 可以看出，模型三（无中介作用模型）的拟合优度不佳，而模型一（部分中介作用模型）和模型二（完全中介作用模型）的拟合优度指标均达到标准，这进一步证实了组织文化认同度的中介作用是存在的。而模型一与模型二比较起来，模型一的拟合优度更佳，因此接受模型一。模型一的路径关系图见图 5.4。

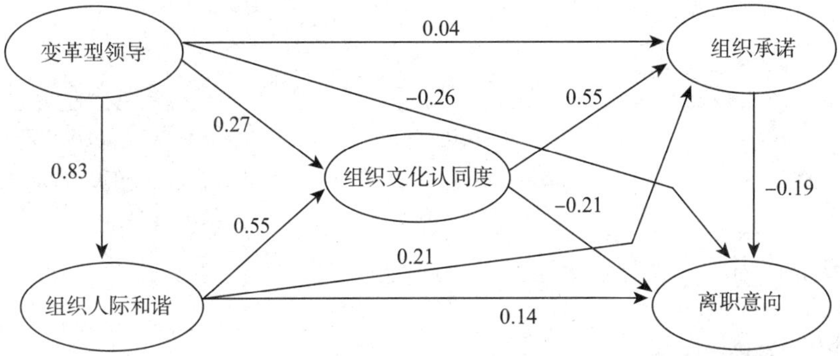

图 5.4 变革型领导、组织人际和谐对组织承诺、离职意向作用模型

由图 5.4 可以看出，有部分路径的重要性并不显著，因此对模型进行了进一步的简化与修正。主要删除了两条路经：变革型领导对组织承诺的作用路径及组织人际和谐对离职意向的作用路径。修正模型与原有模型的拟合优度比较见表 5.16。

表 5.16 原有模型与修正模型拟合优度指标比较（LISREL 估计量，$N=480$）

	χ^2	df	χ^2/df	GFI	$RMSEA$	CFI	NFI	$NNFI$
判断标准			<5	>0.90	<0.08	>0.90	>0.90	>0.90
原有模型	159.03	81	1.96	0.95	0.05	0.97	0.95	0.97
修正模型	160.69	83	1.94	0.95	0.04	0.97	0.95	0.97

由表5.16可以看出，修正模型的拟合优度比原有模型略有提高，因此接受修正模型。修正模型的路径关系图见图5.5。

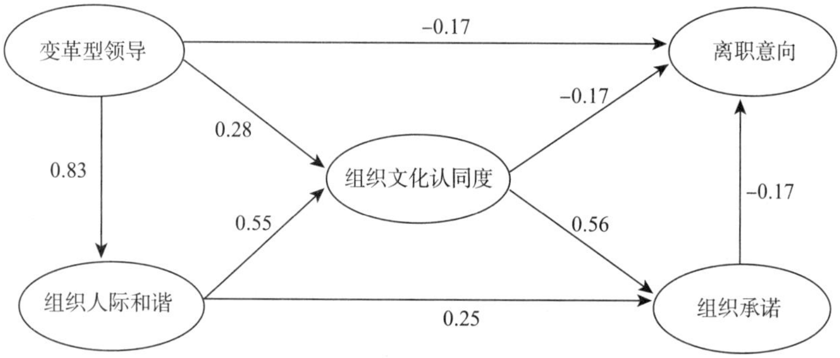

图5.5　变革型领导、组织人际和谐对组织承诺、离职意向作用修正模型

为了进一步说明各变量之间的关联，以下列出各前因变量对结果变量的效果分析（见表5.17）。

表5.17　各前因变量对结果变量的影响效果分析（LISREL估计量，$N=480$）

	离职意向		组织承诺		组织文化认同度		人际和谐	
	整体效果	间接效果	整体效果	间接效果	整体效果	间接效果	整体效果	间接效果
变革型领导	0.40**	0.23*	0.61*	0.61*	0.73*	0.45*	0.83*	
组织人际和谐	0.19**	0.17**	0.55*	0.30*	0.55*			
组织文化认同度	0.27*	0.10**	0.56*					
组织承诺	0.17*							
总体解释能力	0.21		0.59		0.63		0.69	

注：* $p<0.05$；** $p<0.01$。

由表5.17可以看出，对离职意向影响效果最大的变量依次是变革型领导（0.40）、组织文化认同度（0.27）、组织人际和谐（0.19）和组织承诺（0.17）。对组织承诺产生影响的变量依次是变革型领导（0.61）、组织文化认同度（0.56）和组织人际和谐（0.55）。而对组织文化认同度有影响的变量分别是变革型领导（0.73）和组织人际和谐（0.55）。

5.5.7　员工个人特质与组织文化认同度关系验证

假设7指出员工的工作年限、年龄和教育程度对组织文化认同度有影响。

首先检验工作年限对组织文化认同度的影响。从表 5.18 可以看出，随着工作年限的增加，员工文化认同度的均值也会提高，其中年限在 15 年以上的员工，总体而言文化认同度是所有员工当中最高的。

表 5.18　不同工作年限员工的组织文化认同度均值（SPSS 估计量，$N=480$）

工作年限	认知层面认同度	情感层面认同度	行为层面认同度	社会化层面认同度
1~4 年	3.63	3.84	3.98	4.06
5~9 年	3.74	3.86	4.07	4.16
10~15 年	3.95	4.02	4.20	4.32
15 年以上	3.97	3.97	4.19	4.42

为了验证平均数的差异是否存在统计上的显著性，采用单因素方差分析（one-way ANOVA）进行检验，结果见表 5.19。

表 5.19　不同工作年限员工组织文化认同度方差分析（SPSS 估计量，$N=480$）

	平方和		自由度	均　方	*F*	*Sig.*
认知层面*员工工作年限	组　间	7.48	3	2.50	6.21	0.00**
	组　内	172.31	429	0.40		
	合　计	179.79	432			
情感层面*员工工作年限	组　间	2.30	3	0.77	1.33	0.26
	组　内	246.02	427	0.58		
	合　计	248.32	430			
行为层面*员工工作年限	组　间	3.73	3	1.24	3.39	0.02*
	组　内	157.29	430	0.37		
	合　计	161.02	433			
社会化层面*员工工作年限	组　间	6.18	3	2.06	4.87	0.00**
	组　内	181.37	429	0.42		
	合　计	187.55	432			

注：$*p<0.05$；$**p<0.01$。

由表 5.19 可以看出，除了情感层面的组织文化认同度差异未达到显著水准外，其他三个维度的组织文化认同度差异均达到了显著水准。因此，假设7a得到验证。

接着分析员工的年龄对组织文化认同度的影响。由表5.20可以看出，一般而言，年龄愈大的员工，对组织文化的认同度愈高，其中45岁以上的员工对组织文化的认同度是最高的。这一方面可能是由于年龄大的员工通常工作年限也较长，且在组织中的地位较高，对组织文化的认同度自然提高；另一方面也可能是年龄大的员工社会历练较多，更容易理解组织的价值观和行为规范，因此较容易对组织文化产生认同感。

表5.20 不同年龄员工的组织文化认同度均值（SPSS估计量，$N=480$）

年　龄	认知层面认同度	情感层面认同度	行为层面认同度	社会化层面认同度
25岁以下	3.59	3.79	3.90	3.97
25~30岁	3.70	3.84	3.98	4.10
31~35岁	3.78	3.84	4.08	4.15
36~45岁	4.10	4.18	4.32	4.53
45岁以上	4.15	4.50	4.62	4.56

为了验证这种差异是否存在统计上的显著性，采用单因素方差分析进行检验，结果见表5.21。

表5.21 不同年龄员工组织文化认同度方差分析（SPSS估计量，$N=480$）

	平方和		自由度	均　方	*F*	*Sig.*
认知层面*员工年龄	组　间	11.71	4	2.93	7.35	0.00**
	组　内	167.72	421	0.40		
	合　计	179.43	425			
情感层面*员工年龄	组　间	9.55	4	2.39	4.07	0.00**
	组　内	247.05	421	0.59		
	合　计	256.60	425			
行为层面*员工年龄	组　间	10.06	4	2.52	6.71	0.00**
	组　内	158.90	424	0.38		
	合　计	168.96	428			

（续上表）

	平方和		自由度	均 方	F	Sig.
社会化层面*员工年龄	组 间	13.65	4	3.41	7.99	0.00**
	组 内	181.16	428	0.43		
	合 计	194.81	428			

注：$*p<0.05$；$**p<0.01$。

由表5.21可以看出，所有维度的组织文化认同度差异均达到了显著水准，因此假设7b得到证实。

最后分析员工的教育程度对组织文化认同度的影响。由表5.22可以看出，教育程度对组织文化认同度的影响并不明显。而表5.23的单因素方差分析检验也表明，各维度的组织文化认同度的差异并不显著，因此假设7c没有得到证实。

表5.22 不同教育程度员工的组织文化认同度均值（SPSS估计量，$N=480$）

教育程度	认知层面认同度	情感层面认同度	行为层面认同度	社会化层面认同度
高中及以下	3.80	3.93	4.07	4.22
大 专	3.77	3.87	4.07	4.12
本 科	3.69	3.89	4.03	4.14
研究生及以上	3.76	3.89	4.05	4.18

表5.23 不同教育程度员工组织文化认同度方差分析（SPSS估计量，$N=480$）

	平方和		自由度	均 方	F	Sig.
认知层面*教育程度	组 间	0.9	3	0.30	0.71	0.55
	组 内	189.27	447	0.42		
	合 计	190.17	450			
情感层面*教育程度	组 间	0.17	3	0.06	0.10	0.96
	组 内	260.21	445	0.59		
	合 计	260.38	448			
行为层面*教育程度	组 间	0.12	3	0.04	0.11	0.96
	组 内	171.63	446	0.39		
	合 计	171.75	449			

（续上表）

		平方和	自由度	均　方	F	$Sig.$
社会化层面*教育程度	组　间	0.65	3	0.22	0.49	0.69
	组　内	198.65	447	0.44		
	合　计	199.30	450			

注：$*p<0.05$；$**p<0.01$。

5.6 分析结果与讨论

在本章中，首先通过统计分析验证了组织文化认同度对组织承诺有正向影响，对离职意向有负向影响；组织人际和谐对组织承诺有正向影响，对离职意向有负向影响；组织人际和谐对组织文化认同度的正向影响也得到了验证。

然后验证了变革型领导对组织文化认同度、组织人际和谐的正向影响；在变革型领导对组织承诺、离职意向的影响机制中，组织文化认同度及组织人际和谐的中介作用也得到验证。

最后，本研究还验证了员工的工作年限及年龄会影响到员工的组织文化认同度。

本研究的所有假设及验证结果整理见表5.24。除了假设7c未能得到支持外，所有假设都得到完全支持或部分支持。以下将进一步讨论各主要变量之间的关联。

表5.24　本研究主要假设及验证情况汇总

假　设	假设内容	结　果
1	组织人际和谐对组织文化认同度有正向影响	支　持
2a	变革型领导对组织文化认同度有正向影响	基本支持
2b	变革型领导对组织人际和谐有正向影响	支　持
3	变革型领导会通过组织人际和谐来影响组织文化认同度	基本支持
4a	组织文化认同度对组织承诺有正向影响	支　持
4b	组织文化认同度对离职意向有负向影响	基本支持
5a	组织文化认同度在变革型领导对组织承诺的影响中起中介作用	基本支持
5b	组织文化认同度在变革型领导对离职意向的影响中起中介作用	基本支持

（续上表）

假设	假设内容	结果
6a	组织文化认同度在组织人际和谐对组织承诺的影响中起中介作用	基本支持
6b	组织文化认同度在组织人际和谐对离职意向的影响中起中介作用	基本支持
7a	员工的工作年限对组织文化认同度有影响	支持
7b	员工的年龄对组织文化认同度有影响	支持
7c	员工的教育程度对组织文化认同度有影响	不支持

5.6.1 组织人际和谐与组织文化认同度关系讨论

本研究证实了同事和谐、上下级和谐以及整体和谐均对员工的组织文化认同度有显著影响。

事实上，中国文化最基本的法则就是追求和谐与均衡（李亦园，1992），而相较于西方社会，华人在人际关系上总是倾向追求和谐、稳定和均衡（杨中芳，1992），当然在组织层面也不例外。我国的员工总是希望组织内部的人际气氛是友好、和谐、互相体谅的。

当组织内部的和谐气氛比较良好，员工愿意互相支持、互相体谅、互相分享信息时，员工的工作热情就会提高，也更容易适应组织的工作环境和气氛，相应地，对组织文化的认同也会有所提高。

因此，想要提高员工对组织文化的认同，除了加强文化建设外，在组织内部塑造和谐的气氛，也是必要的。

5.6.2 变革型领导、组织文化认同度与组织人际和谐关系讨论

变革型领导者能够凭借自己的个人魅力和魄力，为员工勾勒未来的愿景，激发出员工内在的动力和个人的潜力，达到超乎预期的成就。变革型领导对领导效能的影响早已得到证实，而在本研究中，变革型领导对组织文化认同度、组织人际和谐的影响也得到了确认，且变革型领导会通过组织人际和谐来影响组织文化认同度。

其中，心灵鼓舞和个性化的关怀这两个变革型领导的维度，对组织文化认同度和组织人际和谐的影响尤其显著。心灵鼓舞是指领导者描绘愿景，为员工树立更高的期望，激发员工精益求精、追求完美的能力；个性化的关怀则是领导者能够体恤员工、考虑员工个人需求的能力。

企业的愿景原本就与文化密切相关，良好的愿景和目标可以激发员工内心的渴望和斗志，让员工精诚团结、为实现组织的目标而努力，这自然

就使得组织中的和谐气氛变得浓厚，也让员工对组织的文化价值观更加认同。而个性化的关怀表现的是领导者人性化、温情的一面，这有助于改善上下级关系，营造和谐的氛围；而当员工感受到上级的关怀，有了温馨的感觉时，其对组织文化的认同度也会有所提高。

另外，变革型领导是一种强调团队合作和组织凝聚力的领导风格，特别是变革型领导的“理想化的影响力”这一维度，特别重视领导者凝聚人心、使员工为团队目标而努力的能力。因此，变革型领导必然有助于改善组织内部的人际氛围，提高员工对团队的向心力和凝聚力。这点与王锦堂（2002）的研究结果也是一致的。

由于组织人际和谐是存在于组织内部的一种氛围，而组织文化认同度则是个人层面的一种态度，因此变革型领导除了直接影响组织文化认同度外，也会通过改变人际氛围，在组织内部建立互相帮助、互相体谅的和谐气氛来提高员工的组织文化认同度。

5.6.3　组织文化认同度与组织承诺、离职意向关系讨论

本研究发现，员工的组织文化认同度对组织承诺有显著的正向影响，其中认知层面的认同度对组织承诺中的持续承诺和情感承诺有显著影响，而情感层面和社会化层面的文化认同度对组织承诺的三个维度（持续承诺、规范承诺和情感承诺）均有显著影响，仅行为层面认同度对组织承诺没有显著影响。另外，本研究也证明组织文化认同度对离职意向有负向影响。

由此可见，员工对组织文化的了解与否，会影响到其对组织的情感附着、投入感以及责任意识。对组织文化认同度愈高的员工，对组织的投入感和责任感愈强，也愈不会想要离职。

这点与既有的关于人与组织匹配的研究结果吻合，个人与组织在价值观上愈投契，工作满意度愈高（Cable & Judge，1996）、组织承诺愈高，也愈不容易离职（Chatman，1991）。

拥有对公司高度认同、高度投入而且不轻易离职的员工，是每一家企业都希望的。由此看来，加强组织文化建设、提高员工的文化认同度势在必行。

5.6.4　组织文化认同度的作用机制讨论

本章全面考察了组织文化认同度的作用机制。组织文化认同度的相关作用过程机制可以归纳如下：

首先，在组织文化认同度的前因变量部分，证实了组织人际和谐对组

织文化认同度有影响，变革型领导也对组织文化认同度有影响；而变革型领导除了直接影响组织文化认同度外，也会通过组织人际和谐来对组织文化认同度产生影响。

其次，在组织文化认同度的结果变量部分，证实了组织文化认同度对组织承诺有显著的正向影响，对离职意向则有显著的负向影响。

再次，变革型领导会通过组织文化认同度而影响组织承诺和离职意向。本研究通过偏相关分析和结构方程模型发现，在变革型领导对组织承诺、离职意向的影响中，组织文化认同度起中介作用。换句话说，变革型领导者通过自己的个人魅力和对员工的关怀，改变、塑造了员工的价值观和思想，提高了员工对组织文化理念和规范的认可，进而使得员工愿意不断地为组织付出，把组织视为自己的家，愿意持续地在组织工作而不会随意离职。变革型领导就是通过这样的机制来起作用的。

最后，组织人际和谐也同样会通过组织文化认同度来影响组织承诺及离职意向。事实上，已有的研究也表明，组织内部人际关系愈和谐，组织承诺和工作满意度和个人绩效就愈高（钟昆原、王锦堂，2002）。然而，本研究却证实了组织文化认同度在组织人际和谐的影响机制中起中介变量的作用。由于组织人际和谐是一种员工对组织氛围的感知，而组织文化认同度、组织承诺和离职意向都是个人层面的态度，因此可以解释为：组织内部营造出互相尊重、互相帮助的和谐氛围，不但可以提高员工对组织文化和价值观的认同，而且通过提高这种认同度，还可以进一步提升员工对组织的向心力和投入感，从而降低员工离职的可能性。

因此，本章的研究概念框架得到了完整的验证，这使我们对组织文化认同度的作用机制有了一个比较完整而深入的了解。

6 组织文化认同度及其作用机制之案例研究

前面的探索性及实证研究已经表明，员工的组织文化认同度对组织承诺、离职意向均有显著的影响，而组织人际和谐也对组织承诺和离职意向有影响。由于组织承诺关系到员工对企业的向心力、凝聚力和责任感，而离职意向更直接关乎企业人力资源成本的高低，因此，提升员工的组织文化认同度和改善组织内的人际和谐氛围，对企业而言至关重要。

根据前文的研究结论，本章以两家企业为例来阐释组织文化认同度及组织人际和谐在组织中的应用，说明提高员工对组织文化的认同度、改善企业内的人际和谐氛围在企业文化建设过程中的重要性。这两家企业分别为某国有烟草销售企业（以下称为 A 企业）及深圳某服装企业（以下称为 B 企业）。

6.1 A 企业案例研究

6.1.1 A 企业简介

A 企业是一家国有烟草销售企业，成立于 1984 年，目前员工总数近 500 人。在 1997 年以前，烟草行业完全处于计划经济体制内，职工人数、销售及利润均保持稳定。但在 1997 年以后，该企业导入市场化经营理念，开始锐意发展，10 年来职工人数从原本的 100 人增加至近 500 人，利润额更增长了 100 多倍。

A 企业近年导入了自动化、信息化的仓储、配销系统，所用技术在行业内处于领先位置。目前，A 企业在同区的烟草企业中，经营水平、管理水平已经连续 5 年被评为第一，并多次获评行业先进单位、企业最佳形象 AAA 级荣誉等。

除了技术方面的创新外，A 企业也十分重视文化建设。由企业领导人带头，A 企业于 2002 年出版了企业文化建设手册、企业道德建设手册等，并提出了“团结求实，创新高效”的企业精神。

然而，市场环境的变化对烟草企业的创新、效率、和谐等价值观提出了新的要求。此外，由于烟草行业属于垄断性行业，国家烟草总局对下属企业的规范较为严格，下属企业不但在文化方面必须遵循国家烟草总局定下的框架，而且在管理制度、薪酬等方面的硬性规定，也使A企业对员工的物质激励效果有所下降，必须诉诸文化等软性激励方式。这一切都对A企业的文化建设提出了新的挑战。

6.1.2　A企业文化现状的研究方法与过程

为清晰地了解A企业的情况，本研究采用实地考察、深度访谈以及问卷调查相结合的方法，对该企业进行了为期五天的全面调查。

深度访谈：首先对A企业的两位高层、10位中层管理者进行了深度访谈。访谈主要围绕以下内容展开：

（1）企业目前的优势及劣势；

（2）文化建设的历程以及企业文化的现状；

（3）行业的特性及其对文化的影响；

（4）员工对文化的理解及认同状况；

（5）受访者心目中理想的文化是怎样的。

问卷调查：采用综合式的正式调查问卷，包含组织文化类型、组织文化建设、组织文化认同度、组织人际和谐、变革型领导、组织承诺、离职意向等方面的内容，请该企业的15名中、高层管理者，10名基层管理者，以及包括市场营销、销售、物流、后勤等部门在内的195名普通员工填写，调查样本详细信息见表6.1。

表6.1　A企业调查样本信息

		频数（人）	百分比（%）	有效百分比（%）
性　别	男	134	63.8	63.8
	女	75	35.7	35.7
文化程度	高中/中专/职专	65	30.8	30.8
	大　专	90	42.7	42.7
	本　科	52	24.6	24.6
	研究生及以上	4	1.9	1.9
职　务	中、高层管理人员	15	6.8	6.8
	基层管理人员	10	4.5	4.5
	普通员工	195	88.6	88.6

（续上表）

		频数（人）	百分比（%）	有效百分比（%）
在本单位工作时间	3 年以内	69	33.8	33.8
	3～5 年	55	27.0	27.0
	6～10 年	60	29.4	29.4
	10 年以上	20	9.8	9.8
年　龄	25 岁以下	31	14.6	14.6
	26～30 岁	88	41.5	41.5
	31～35 岁	37	17.5	17.5
	36 岁以上	56	26.4	26.4

实地考察：为了更深刻地理解 A 企业的文化和管理状况，笔者实地到 A 企业的物流配送中心进行了两个小时的参访，实际了解员工的工作流程和精神状况。此外也参观了该企业的零售点、员工宿舍等，对 A 企业的情况有了一定的了解。

6.1.3　A 企业文化现状总体情况分析

1. 访谈分析

在烟草行业中，A 企业是较早开展企业文化建设的单位之一。在 1997 年执掌企业之后，现任领导人就十分重视文化理念的作用，提出了“团结求实，创新高效”的企业精神，先后出版了企业文化建设读本、企业道德建设读本等。A 企业对文化的提炼还远远不止这些，其管理团队还提出了大量的精神口号和标语，其中既有现代的内容，也有提取自《论语》《老子》等古书的语句，这些标语和宣传词遍布整个企业。

在访谈中，A 企业领导人认为：

文化最主要的用处是塑造人心、经营人心，对内要有大家庭的感觉，让员工实实在在地为企业干。

在烟草行业，文化的核心还得套到国家烟草总局的价值观里：国家利益至上，消费者利益至上，在这个笼子里跳舞，不可能超出这个范畴。

目前企业比较缺乏活力，由于国家烟草总局对工资基数的限制很死，员工的积极性受到影响。因此企业必须在国家烟草总局的框架里面，营造一种有活力、向上的氛围。

现在国家烟草总局的重点是效率。要讲高效，沟通是最重要的，因此需要提倡一种沟通的文化。另外也需要把绩效、组织和考评都贯彻下去，因此需要一种执行的文化。

现在主要应该提倡和谐，和谐的范围比团结更广。每个企业都有漏洞，如果不和谐，员工处处使坏，心情就不会舒畅。此外，规范、效率和活力，也是必须倡导的。

员工不是一开始就认同企业文化的，需要平息很多纷争。因此企业需要一套严密的方案，因时因地，逐步灌输，一层传一层，逐步把分散、有歧义的思想整合起来，这也需要后面整体的工作来支持，同时物质方面也要跟上。

从这些谈话中可以看出，A企业十分重视团结与和谐的气氛，这也是许多国有企业的共同特色。然而过度重视团结往往会降低效率和活力，加上国家烟草总局对下属企业制度、薪资总额方面的限制，以及企业内部过于复杂的人际关系，A企业员工的积极性为此受到影响，部分员工存在不求有功、但求无过的心态，团结有余，但活力和激情不足。

基本上，A企业是一家十分优秀的国有企业，在文化建设上也有独到之处。根据访谈记录，笔者总结出了A企业的5项优势：

（1）营销优势：A企业的营销网络和配送系统均十分先进，对零售终端的把握也较好，这使A企业的销售数据傲视同行。

（2）管理优势：A企业的整体管理制度较为规范，每个岗位都有具体的操作手册和相关规范，一切都有章可循，拥有良好的科学管理基础。

（3）团队优势：A企业员工对公司的向心力强，人人都有较强的团结意识，与企业荣辱与共。

（4）领导优势：现任领导人个人魅力强，有很强的执行力和规划能力，并且对企业的文化建设十分重视。

（5）文化优势：在同行业中，A企业属于较早开展企业文化建设的单位，“团结求实，创新高效”的企业精神、众多的口号和宣传词，形成了较为优秀的文化氛围。

然而与此同时，A企业的文化建设也存在一些问题：

（1）文化理念不够精练：自从2002年以来，A企业除了编撰企业文化建设手册、企业道德建设手册两本材料外，还大量提出各种精神口号、标语、格言等。然而理念提倡有余，精练程度却有些不足。在访谈中，许多员工均反映文化提得过多了，加上内容多变，很难弄清楚真正的核心是什么。

（2）文化宣传贯彻还有提升空间：A企业的文化宣传手段主要集中在手册编写以及张贴标语、口号上，其他的手段如员工文化培训、文体活

表 6.2　A 企业文化建设情况分析

条　目	百分比（%）
企业有明确的宗旨和理念	93
企业的制度和规范体现了企业的宗旨和理念	85
企业的标识、口号体现了企业的宗旨和价值观	81.4
企业的理念和宗旨深入人心	79
企业举办了丰富的文化、体育和娱乐活动	71
企业有定期举办企业文化培训	70.4

总而言之，从 A 企业的组织文化认同度和文化建设情况分析中可以看出，该企业呈现社会化层面和行为层面的认同度较高，认知层面和情感层面的认同度较低的状况，特别是认知层面的认同度，其得分偏低，这表明员工对企业文化的内涵不是非常了解。而从文化建设的状况来看，A 企业的表现不错，基本的宗旨和理念都有提炼出来，但是在文化培训、文体活动等实施层面上还不够完善。

A 企业有很好的核心理念，却不能形成一套被员工理解、欣赏并且投入的文化体系，这其中可能的问题有三：一是文化理念提得过多，没有经过足够的提炼，各种口号、观念繁多且经常变动，员工不知道真正核心的东西是什么；二是除了理念层外，企业文化还没有很好地与制度和行为挂钩，没有形成完整的文化体系；三是文化的培训和宣贯工作不足，特别是缺少对典型人物或事迹的提取和宣传。

6.1.4　A 企业组织人际和谐现状分析

采用本研究自行开发的组织人际和谐量表对 A 企业进行调查，结果发现（见图 6.3）：

（1）整体的人际和谐度处于中等水平。总体平均得分约为 4 分，这表明公司内部的和谐气氛不错，员工的团结、合作意识都比较强，工作上愿意互相支持、互相体谅。这与访谈的内容基本吻合，即 A 企业的团结气氛比较浓厚。然而过度重视和谐，也可能降低组织的创新和活力。

（2）在三个维度中，上下级和谐（3.85 分）的得分较低。这表示相较于同事之间以及部门之间的和谐，直属上下级之间的沟通和合作意识稍弱。在访谈中发现，A 企业存在人际关系较为复杂、部分空降人员不需努力就可坐享其成的现象，因而使得有些员工萌生不满情绪，这可能会对和谐气氛产生不良影响。

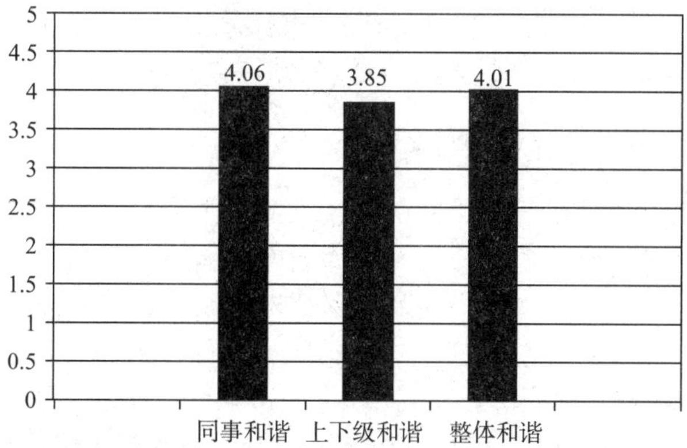

图 6.3　A 企业组织人际和谐现状分析

6.1.5　A 企业组织承诺及离职意向分析

本研究采用三维度的组织承诺量表（持续承诺、规范承诺及情感承诺）及离职意向量表来调查 A 企业，各维度得分见图 6.4。

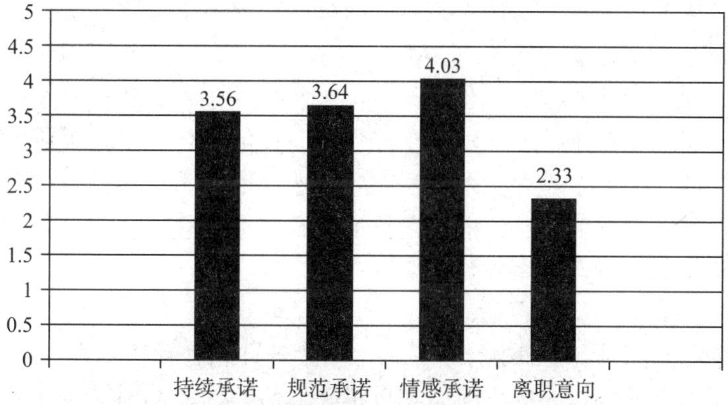

图 6.4　A 企业组织承诺及离职意向分析

由图 6.4 中可以看出，A 企业员工的组织承诺水平较高，组织承诺的平均得分为 3.74 分，且三个维度的得分均超过了 3.5 分。这表示整体而言，员工对企业的归属感相当不错，很愿意与企业共同成长、共同奋斗。在三个维度中，情感承诺（4.03 分）的得分最高，情感承诺反映的是员工对组织的归属感和感情，这表示企业的文化建设有不错的成效，员工对企业的情感投入较深，把自己视为企业的一分子。

此外，离职意向（2.33 分）的得分较低，这也很好地佐证了 A 企业员工对企业的向心力和投入感高，不太会出现想要离职的情绪。

总体而言，组织承诺和离职意向的分析显示，A 企业对员工而言是一家不错的企业，员工对企业有归属感、责任感，愿意持续留在企业效力，这对A企业而言，是一笔巨大的财富。

6.1.6 A企业文化建设对策建议

经过上面的调查和分析，总的来说，A企业是一家十分优秀的国有企业，除了在市场营销、技术投入和管理制度方面表现不错外，其企业文化建设也有独到之处，员工对公司的认同感和归属感较高，团结和谐的气氛较浓。然而，A企业在文化建设上，也存在一些问题：

（1）文化理念不够精练、完善。

A企业很早就开始了企业文化建设工作，除了“团结求实、创新高效”的企业精神外，精神口号、标语的提出也是不遗余力，并编撰了企业文化建设手册、企业道德建设手册等材料。然而，A企业提出的文化理念过多，没有经过进一步的提炼和系统化，从而导致许多员工无法了解这些文化中真正最核心的是什么。此外，由于烟草企业的文化必须遵循国家烟草总局的框架，而这个框架经常会发生变动，每当框架发生变动时，A企业必须提出相应的理念，这样一来，理念就变得愈来愈多，员工也就更难真正理解企业文化的内涵了。

（2）文化制度和实施不够系统。

A企业的文化建设主要集中在理念层，宣传工具主要是手册以及各种各样的标语。但除了理念层外，配套的特殊制度几乎没有，也没有专门的文化培训和宣导规划，这使得许多员工尽管知道企业有很多文化理念，却不晓得该如何将它们运用到日常工作中。

（3）和谐与活力的矛盾。

A企业的团结和谐气氛十分浓厚，员工彼此相处和睦、愿意互相帮助，同时员工对企业的投入感和归属感也很强。然而与此同时，企业的活力却显得不足，创新氛围不是很浓厚。和谐有余而活力不足，是A企业目前的问题之一。

事实上，严格的制度也在某种程度上压抑了员工的活力。A企业属于垄断性的国有企业，基本上没有市场竞争的压力，员工原本就容易产生吃大锅饭的心理。而国家烟草总局又制定了严格的管理制度，其中限制工资基数总额和明定各类员工绩效薪酬比例这两点，使得考核制度的激励作用难以发挥，员工自然很容易得过且过、不愿意投入创新了。

针对A企业文化建设的现状及存在的问题，我们提出了几项对策建议：

（1）理念层方面。

以国家烟草总局的“两个至上”（国家利益至上，消费者利益至上）

文化框架为准，在A企业现有基本精神和理念的基础上，对众多的口号、标语和概念进行提炼，形成一套精练的、容易记忆的、符合A企业现状和战略规划的文化体系，其中应该包含经营理念、企业愿景、服务理念等在内，形成一套完整的系统，让员工能迅速了解公司文化的精髓，并能够运用到日常工作中。

（2）制度层方面。

在理念层的基础上，利用一些特殊制度来强化文化的作用，例如设立文化单项奖，奖励最能体现公司文化的员工；设立企业文化日（与公司日结合）；发掘优秀的员工和典型事迹，给予表扬和宣导；设立企业文化展室，收集与文化相关的语录、小故事等。文化制度也是一种非物质的激励措施，可以用来弥补物质激励的不足，提升员工的活力和投入感。

（3）实施方面。

成立企业文化指导小组，各级干部都要起到文化建设的带头作用。加强文化培训，一级一级地把文化理念贯彻下去。另外，将文化和考核结合，定期考查各部门文化建设的成效，加强文化建设的执行力。

6.2 B企业案例研究

6.2.1 B企业简介

B企业是国内一家知名的民营服装企业，总部位于深圳，成立于1975年。经过三十多年的经营，目前B企业已经发展成为一家现代化的大型企业，员工总数近4 000人，其生产的产品以过硬的质量、良好的品牌声誉，以及连续十年以卓越的业绩获得“中国同类产品销售第一”的称号，在同类服装产品中占据着国内龙头企业的位置。

迄今为止，B企业的零售业务遍及中国大陆、香港、澳门等40多个大型城市，销售点达1 000多个，并外销到东南亚、欧洲等海外地区。并且B企业已于2007年完成上市。

然而，目前服装行业竞争激烈，消费者需求变化快，不但国内竞争者水平日益提高，国外知名品牌也不断涌入，威胁到B企业的市场地位。与此同时，B企业的内部管理也出现了很多问题。因此，B企业的主要领导人决定从组织文化入手，对内更新员工观念，提高组织管理水平和组织核心竞争力；对外树立良好形象，巩固并提高自己的市场影响力，从而实现组织二次创业。笔者应用本研究成果，对该企业现有文化进行诊断，并给出该企业今后在文化建设方面的方向和方法的对策建议。

6.2.2 B企业文化现状的研究方法与过程

为了清晰地了解B企业的情况，本研究采用深度访谈、问卷调查、实地考察等方法，对该企业进行了为期一周的全面调查。

深度访谈：首先对公司的总监及总监以上共11位高层、10名中层管理者进行深度访谈，对15名基层管理者以及基层员工进行团体焦点座谈。访谈主要围绕以下内容展开：

（1）企业目前的优势及劣势；

（2）文化现状以及传播文化的措施和传播效果；

（3）员工对文化的理解及认同状况；

（4）受访者心目中理想的文化是怎样的。

问卷调查：采用综合式的正式调查问卷，包含组织文化类型、组织文化建设、组织文化认同度、组织人际和谐、变革型领导、组织承诺、离职意向等方面的内容，请该公司的6名中层管理者、21名基层管理者和21名普通员工填写。调查样本详细信息见表6.3。

表6.3 B企业调查样本信息

		频数（人）	百分比（%）	有效百分比（%）
性 别	男	15	31.3	31.3
	女	32	66.7	66.7
文化程度	高中/中专/职专	3	6.3	6.3
	大 专	19	39.6	39.6
	本 科	23	47.9	47.9
	研究生及以上	2	4.2	4.2
职 务	中层管理人员	6	12.5	12.5
	基层管理人员	21	43.8	43.8
	其他人员	21	43.8	43.8
在本单位工作时间	1~4年	31	64.6	64.6
	5~9年	9	18.8	18.8
	10~15年	4	8.3	8.3

实地考察：为更深刻地理解该企业的文化，笔者实地到B企业的生产车间进行了两个小时的参访，实际了解员工的工作状况和想法。此外也参观了包含专柜、专卖店等各种类型的销售网点，对B企业的营销情况有了一定的了解。

6.2.3 B企业文化现状总体情况分析

1. 访谈分析

早在B企业刚成立时，尽管还没有完整的企业文化体系，但B企业的创始人就已经提出了“提供需求，创造价值；协调和谐，提高效率；追求卓越，永无止境”的核心理念，被称为“24K金”，并要求每位员工都要熟悉这些基本理念。B企业创始人认为：

我们的企业精神是“追求卓越，永无止境”。我们做事要一丝不苟、精益求精，永不松懈。

提供需求是我们经营行为的出发点，创造价值才是我们要达到的目的。我们的产品必须是消费者的需求，不然就没有价值；我们每个人的劳动或服务不管是对内还是对外，也都必须是提供需求，否则也是没有价值的。没有价值的产品或服务是没有存在意义的。我想我们每个人都会是一个很有价值的人。这是我们应有的价值观。

协调和谐是我们管理的出发点，而提高效率才是我们的目的。没有协调和谐就不可能有好的效率。工作要畅通，不能有“缩颈”。我们每个人都要管理、被管理或自我管理，因此，在言行上就要时刻注意协调和谐，如果我们的言行伤害了协调和谐，那就是犯了错误。

从这些谈话中可以看出，B企业自创始之初就十分重视消费者的需求、产品质量以及创新，可以说，这样的核心理念在B企业的成长和成功中，扮演着不可或缺的角色。此外，B企业的核心理念中有“协调和谐，提高效率”的说法，可见该企业十分重视内部的和谐和团结氛围，并认为和谐是效率的基石。这种说法也和现在的“和谐社会”理念不谋而合。

然而，随着外部环境的不断变化，服装行业市场竞争的加剧，新品牌的不断涌现，B企业也逐渐出现一些问题，如市场反应能力变慢，产品推陈出新的速度变慢；机构臃肿，人浮于事，关键岗位员工流失；部门间协作不够，文山会海，效率低下，等等。

根据访谈记录，笔者总结出了B企业的8项优势：

（1）质量优势：B企业的产品和服务具有高度的质量保证，在市场上拥有竞争的本钱，即使和外国品牌相比也并不逊色。

（2）营销优势：经过三十多年的耕耘，B企业在全国建立起较为完善的营销网络，对销售渠道的把握度高，销售队伍也十分优秀。

（3）品牌优势：作为行业内老字号的公司，B企业的品牌目前在中国内地和香港都名列前茅，品牌资产雄厚。

（4）信誉优势：创始人自始至终都坚持规范经营、严守诚信，因此在员工和消费者之间都树立了良好的信誉。

（5）人才优势：该企业有很强的人才培育能力，无论是技术团队、营销团队或是管理干部，在行业内都是佼佼者。

（6）管理优势：B企业坚持制度化、科学化管理，在行业内率先通过ISO9001认证，并导入了信息管理系统，拥有坚实的科学管理基础。

（7）领导优势：B企业的创始人德高望重，拥有很强的创新能力和执行力，无论从个人魅力、魄力还是能力来看，都具备强大的影响力，深得员工的爱戴。

（8）文化优势：B企业很早就提出了号称“24K金”核心理念，以此为基础形成了相对优秀的文化氛围，这也是企业成功的关键之一。

然而与此同时，B企业也存在着5项劣势：

（1）企业老化：经过三十多年的发展，B企业也不可避免地出现了许多老化的征兆，特别是机构臃肿、人浮于事、官僚主义、文山会海、效率低下等，成为企业进一步发展的障碍。

（2）市场反应及创新速度变缓：尽管B企业十分重视消费者需求和市场需求，然而由于服装行业竞争日趋激烈、环境瞬息万变，B企业也逐渐有些跟不上市场变化的速度了。特别是与一些优秀的竞争对手相比，B企业受到企业老化的影响，反应速度偏慢，新产品的开发与上市速度逐渐丧失了优势。

（3）文化异化：尽管公司很早就提出了“24K金”核心理念，但在长期发展过程中，公司并没有围绕核心理念建立一套系统化、可操作的完善的文化体系，因此很多员工不清楚公司真正提倡的是什么，即使知道，理念也没有变成员工广泛的行动，产生文化异化的现象。

（4）人文关怀、人际和谐不足：许多员工反映公司上层是人治成分多，下层对员工却是严格的制度管理，人文关怀少，很多员工感受不到平等、尊重的气氛。同时部门间推诿扯皮较严重，未能上下一心，以和谐创造效率。

（5）人力资源管理制度化不足：尽管B企业培育人才的能力很强，但由于人力资源管理规范程度不够、人治色彩偏重，导致公司凝聚力下降，吸引、保留核心人才的能力不足，许多关键岗位人才流失较严重，B企业变成了该行业的“黄埔军校”。

从访谈中，可以总结出B企业是一家以层级文化为主，兼有市场导向文化特色的公司，在制度建设、市场意识、产品质量等方面表现优秀。然而由于企业老化，目前存在着企业活力不足、对员工关心不够、对环境反应速度减慢、员工对企业文化的认同度不高等问题。

2. 文化类型分析

本研究采用 Cameron & Quinn（1999）的组织文化评价量表，对 B 企业的文化类型进行了分析。

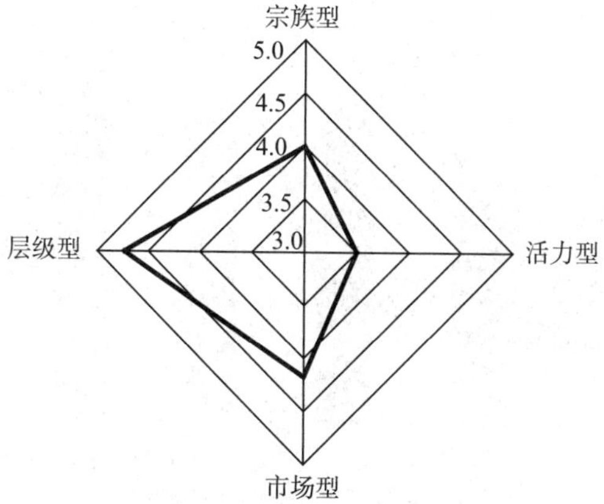

图 6.5　B 企业文化类型图

从图 6.5 中可以看出，B 企业的主导文化类型是层级文化（4.7 分），同时兼有市场文化（4.2 分）的特质，属于层级—市场型文化。这与我们访谈的结论一致。

但 B 企业的活力文化特质（3.5 分）得分明显偏低，显示出企业创新能力较弱，活力较低。事实上，B 企业刚进入服装领域时，除了严格把关产品及服务质量外，还十分关注消费者需求，产品设计和推陈出新的速度快，因此市场占有率非常高，逐步成为行业内的龙头企业。但近几年，由于市场环境变化迅速，国内外竞争对手对产品和管理创新的重视程度日益提高，而 B 企业却还严守原本的设计和研发程序，对市场和创新的重视程度已然落在不少竞争对手后面，这导致企业的市场表现变差。

此外，B 企业的宗族文化（4.0 分）表现也稍弱，这表明公司对员工的关怀较为不足，人际和谐的氛围不够浓厚。由于 B 企业是行业的老大，管理体系比竞争对手先进，新员工在这家知名企业工作 2 ~5 年后，一般都能成为该行业各领域的能手，但这些骨干员工的离职率却非常高，致使 B 企业被戏称为行业的“黄埔军校”。究其原因，就在于公司并不重视员工的成长，对普通员工的尊重和关怀不够，并且人力资源管理制度不够规范。

3. 员工组织文化认同度分析

采用本研究开发的组织文化认同度量表，对 B 企业进行分析（见图 6.6）。结果发现 B 企业员工对组织文化的认同度属于中等偏低的程度（满分为5分）。其中社会化层面（4.0分）表现较好，这显示员工对企业有不错的归属感。然而认知层面（3.6分）和情感层面（3.7分）表现较差，这表明企业的文化并不成体系，员工对企业所提倡的文化价值观一知半解，而员工对企业的工作氛围、价值观和形象也比较缺少情感上的投入。

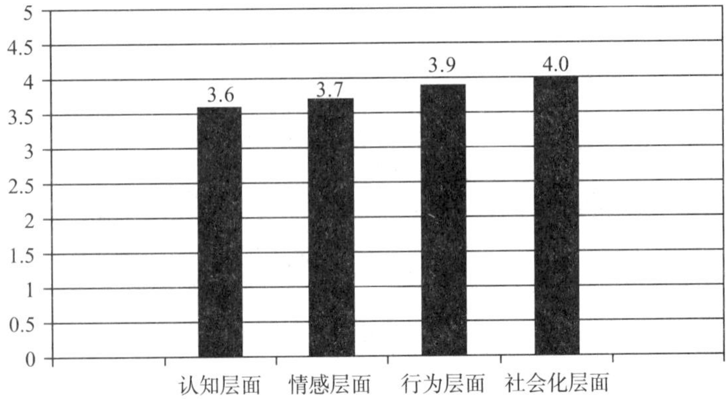

图6.6　B企业组织文化认同度分析

为了更直观地描述B企业的文化建设在哪个环节存在问题，我们对B企业组织文化认同度表现较差的两个层面——认知层面和情感层面进行了细化分析。从表6.4中可以看出，员工对B企业的品牌和形象较为赞赏（3.94分），这表明B企业数十年来树立的品牌形象已经深入人心。此外，员工对企业提倡的价值观（3.85分）、品牌形象和宣传词（3.75分）较为熟悉，这表明企业的核心价值观和品牌形象都为员工所熟知。然而，员工普遍对于企业的典型人物或事迹不甚熟悉（3.19分），也不清楚企业文化的优点和特色（3.46分），这表示除了“24K金”核心理念之外，B企业的文化并没有完全形成一个体系，也比较缺少典型人物或事迹方面的宣传，导致员工不太清楚自己企业文化的特点。另外值得注意的是，B企业的许多员工并不喜欢企业的工作氛围（3.29分），这表明B企业对人的关怀及尊重可能存在不足，这点将在下面的组织人际和谐分析中继续探讨。

表6.4　B企业组织文化认同度认知层面和情感层面细化分析

维　度	条　目	得　分
认知层面	我清楚地了解我们公司文化的内涵	3.71
	我可以说出本公司文化的优点和特色	3.46
	我对公司宣传的各种典型人物或事迹很熟悉	3.19
	我很熟悉本公司的品牌形象和宣传词	3.75
	我清楚地了解本公司所提倡的价值观	3.85

（续上表）

维 度	条 目	得 分
情感层面	我非常欣赏我们公司的文化价值观	3.63
	我认为公司提倡的价值观也是我的做事准则	3.75
	我很喜欢本公司的工作氛围	3.29
	我很赞赏我们公司的品牌和形象	3.94
	我为我们公司的文化感到自豪和光荣	3.73

总而言之，从B企业的组织文化认同度分析中，可以看出该企业呈现社会化层面和行为层面的认同度较高，认知层面和情感层面的认同度较低的状况，而且整体而言，员工对组织文化的认同度是偏低的。从细部分析可以看出，员工对组织的向心力尚可，也愿意为文化建设贡献心力，但有点无从着手的感觉；公司的“24K金”核心理念广为人知，但员工对整体的文化优点和特色却不熟悉，而且对目前的工作气氛也不太欣赏。

B企业有很好的核心理念，却没有形成一套被员工理解、欣赏并且投入的文化体系，这其中可能的原因有二：一是没有对组织核心理念进行细致分解和诠释，更没有很好地将其与制度和行为挂钩，没有形成完整的文化体系，系统性和可操作性不强；二是文化建设配套措施没有跟上，比如对企业的核心理念宣传培训少，对先进人物的宣传报道少等。

6.2.4 B企业组织人际和谐现状分析

采用本研究自行开发的组织人际和谐量表对B企业进行调查，结果如图6.7所示。

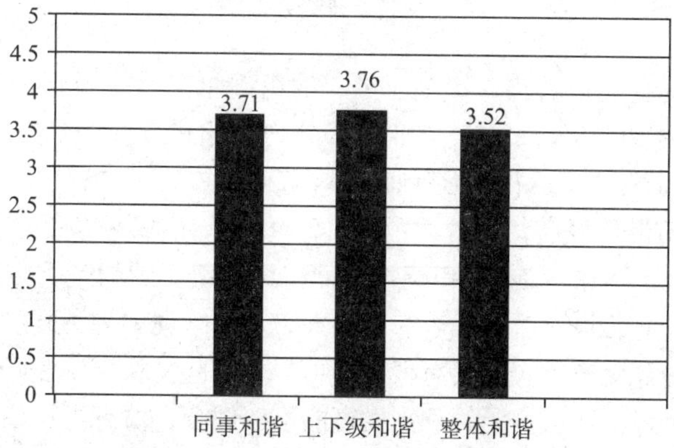

图6.7 B企业组织人际和谐现状分析

由图6.7可知：

(1) 整体的人际和谐度处于中等偏低的水平，总体平均得分为3.66分，而三个维度的人际和谐均没有超过4分。这表明公司内部的和谐气氛有改善的空间，员工之间的相处不够融洽，互相体谅、共同解决问题的意识不够强。这与访谈所得的内容基本吻合，即公司内部对普通员工的尊重、关怀比较不够。

(2) 在三个维度中，整体和谐（3.52分）的得分最低。整体和谐表现的是不同部门的员工之间是否融洽、温馨、互相帮助，该维度得分较低表明B企业部门之间的协作和互动不足，大局观念和整体意识比较薄弱，这与访谈所得的内容一致，即B企业存在部门间协作不足、互相扯皮导致效率下降的问题。

6.2.5 B企业组织承诺及离职意向分析

本研究采用三维度的组织承诺量表（持续承诺、规范承诺及情感承诺）及离职意向量表来调查B企业，各维度得分见图6.8。

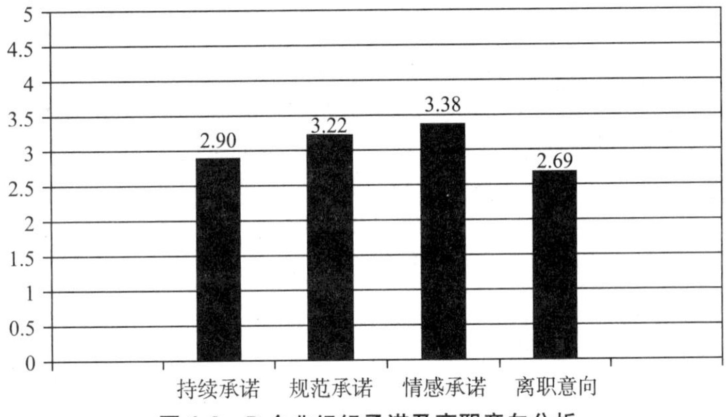

图6.8 B企业组织承诺及离职意向分析

由图6.8中可以看出，B企业员工的组织承诺水平较低，组织承诺的总平均得分为3.17分，而三个维度得分均未超过3.5分。这表示整体而言，员工对企业的归属感还有提高的空间。在三个维度中，情感承诺（3.38分）的得分最高，而持续承诺（2.90分）的得分最低；情感承诺反映的是员工对组织的归属感和感情，而持续承诺反映的是员工离开组织的机会成本，一定程度上可以代表组织的人力资源管理和福利制度水平。这显示员工并没有感觉离开企业会有很大的损失，由此反映出企业吸引、留住人才的能力有问题，人力资源管理制度可能不够健全，没有足够的诱因把骨干员工留下。

同样地，离职意向（2.69 分）的得分稍微偏高，这也显示员工对 B 企业的忠诚感不是很高，许多人不排斥找寻其他工作的机会。

总体而言，组织承诺和离职意向的分析显示，B 企业必须设法提高人力资源管理的水平，增加对员工的关怀和尊重，以提高吸引、保留人才的能力，否则 B 企业将可能继续作为行业内的“黄埔军校”，无法留住人才，目前的市场优势将面临巨大的挑战。

6.2.6 B 企业文化建设对策建议

经过上面的调查和分析，基本上可以肯定 B 企业是一家十分优秀的服装企业，在产品创新、市场营销、品牌建设及内部管理上均有独到之处，因此可以持续三十年而不坠。然而，发展到今天，B 企业在文化建设方面也出现了一些问题：

（1）文化体系不完善。

B 企业的创始人很早就提出“24K 金”核心理念，这些理念也早就深入人心。然而，B 企业却没有把核心理念细化、系统化地形成一套完整的文化体系，特别是缺少典型人物或事迹，也没有足够的文化培训和宣传活动，导致员工不是很清楚企业文化的具体优点和特色，文化认同度不够高，也无法很好地按照企业的理念进行操作。

（2）制度建设不完善，保留人才能力不足。

B 企业的员工组织承诺不高，特别是持续承诺的得分较低；与此同时，员工的离职意向较高，这表明企业吸引、保留人才的能力有待提高。

事实上，由于 B 企业有悠久的历史和优良的生产、营销体系，培养人才的能力很强，但这些培养出来的人才往往跳槽到别的企业，对 B 企业造成直接的冲击。因此，提高企业吸引、保留人才的能力非常关键。

（3）人际和谐与人文关怀不够。

目前 B 企业处于科学管理的初级阶段，在生产上一切按制度、流程行事，这是保障企业生产正常运作，提高产品质量的关键。然而，仅有硬性的管理是不够的。仅有严格的管理，员工感受不到企业对他们的关心，感受不到组织的温暖，企业缺乏凝聚力，生产效率也就难以提高。对 B 企业人际和谐的调查就发现，该企业人际和谐的氛围并不浓厚，特别是跨部门的整体和谐得分偏低，这表明 B 企业需要改善人文关怀和互相帮助的氛围。

仅有流程化、标准化和信息化是不够的，还需要人性化的关怀。人性化能弥补制度化、信息化的不足，重视信息化的同时重视人文关怀，是在提高企业效益的同时强化企业凝聚力的重要保证。

（4）外部竞争压力加大与内部创新不足的矛盾。

外部环境的竞争越来越激烈，顾客越来越求新求变，这要求 B 企业不断推陈出新，满足客户需求，但B企业的创新能力已被个别竞争对手赶超。

针对B企业文化建设的现状及存在的问题，我们提出了“两个继承”“三个转变”的对策建议。

（1）两个继承。

对外继承市场导向、规范经营，对内继承制度导向、严格管理。即同时继承并发扬层级文化和市场文化的优势。

（2）三个转变。

①从家庭企业变成企业家庭，增强家庭型文化建设。领导要有家长权威，关心员工发展；员工要对企业忠心，诚实敬业；企业要激励员工，使企业目标与员工利益一致，关爱员工，公平公正地对待员工；管理上，按照“法理情”的原则，以法管人，以理服人，以情感人；文化上，要营造积极向上的和谐氛围和充满激情活力的创业氛围。

②从一次创业到二次创业的转变，建设活力型文化。经过全体员工的共同努力，企业顺利地完成了一次创业，取得了在中国市场的领先地位。当前，面临充满风险、日趋激烈的市场竞争新环境，企业必须进行二次创业，提高企业的创新能力，打破陈规，使B企业成为全球范围内的优秀企业，实现永续经营。

③从科学管理的初级阶段向科学管理的高级阶段转变。这是提高组织文化强度的重要手段，也是建设家庭文化、巩固层级文化的重要举措。企业管理大致经历了经验管理、科学管理和文化管理三个阶段，目前B企业处于科学管理的初级阶段，主要特点是管理的制度化、信息化基础坚实，但人性化不足，对人的重视不够，员工工作是被动的，主动成分很少。科学管理的高级阶段是在制度化、信息化的基础上，增加人性化，使制度能被更和谐、更自觉地执行，提高效率。

除了上述的继承和转变外，为了解决B企业员工组织文化认同度不高，特别是认知层面的认同度低下的问题，还需要对企业文化进行通盘的设计和规划，具体建议如下：

（1）理念层方面。围绕“24K金”核心理念，规划出一套包含企业愿景、价值观、经营理念、管理理念、服务理念等在内的、全盘的、完整的文化体系，该文化体系必须符合B企业的现状、需求和战略规划，使员工能够迅速熟悉，并且运用到日常工作中。

（2）制度层方面。设立企业文化建设的特殊制度，如奖励资深员工的“员工忠诚奖”，设立各类文化单项奖、管理人员学习制度、企业文化日（与厂庆日结合）等。还需要发掘优秀的典型人物或事迹，给予表扬，以加深员工对文化的理解和认识。

7　报业组织文化及其作用机制案例研究

前面的探索性及实证研究已经表明，员工的组织文化认同度对组织承诺及离职意向均有显著的影响，而组织人际和谐也对组织承诺和离职意向具有影响效果。在第6章中，通过对两家企业的案例分析，也再次验证了组织文化认同度对企业的重要性，以及变革型领导、组织文化认同度、组织人际和谐等变量之间的交互作用。

然而，报业集团的特点和一般企业的并不完全相同，例如“事业单位、企业化管理”的管理模式、同时兼顾发行市场和广告市场的“二元经济”属性，以及在满足社会的信息需求、意识形态需求、宣传需求等方面的必要性等。因此，究竟报业集团的组织文化表现如何，组织文化认同度等变量的作用机制在报业集团内是否与其他企业不同等，是需要深入研究的。

本章以海峡两岸两家重量级的报业组织为例，阐释组织文化认同度及人际和谐在报业组织中的应用。这两个报业组织分别为台湾的《联合报》报业集团（以下称为《联合报》）以及广州的《南方都市报》。

7.1　《联合报》组织文化案例分析

7.1.1　案例简介

联合报系（英语译名：United Daily News Group）是台湾主要的中文报业集团之一，以《联合报》为核心事业，诞生于1951年9月16日。

《联合报》事实上是由三家报纸合并而成的，故称“联合”。1949年12月，由原《台湾经济快报》改组而成的《经济时报》复刊，由于感到当时台湾公营报纸独大，民营报纸在人力、资金等方面均十分缺乏，单打独斗极为不易，故于1951年9月16日，该报联合《全民日报》和《民族报》，发行了《全民日报、民族报、经济时报联合版》，采编工作由原来的三报共同出人出力完成，社务由原《民族报》负责人王惕吾、《经济时报》负责人范鹤言和《全民日报》负责人林顶立共同主持，但实质的领导者是王惕吾。这份奇特的联合版报纸，发行量蒸蒸日上，1953 年 9 月 16 日更名为《全民日报、民族报、经济时报联合报》，直到 1957 年 6 月 20 日才简化为如今的名字《联合报》。

1959 年，《联合报》搬入位于台北市康定路的新社址，同年对外宣称其年发行量突破 75 000 份，取代公营的《中央日报》，成为当时台湾第一大报纸。这也是台湾公营报纸和民营报纸之间势力此消彼长的关键转折点。

20 世纪 60 年代是台湾经济起飞的时期，也是台湾报业快速发展的年代。以《联合报》为首的民营报纸因为经营灵活加上言论相对开放，逐渐把公营报纸抛在后面。其年发行量在 1961 年突破 10 万份，1964 年突破 15 万份，1970 年《联合报》发行量已突破 40 万份，足足比创刊时的 12 000 份增加了 30 倍以上；《联合报》的员工也增加到 1 000 多人，广告收入在 1971 年达到 7 800 万元台币，执台湾报业之牛耳。

在自身业务快速增长的背景下，《联合报》开始积极开拓多元化市场。由于当时台湾报纸仍在“报禁”之下，每天报纸篇幅不得超过两大张（后增为三大张），信息量极为有限；为了更好地发挥传播效果，《联合报》在王惕吾的主导下，先后于 1961 年创立《现代知识》（后改名为《联合周刊》），1964 年创办《联合报》国外航空版，1967 年买下《公论报》并将其改组更名为《经济日报》，该报成为台湾销路最广的经济性专业报纸。

1971 年，《联合报》迁入在台北市忠孝东路新建的十层报社大楼。1972 年，两位合伙人范鹤言、林顶立决定出售所持股份，由台湾“经营之神”——台塑集团创办人王永庆接手。然而王永庆在仅半年后就决定退出，把所有股权转让给王惕吾。1974 年，《联合报》结束长达二十多年的合伙制经营，改组为股份有限公司，王惕吾任董事长。

改组后的《联合报》发展依然迅猛，1974 年创立联经出版事业公司和中国经济通讯社，1976 年在北美成立《世界日报》，1978 年创办台湾第一份生活娱乐报纸《民生报》，1981 年创立《联合月刊》（1988 年改名《历史月刊》），1982 年在法国创办《欧洲日报》，成为跨足报纸、杂志、出版、通讯社的综合性传媒集团。其中《世界日报》和《欧洲日报》以美国和欧洲的侨胞和华人为目标读者，是海外最重要的中文报纸之一。1980 年，《联合报》对外宣布发行量突破百万份。

1987 年 12 月 1 日，台湾“行政院”新闻局正式宣告，台湾将于 1988 年 1 月 1 日解除“报禁”，报业进入百家争鸣的时期。近年来台湾报业竞争空前激烈，加上有线电视、互联网等媒介的冲击，民众阅报率整体下降；另外受到《自由时报》《苹果日报》等的冲击，《民生报》《欧洲日报》先后停刊；而《联合报》的发行量和阅报率也受到打击，目前其发行量次于《苹果日报》和《自由时报》，已不复过去之地位。由于利润逐年下滑，2009年12月，《联合报》总部搬迁至台北县汐止市的联经出版公司总部，原位于忠孝东路的大楼则被拆除，出售土地以换取资金。

2000年，为了顺应互联网时代的趋势，《联合报》成立联合线上股份有限公司，主要包括“联合新闻网”和“联合知识库”两个事业体，并有网络城邦、数位阅读网、数位版权网等事业。联合新闻网为《联合报》集团线上的电子媒体，包括《联合报》系统除《世界日报》外的新闻，其每日阅读的网民数量居台湾前三，目前为中文网络电子报的大宗。“联合知识库”则为新闻数据库，完整收录联合报系五十年来1 000万则新闻和资料照片，并支援大英百科、商业周刊等数据库的查询。

目前联合报系拥有《联合报》《经济日报》《联合晚报》《世界日报》等报纸，以及联经出版事业公司、联合文学出版社、中国经济通讯社等事业体。

目前，尽管《联合报》的发行量和阅报率均远不如全盛期，但其影响力和社会重视度仍不容小觑；《联合报》的发行量目前高居全台湾所有报纸第三位，仅次于《苹果日报》和《自由时报》。台湾最大的门户网站Yahoo！奇摩公布的2010“理想新闻媒体大调查”中，《联合报》的每日阅读率为14.5%，仅次于《苹果日报》和《自由时报》。此外，虽未能夺下“最理想报纸”宝座，但《联合报》却获得“最佳政治新闻”“最佳财经新闻”和“最佳国际新闻”三大分类新闻奖项的肯定，同时在“专业度”“正确性”“公信力”“教育功能”“深度”“社会关怀”和“国际观”七大指标中排名第一，显见《联合报》仍然拥有相当高的民众支持度。

7.1.2 量表与抽样过程

本次调查问卷主要由六部分构成：组织文化类型、组织文化认同度、组织人际和谐、组织承诺、离职意向以及个人基本资料。

组织文化类型部分，采用Cameron & Quinn的竞争价值观框架，利用两个主要的维度（灵活性/稳定性，关注内部/关注外部），将企业文化分成四个主要类型：

（1）宗族型（Clan）：像一个大家庭，强调凝聚力、团队合作和协商。

（2）活力型（Adhocracy）：充满活力，鼓励创新、自主和冒险。

（3）层级型（Hierarchy）：非常正式的工作环境，关注的是稳定性和可靠性。

（4）市场型（Market）：结果导向，强调在竞争中胜出以及达成目标。

该量表共24题，其中每6题对应一种文化类型。

组织文化认同度部分，采用本研究所编制的组织文化认同度量表，该量表共20题，分为四个维度（认知层面认同度、情感层面认同度、行为层面认同度和社会化层面认同度）。该量表内部一致性系数分别为0.79、0.83、0.84和0.73，具备较高的信度。组织人际和谐部分采用本研究所编制的组织人际和谐量表，共13题，分别测量同事和谐、上下级和谐以及整体和谐，其内部一致性系数分别为0.90、0.90和0.85。

组织承诺（Organizational Commitment）是横跨管理学和社会学的概念，指员工随着对组织“单方面投入”的增加而产生的一种甘愿全身心地参与组织工作的感情。加拿大学者Meyer & Allen把组织承诺区分为三个维度：持续承诺指员工努力工作是为了保住自己既有的职位和福利；情感承诺指员工对组织存在的感情和忠诚；规范承诺则指员工对组织产生了责任感和义务感。这三个维度是目前最被广泛接受的组织承诺模型。

离职意向是指员工在一定时期内变换工作的可能性。许多学者都建议在研究中用离职意向代替实际离职行为，因为离职行为受到很多外在因素的影响，难以预测。

本研究在组织承诺部分的测量采用Meyer & Allen编制的组织承诺量表，该量表共18道题，分为持续承诺、规范承诺和情感承诺三个维度；离职意向部分的测量采用Michaels & Spector编制的离职意向量表，只有一个维度，6道题。本研究所采用的量表均为李克特五点量表，选项由1至5分别为非常不同意、不同意、不确定、同意和非常同意。

作为台湾地区曾经的第一大报，《联合报》尽管现在的发行量和阅报率退居第三，但仍具备很大的影响力，因此本研究选择《联合报》为调查对象，在一定程度上可以说明台湾地区报纸从业人员的整体状况。联合报系除去出版事业群以及派驻在外的人员，在台北市总部的员工总数仅有500人左右，在2009年总部搬迁至新北市汐止区后，人员进一步裁减。本研究在2009年10月至12月间，通过该报系人力资源部进行问卷发放，采用配额抽样方法，依照各部门的员工比例发放问卷，共发出200份问卷，回收有效问卷164份，有效回收率为82%。

7.1.3 数据分析

1. 样本基本资料

164位受测对象的平均年龄为35.5岁，其中56%为女性。59%的人在联合报系已经工作了15年以上。63%的人拥有大学本科以上学历，其中11%为研究生以上的学历。职位类型方面，27%为行政后勤部门人员，

22%为营销、销售人员，16%为基层主管，14%为采编人员（见表7.1）。

表7.1 《联合报》调查样本信息（$N=164$）

		频数（人）	百分比（%）	有效百分比（%）
性 别	男	64	39.0	39.0
	女	81	49.4	49.4
文化程度	高中/中专/职专	3	6.3	6.3
	大专	19	39.6	39.6
	本科	23	47.9	47.9
	研究生及以上	2	4.2	4.2
职 务	中层管理人员	6	12.5	12.5
	基层管理人员	21	43.8	43.8
	其他人员	21	43.8	43.8
在本单位工作时间	1~4年	31	64.6	64.6
	5~9年	9	18.8	18.8
	10~15年	4	8.3	8.3

2. 《联合报》文化类型分析

本研究采用Cameron & Quinn（1999）的组织文化评价量表，对《联合报》的文化类型进行了分析。

表7.2 《联合报》文化类型各维度得分

	宗族型	活力型	市场型	层级型
《联合报》文化类型各维度得分	3.34	3.33	3.45	3.55

由表7.2和图7.1可以看出，《联合报》具有很明显的层级型文化特质。这种文化的特点是组织具有非常正式、有层次的工作环境，员工做事通常有章可循。领导以协调者和组织者的形象出现，组织靠正式的规则和政策凝聚员工，关注的长期目标是组织运行的稳定性和有效性。组织的成功意味着可靠的服务、良好的运行和低成本。重视稳定、规则、服从，以及对成本控制的高度重视是这类型文化的特色。

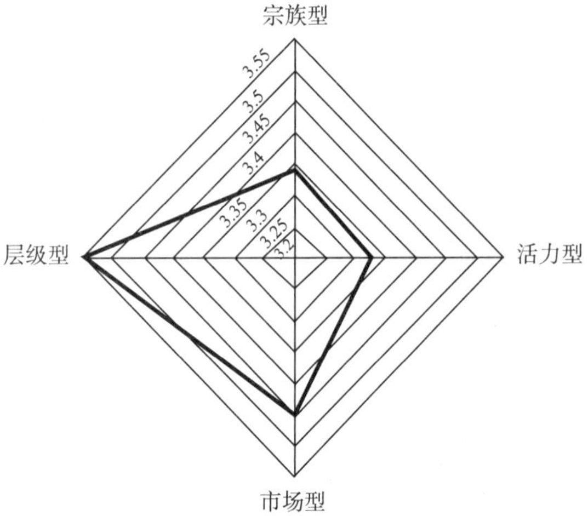

图 7.1 《联合报》文化类型图

在我国台湾地区，《联合报》是知名的老牌民营报纸，一向由创办人家族经营，在经营管理方面较为保守，至今依然保有文人办报的传统。而《联合报》给予员工的薪酬待遇，在台湾的传媒界可说排名前列，同时工作十分稳定，员工只要不犯大错，一般而言一做就是几十年，甚至做到退休也没问题。在过去对《联合报》员工的访谈中，不少员工也表示“这里的工作就是稳定”“待遇不错，公司也比较受人尊重”。这样一家老牌、规模较大、具有完整的组织结构和管理体系，并对员工的稳定性和服从要求甚高的报社，具有较显著的层级型文化特质，也是可以理解的事。

另外，《联合报》的活力型、宗族型文化得分偏低，这也反映了老牌报业集团的问题。在《联合报》创办时期，作为和台湾《中央日报》《中华日报》等公营报纸抗衡的少数民营报纸，《联合报》靠着较开放的言论、对新科技的掌握以及灵活的经营方式，一路成长，成为台湾销量最大的报纸。但在 1988 年台湾“报禁”解除后，新的报纸如雨后春笋般出现，其中如《自由时报》《苹果日报》均采用了比《联合报》更新颖灵活的经营管理模式，特别是《苹果日报》，其将香港的传媒运营方式引入台湾，对台湾本土报业集团造成了巨大冲击。相形之下，已经超过 60 岁的《联合报》难免显得创新力度不足、组织较为臃肿而缺乏灵活应变的能力。同时，在创办人王惕吾在世时期，《联合报》秉持着文人办报的传统，整个报社上下一心，以发扬报社“社会公器”的风范、揭露社会真相为己任，具有高度的团结精神和凝聚力。然而自从创办人过世后，随着报社规模不断扩大，加上社会风气和传媒业界本身的转变，如今的《联合报》已较为缺乏当年那种凝聚力和大家庭的感觉。这种内部和谐和凝聚意识的欠缺，也是目前《联合报》内部管理的问题之一。

3.《联合报》组织文化认同度、组织人际和谐、组织承诺与离职意向分析

表7.3列出了《联合报》的主要变量（组织文化认同度、组织人际和谐、组织承诺和离职意向）及其各个维度的得分。本研究全部采用李克特五点量表，其中由1至5分别为非常不同意、不同意、不确定、同意和非常同意。因此一般而言，该变量平均得分超过3分，意味着员工对该变量的陈述看法较为正面；平均得分若超过4分，一般而言意味着员工对该变量的陈述看法极为正面。

表7.3 《联合报》组织文化认同度、组织人际和谐、组织承诺、离职意向及各维度得分

变　量	平均值	标准差
组织文化认同度	3.66	0.49
认知层面认同度	3.65	0.60
情感层面认同度	3.56	0.61
行为层面认同度	3.71	0.52
社会化层面认同度	3.73	0.57
组织人际和谐	3.40	0.71
同事和谐	3.52	0.74
上下级和谐	3.27	0.85
整体和谐	3.39	0.76
组织承诺	3.52	0.62
持续承诺	3.61	0.62
规范承诺	3.38	0.72
情感承诺	3.57	0.76
离职意向	2.49	0.90

由表7.3可以看出，《联合报》在员工的组织文化认同度、组织人际和谐和组织承诺三个维度上的得分大致处于中等水平，而“离职意向”得分低于中间值3。整体而言，这意味着《联合报》员工对组织文化的认同度较高，感知到的组织人际和谐度较高，对组织持续投入的意愿也较高，同时在未来一定时间内离职的主观意愿较低。

从组织文化认同度的四个维度来看（见图7.2），《联合报》员工在行为

层面认同度和社会化层面认同度两方面得分较高，这意味着《联合报》员工愿意主动维护公司的声誉和品牌，同时对公司有较强的归属感，将公司的价值观和规范内化为自身的一部分。然而他们在认知层面和情感层面的表现较差，特别是情感层面的表现最差。这显示公司的文化尚未很好地形成体系，员工对公司所提倡的文化价值观尚处于一知半解状态，对公司的工作氛围、价值观和形象的情感投入较少。

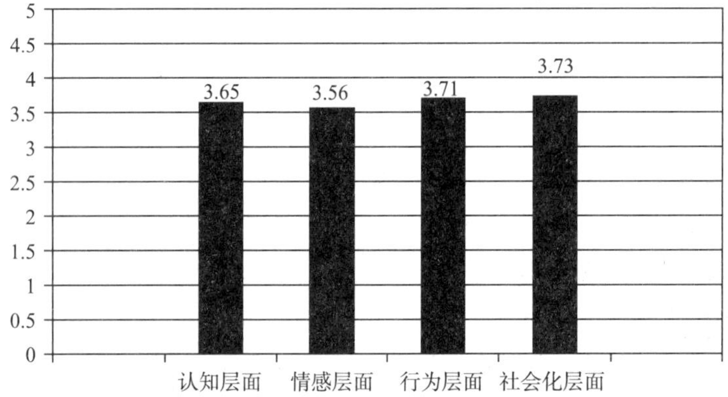

图 7.2 《联合报》组织文化认同度各维度得分

为了更直观地理解《联合报》员工的组织文化认同度表现，我们将表现较差的认知层面和情感层面维度进行了细化分析，见表 7.4。

表 7.4 《联合报》员工组织文化认同度认知层面和情感层面细化分析

维　度	条　目	得　分
认知层面	我清楚地了解我们公司文化的内涵	3.49
	我可以说出本公司文化的优点和特色	3.46
	我对公司宣传的各种典型人物或事迹很熟悉	3.68
	我很熟悉本公司的品牌形象和宣传词	3.43
	我清楚地了解本公司所提倡的价值观	3.71
情感层面	我非常欣赏我们公司的文化价值观	3.44
	我认为公司提倡的价值观也是我的做事准则	3.73
	我很喜欢本公司的工作氛围	3.73
	我很赞赏我们公司的品牌和形象	3.69
	我为我们公司的文化感到自豪和光荣	3.69

以3.5分为分界线，从表7.4中可以看出，相对而言，员工较为清楚公司所提倡的价值观（3.71分）、认为该价值观也是自己的做事准则（3.73分），同时表示喜欢公司的工作氛围（3.73分）。然而，员工普遍表示不甚熟悉公司的品牌形象和宣传词（3.43分）、不了解公司文化的内涵（3.49分）、不欣赏公司的文化价值观（3.44分），并且往往说不出公司文化的优点和特色（3.46分）。显然，《联合报》在组织文化的宣传和教育方面仍存在缺失，因此导致许多员工对公司的文化、品牌和宣传词不甚了解，也说不出公司文化的优点。

总而言之，从《联合报》的组织文化认同度分析中，可以看出该公司员工对组织文化呈现社会化层面和行为层面的认同度较高，认知层面和情感层面的认同度较低的现象，而且整体而言，员工对组织文化的情感层面认同度是偏低的。从细部分析可以看出，员工对组织的向心力尚可，也愿意为组织的文化建设贡献心力，但因为对公司文化不够了解而显得有点无从着手。

公司有很好的核心理念，却不能形成一套被员工理解、欣赏并且投入的文化体系，这其中可能的原因有二：一是没有对组织核心理念进行细致的分解和诠释，更没有很好地将其与制度和行为挂钩，没有形成完整的文化体系，系统性和可操作性不强；二是文化建设配套措施没有跟上，如对公司的核心理念宣传培训少，对先进人物的宣传报道少等。

接下来，采用本研究自行开发的组织人际和谐量表对《联合报》进行调查（见图7.3），结果发现：

（1）整体人际和谐度处于中等偏低的水平，总体平均得分为3.39分，而三个维度的人际和谐没有超过4分。这显示公司内部的和谐气氛有改善的空间，员工之间的相处不够融洽，互相体谅、共同解决问题的气氛不够浓厚。

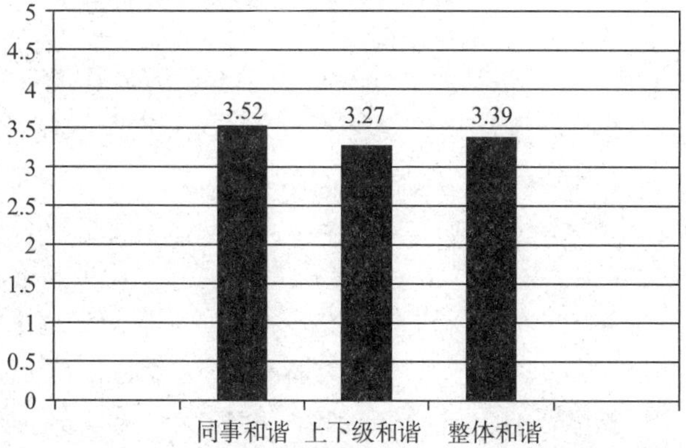

图7.3　《联合报》组织人际和谐各维度得分

（2）在三个维度中，上下级和谐（3.27分）的得分最低，次低的是整体和谐（3.39分）。上下级和谐反映的是同一部门的领导和下属之间是否互相帮助、互相尊重和关怀，而整体和谐则表现在不同部门的员工之间是否融洽、温馨和互相帮助。上下级和谐得分较低，显示出《联合报》员工和上级之间的关系较为紧张，难以形成一家人的感觉；而《联合报》整体和谐得分较低，则显示出《联合报》各部门之间的协作和互动不足，大局观念和整体意识比较薄弱。随着一家企业或报业集团的规模不断扩大、组织结构日趋复杂，部门和部门间的交往变得较为间接，彼此变得更像是公事公办的关系，少了大家庭式的感觉，因此整体和谐的得分较低是难免的，但这显然对整个组织的氛围以及员工的情绪是不利的。

4.《联合报》组织承诺与离职意向分析

本研究采用三维度的组织承诺量表（持续承诺、规范承诺及情感承诺）及离职意向量表来调查《联合报》，各维度得分见图7.4。

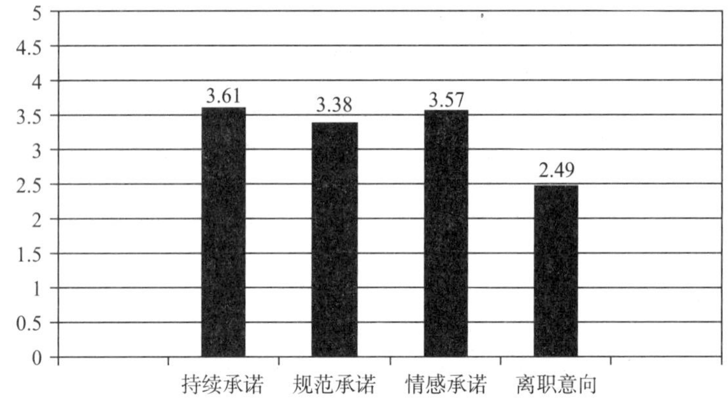

图7.4 《联合报》组织承诺与离职意向维度得分

由图中可以看出，《联合报》员工的组织承诺大致处于中等偏低水平，组织承诺的总体平均得分为3.52分，而三个维度得分均未超过4分。这表示整体而言，员工对公司的归属感还有增强的可能。在三个维度中，持续承诺（3.61分）得分最高，而规范承诺（3.38分）得分最低，情感承诺（3.57分）得分居中。持续承诺反映的是员工离开组织的机会成本，一定程度上可以代表组织的人力资源管理和福利制度水平；规范承诺反映的是员工对组织的道义感、责任感和“主人翁意识”；情感承诺反映的则是员工对组织的归属感和感情。从《联合报》的情况来看，员工对报社的忠诚，可以说很大程度上源于害怕离开后会找不到更好的工作，觉得若是离开公司自己会有很大的损失，这说明《联合报》的人力资源管理制度有值得称许之处，薪资水平有竞争力；当然，这跟台湾地区媒体从业人员待遇普遍低下、福利不佳有关，相形之下，老牌报纸《联合报》在薪酬方面的吸引力显得较高。但值得注意的是，除了害怕离职后可能出现的损失外，员工对组织的道义感和责任感（即规范承诺）并不高。一定程度上，这意味着员工只是把在《联合报》的工作当成“一份不错的工作”“待遇很好的工作”，而并没有产生更高层次的归属感和责任意识。

另外，《联合报》员工离职意向（2.49 分）的得分较低，这表明大体而言，《联合报》员工的忠诚度尚可，并不倾向于离开公司。这对维持报社人员的稳定性是十分有帮助的。

组织承诺和离职意向的分析显示，《联合报》由于具有较完善的人力资源管理制度、有竞争力的薪酬待遇，其员工整体的忠诚度较高，主观离职意愿较低。但由于台湾媒体环境每况愈下，薪酬待遇愈来愈低，人员的忠诚度很可能受到影响。同时，员工的规范承诺水平偏低，这说明报社急需提升文化软实力，用较好的价值观、氛围和工作环境来留住员工。

7.1.4 《联合报》文化建设对策建议

经过上面的调查和分析，基本上可以肯定《联合报》是一家十分优秀的报业集团，有着悠久的经营历史、较为完善的制度和相对较好的工作氛围，因此经历了台湾数十年来的政治环境和媒体环境变迁，《联合报》依然可以稳坐主流报业集团的位置。然而，发展到今天，《联合报》在文化建设方面也出现了一些问题：

（1）文化体系不完善。

台湾的报业集团一般而言强调报纸对社会文化的导向和教化作用，但并不十分重视报社自身的组织文化建设，《联合报》也是如此。在我们的组织文化认同度调查中，员工的认知层面认同度和情感层面认同度得分偏低，这说明《联合报》很可能尚未把核心理念细化、系统化地形成一套完整的文化体系，特别是缺少典型人物或事迹，也没有足够的文化培训和宣传活动，导致员工对公司文化的具体内涵和特色不清楚，文化认同度不够高，也无法很好地按照公司的理念进行操作。

（2）文化活力和大家庭氛围不足。

在对《联合报》文化类型的分析中发现，《联合报》具有很明显的层级型文化特质。这种文化的特点是组织具有非常正式、有层次的工作环境，组织靠正式的规则和政策凝聚员工，关注的长期目标是组织运行的稳定性和有效性。重视稳定、规则、服从以及对成本的控制是这类型文化的特色。许多公共机关、大型事业单位以及老牌传统企业都有这样的文化特质，其优点是强调稳定、低风险和高度控制，不容易犯错。

然而在国外的组织文化研究中，一般认为传媒应该具有一定的活力和创新精神，因为传媒并不只是企业，其更具有“社会公器”的属性，应该以揭露社会真相、报道民众所应该知道的事情、导正社会风气为己任，而不能太过因循保守，只强调稳定。从这方面来说，已经超过60岁的《联合报》已经显得有点创新力度不足、组织较为臃肿而缺乏灵活应变的能力。同时，如今的《联合报》已较为缺乏当年那种凝聚力和大家庭的感觉，这种内部和谐及凝聚意识的欠缺，也是目前《联合报》内部管理的问题之一。

或许正因为活力和大家庭式的氛围不够浓厚，我们对《联合报》员工组织承诺的分析显示，员工对报社的忠诚很大程度上是由于害怕离职后的损失（持续承诺），而非对组织的感情（情感承诺）或道义感、责任感（规范承诺）。

（3）人际和谐与人文关怀不够。

在对《联合报》组织人际和谐的分析中，我们发现同事和谐得分较高，上下级和谐与整体和谐得分偏低，特别是上下级和谐，其得分仅有3.27分。这说明《联合报》存在一定程度上的管理制度僵化、上下级关系不佳、部门与部门之间的沟通协调不足等问题。显然，《联合报》需要强化人文关怀和互相帮助的氛围，特别需要改善的是上下级之间的沟通和互助氛围。

企业的发展仅有流程化、标准化和信息化是不够的，还需要对员工有人性化的关怀。人性化能弥补制度化、信息化的不足，重视信息化的同时重视人文关怀，是在提高企业效益的同时强化企业凝聚力的重要保证。

针对《联合报》组织文化建设的现状及存在的问题，我们提出了如下的改善建议：

（1）继往开来，优化文化建设。

对外继承市场导向、规范经营、重视成本和稳定等优点，对内继承制度导向和严格管理。但同时也需要强化员工的“主人翁意识”、大家庭氛围以及重视活力创新等对报社而言有利的文化特点。

此外，目前《联合报》的文化建设存在不足，虽员工对报社的认同感不弱，也愿意主动维护报社的品牌和声誉。但问题在于，由于认知层面和情感层面的文化认同度不高，员工很多时候可能不太清楚报社强调的文化价值观是什么，也不知道报社的品牌价值与核心竞争力何在。在“不知其所以然”的情况下，员工的组织文化认同难免有隔靴搔痒、无从使力之叹。

因此，《联合报》应该紧抓组织文化建设。在理念层面，围绕报社的核心理念，规划出一套包含企业愿景、价值观、经营理念、管理理念、服务理念等在内的、全盘的、完整的文化体系，该文化体系必须符合《联合报》的现状、需求和战略规划，使员工能够迅速熟悉，并且运用到日常工作中。而在制度行为层方面，《联合报》应设立企业文化建设的特殊制度，如奖励资深员工的“员工忠诚奖”，设立各类文化单项奖、管理人员学习制度、企业文化日等；还需要表扬优秀的典型人物或事迹，以加深员工对文化的理解和认识。

（2）从家族企业到企业家庭，强化组织人际和谐，提升员工向心力

宗族型的企业文化可以说是众多东亚企业（特别是日本企业）的成功之本，在大家庭式的氛围和管理环境之下，员工能够感受到家庭式的温暖与关怀，更愿意为组织付出，将自身和组织视为不可分割的整体，其向心力、忠诚度和工作积极性也会较高。而目前《联合报》除了宗族型文化得分偏低外，上下级和谐与整体和谐得分较低，以及员工规范承诺不足亦是其主要问题。因此，报社领导应该重拾老报人创业时期的精神风范，强化组织的大家庭氛围和内部凝聚力。

领导要有家长风范，关心员工发展；员工要对报社忠心，诚实敬业；报社要激励员工，使企业目标与员工利益一致，关爱员工，公平公正地对待员工；管理上，按照法理情的原则，以法管人，以理服人，以情感人；文化上，要营造积极向上的和谐氛围及充满激情活力的创业氛围。上下级之间的关系对整个报社而言尤其重要。曾有西方国家的研究表明，员工愿意留在组织工作的原因五花八门，但若是员工不愿意留下来工作，其中“与上级关系不睦”往往是重要原因。因此，报社应该对各级管理者进行培训，让管理者懂得沟通、倾听、关怀与激励员工，让管理者和被管理者的关系变得和谐，改善员工的工作氛围和上下级关系，进而提升整个报社的凝聚力与工作效能。

7.2 《南方都市报》组织文化案例分析

7.2.1 案例简介

《南方都市报》（简称“南都”，英文名 *Southern Metropolis Daily*）是我国知名的都市类报纸，属于南方报业传媒集团旗下，于 1995 年 3 月起试刊，1997 年 1 月 1 日正式创刊，是面向广东省珠三角地区群众所创办的四开

综合类日报。《南方都市报》发行覆盖广东省，为珠三角地区影响力最大的报纸，目前总部在广州。报纸版面大小四开，每天版面平均在100版以上。

根据2010年8月16日世界报业与新闻工作者协会在巴黎发布的“2010年世界日报发行量前100名排行榜”，《南方都市报》发行量达140万份，排名世界第30位、中国第7位、广东省第3位。另外，根据世界品牌实验室最新的2010年“中国500最具价值品牌”排行榜，《南方都市报》排名第181位，在所有传媒品牌中排行第16，其品牌价值达到48.17亿元。2006和2007年，新闻出版总署发布了全国晚报都市类报纸竞争力检测结果，《南方都市报》连续两年竞争力排名第一。

图7.5 《南方都市报》大楼

《南方都市报》的口号是“办中国最好的报纸”，目前每年广告收益在20亿元左右，现有员工4 000多人。《南方都市报》以广州为根据地，逐步拓展到深圳、东莞、佛山、江门、中山、清远、珠海、惠州等城市，现在，《南方都市报》已全面覆盖珠三角地区，成为该地区发行量较大和最具争议性的媒体。《南方都市报》诞生在中国改革开放的最前沿，并迅速覆盖了改革开放的窗口——广州和深圳。《南方都市报》在这两个城市的发行量占其总发行量的70%以上，具有举足轻重的影响力。2002年4月，《南方都市报》开始向东莞扩张，在较短的时间内抢占了部分市场份额。《南方都市报》的领导班子平均年龄32岁，采编人员平均年龄27岁。《南方都市报》拥有中国报业最年轻的领导班子，最优秀的办报人才，最富有活力的机制，最生机勃勃的企业文化。《南方都市报》的报业品牌已确立，正朝着“办中国最好的报纸”的目标昂首挺进。

南方都市報

编织花环献英雄

此生平凡
唤真情

海珠桥不会封闭

的士司机拒"宰"
政府部门检查

惠如楼，最后的早茶

霸道经营，拆！
还路于民，好！

闯港偷渡集团
羊城束手就擒

祝贺《南方都市报》创刊
"奇星"在前进

广州奇星药业有限公司

图 7.6 《南方都市报》创刊号

在读者方面，根据调查，《南方都市报》的读者以 25～44 岁、高等学历、社会精英阶层及白领为主；其中 25～44 岁的中青年读者占 78%，社会精英阶层和白领读者占 59%，他们构成了《南方都市报》读者的主体。这些读者一般年富力强，消费欲望和购买力均较强，是绝大多数消费市场中的主流消费者。此外，在《南方都市报》25～44 岁的读者中，互联网的日到达率为 61.4%，平均每日上网时间达到 102 分钟，均高于广州 25～44 岁居民总体中的相应比例。这表明《南方都市报》的主流读者对互联网的接触度较深，该报正是通过这群“报网复合受众”将影响力渗透至网民中。另外，根据报纸的阅读频率得出的读者忠诚度数据显示，《南方都市报》读者的忠诚度高达93.6%。这说明《南方都市报》具有十分稳固的读者群，这对该报的发行和广告收入而言均有较大的优势。

尽管《南方都市报》发行范围大体而言仅限于广东地区，但基于其知名度、发行量和品牌价值，《南方都市报》在全中国范围内都具有一定的影响力。因此选择《南方都市报》作为分析对象，有助于我们了解中国新兴都市报媒体乃至整体纸媒的组织文化、组织人际和谐、员工行为等方面的表现。

7.2.2 量表与抽样过程

本次调查问卷依然主要由六部分构成：组织文化类型、组织文化认同度、组织人际和谐、组织承诺、离职意向以及个人基本资料。

组织文化类型部分，采用 Cameron & Quinn 的竞争价值观框架，将企业文化分成四个主要类型：宗族型、活力型、层级型和市场型。该量表共24题，其中每6题对应一种文化类型。

组织文化认同度部分，采用本研究所编制的组织文化认同度量表，该量表共20题，分为四个维度（认知层面认同度、情感层面认同度、行为层面认同度和社会化层面认同度）。组织人际和谐部分采用本研究所编制的组织人际和谐量表，共13题，分别测量同事和谐、上下级和谐以及整体和谐。

组织承诺的测量采用 Meyer & Allen 编制的组织承诺量表，共18道题，分为持续承诺、规范承诺和情感承诺三个维度；离职意向部分的测量采用 Michaels & Spector 编制的离职意向量表，只有一个维度，6道题。本研究所采用的量表均为李克特五点量表，选项由1至5分别为非常不同意、不同意、不确定、同意和非常同意。

本研究通过《南方都市报》人力资源部，在该报内部办公 OA 系统中发放问卷，期间为2010年4月至5月，共回收问卷142份，其中有效问卷135份。

7.2.3 数据分析

1. 样本基本资料

在样本的基本情况方面，135位有效受测对象当中，有52.6%为男性，其中有64.6%的人在《南方都市报》工作了5年以上，工作超过10年的也达到20.8%。此外，在整个报纸行业工作超过5年的达到70.2%，超过10年的也有33.6%，可见受测对象不仅平均工作经验较丰富，而且在《南方都市报》也有较长的工作年限，能够有效回答关于组织内部氛围和组织行为方面的问题。在教育程度方面，95.5%的人拥有大专以上学历，本科以上的也占到68.8%。职位类型方面则分布较广，24.6%为采编人员，20.1%为行政、人事等后勤人员，14.9%为销售和营销人员，中、基层主管的比例为16.4%。

2. 《南方都市报》文化类型分析

本研究采用Cameron & Quinn（1999）的组织文化评价量表，对《南方都市报》的文化类型进行了分析。

表7.5 《南方都市报》文化类型各维度得分

	宗族型	活力型	市场型	层级型
《南方都市报》文化类型各维度得分	3.21	3.59	3.59	3.40

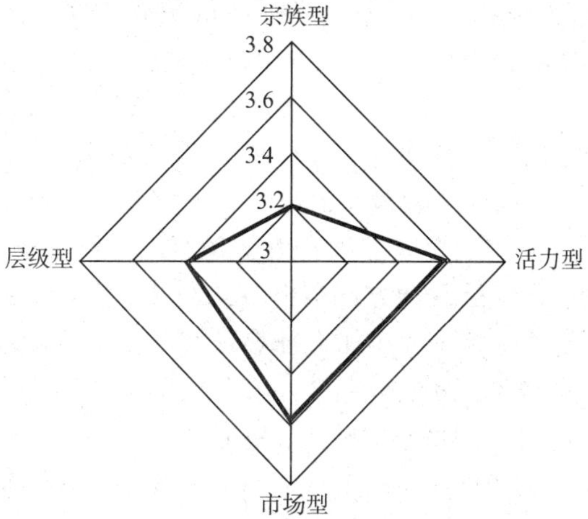

图7.7 《南方都市报》文化类型图

由表7.5和图7.7可以看出，《南方都市报》具有很明显的活力型文化和市场型文化双重文化特质，二者得分同为3.59。活力型文化意味着组织具有充满活力的、有创造性的工作环境；人们勇于争先、冒险；领导以革新者和敢于冒险的形象出现；企业靠不断实验和革新来凝聚员工，强调位于领先位置；企业的成功意味着获取独特的产品或服务，鼓励个体的主动性和自主权。

另外，市场型文化则是一种纯粹结果导向的文化，人们之间富有竞争力，以目标为导向；领导以推动者和竞争者的形象出现；企业靠强调胜出来凝聚员工，关心声誉和成功，关注的长期目标是富于竞争性的活动和对可度量目标的实现；企业的成功意味着高市场份额和取得市场领导地位。

可以说，“活力型—市场型”双重文化特质，是相当符合《南方都市报》的文化内涵的。《南方都市报》自创刊以来，一直以敢言、敢做、敢于争先的作风闻名于业界，其报道风格直率而活泼，不仅报道读者想看的内容，更勇于报道一些具有争议性的话题，其直言不讳的作风颇得市场好评，甚至多次被港澳乃至国外媒体转载。

此外，《南方都市报》在经营方面也颇具创新精神。如在2009年，时任南方报业传媒集团的董事长杨兴锋提出：在媒介融合趋势下，南方报业传媒集团要想真正做强做大做优，从单一媒体、单一品种的运作转为多媒体、全媒体的运作，就必须建立全媒体的生产能力，形成全介质的传播能力和提高全方位的经营能力，向全媒体集团转型。据此，《南方都市报》在2009年提出构建“南都全媒体集群”，希望从内容、形态、渠道、影响等方面达到全面覆盖、全面接触、全面影响的目标，这在我国报业经营当中是极大的创新。

不过需要注意的是，《南方都市报》的宗族型文化得分偏低，仅有3.21。宗族型文化的特色是具有友好的工作环境，人们之间相互沟通，像一个大家庭；领导以导师甚至父亲的形象出现；企业靠忠诚或传统凝聚员工，强调凝聚力、士气，重视关注客户和员工，鼓励团队合作、参与和协商；企业的成功意味着人力资源得到发展。《南方都市报》宗族型文化得分低，意味着整个报社较为缺乏大家庭式的氛围，员工的凝聚力不够强，忠诚度不够高，这也许是《南方都市报》组织文化层面上的一个隐忧。事实上，随着报社规模不断扩大，加上社会风气和传媒业界本身的转变，如今的大型报业集团已经较难维持那种一体化的凝聚力和大家庭的感觉，对于员工人数4 000人以上的《南方都市报》而言更是如此。此外，根据管理学家彼得·F. 德鲁克（Peter F. Drucker）的学说，知识型员工（Knowledge Workers）的特点之一就是专业承诺（Professional Commitment）往往大于组织承诺，也就是说员工忠于自己的职业，愿意全身心地投入自己认为有意义的工作中，但未必会始终忠于某个特定的组织。无疑，根据定义，报业集团的采编人员是具有知识型员工的特点的，这或许也是《南方都市报》文化氛围当中较缺乏宗族型文化的原因之一。但无论如何，这种内部和谐和凝聚意识的欠缺，也是目前《南方都市报》内部管理的问题之一。事实上在针对《南方都市报》高层的访谈中，也有人提到报社确实缺乏一种大家庭式的氛围和凝聚力，由于制度、人员构成等方面的原因，员工都很有活力、有竞争意识和创新精神，但对报社却少了一点归属感和凝聚力，这也为报社的育人和留人造成了一定困难。

图7.8比较了《联合报》和《南方都市报》的文化类型维度，可以明显看出《南方都市报》在活力型与市场型两方面的得分显著高于《联合报》，而在宗族型与层级型两方面的得分则要低于《联合报》。

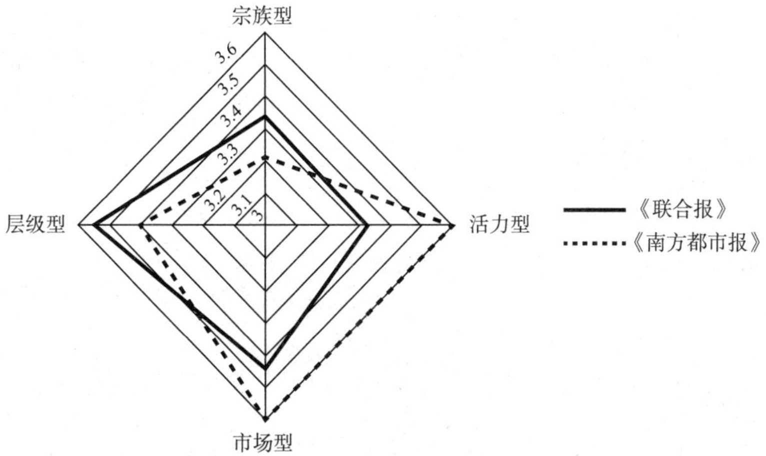

图 7.8 《联合报》与《南方都市报》文化类型维度得分比较图

3. 《南方都市报》组织文化认同度、组织人际和谐、组织承诺与离职意向分析

表 7.6 列出了《南方都市报》主要变量（组织文化认同度、组织人际和谐、组织承诺和离职意向）及其各个维度的得分。本研究全部采用李克特五点量表，其中由 1 至 5 分别为非常不同意、不同意、不确定、同意和非常同意。因此一般而言，若该变量平均得分超过 3 分，则意味着员工对该变量的陈述看法较为正面；平均得分若超过 4 分，则一般意味着员工对该变量的陈述看法极为正面。

表 7.6 《南方都市报》组织文化认同度、组织人际和谐、组织承诺、离职意向及各维度得分

变　量	平均值	标准差
组织文化认同度	3.69	0.52
认知层面认同度	3.67	0.57
情感层面认同度	3.66	0.63
行为层面认同度	3.84	0.61
社会化层面认同度	3.60	0.72
组织人际和谐	3.40	0.69
同事和谐	3.43	0.76
上下级和谐	3.29	0.88
整体和谐	3.49	0.75

（续上表）

变　量	平均值	标准差
组织承诺	3.27	0.62
持续承诺	3.26	0.65
规范承诺	3.13	0.76
情感承诺	3.43	0.75
离职意向	2.97	0.73

由表7.6可以看出，《南方都市报》在员工的组织文化认同度、组织人际和谐和组织承诺三个变量上得分大致处于中等水平，其中组织承诺的得分明显偏低。而离职意向的得分却仅仅略低于中间值3分。这意味着整体而言，虽然《南方都市报》员工对组织文化的认同度较高，感知到的组织人际和谐度也较高，但其对组织持续投入的意愿和忠诚度却仅处于中等水平。而在离职意向方面，考虑到大陆员工在回答关于离职倾向方面的问题时会相对保守，2.97分的离职意向得分很可能意味着《南方都市报》员工并不排斥寻找其他的工作。

表7.7　《联合报》及《南方都市报》主要变量得分比较

变　量	《联合报》	《南方都市报》
组织文化认同度	3.66	3.69
组织人际和谐	3.40	3.40
组织承诺	3.52	3.27
离职意向	2.49	2.97

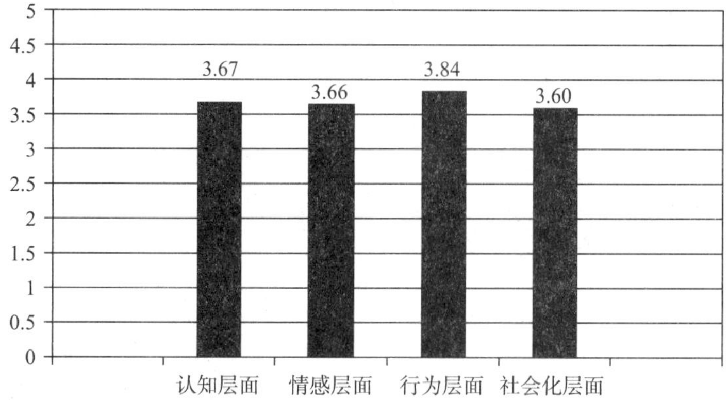

图7.9　《南方都市报》组织文化认同度各维度得分

根据表 7.6 和图 7.9，从组织文化认同度四个维度来看，《南方都市报》的员工整体组织文化认同度较高，其中员工的行为层面认同度（3.84 分）的得分最高，这意味着《南方都市报》的员工比较愿意主动维护公司的声誉和品牌。同时，员工的认知层面认同度（3.67 分）和情感层面认同度（3.66 分）得分也处于中等略高的水平，这说明《南方都市报》的组织文化建设已经有了一定成效，报社的文化在一定程度上有了较完整的体系，员工对报社的价值观、行为准则、品牌形象等有较深的认识，同时也较为喜欢这样的文化，对报社的工作氛围、价值观、形象等有较多情感上的投入。

事实上，南方报业传媒集团原本就较为重视自身文化的建设，在中国众多报业集团当中属于文化塑造较为成熟的。例如，南方报业传媒集团前董事长范以锦曾在《南方报业战略》一书中提到："一张成功的报纸，一家成功的报业集团，它的企业文化必定有自己的独到之处，神奇之处……如果说南方报业的企业文化有什么特点，那就是更加包容，更加理性，更加注重创新开拓。宽松和谐的内部关系，激发了南方报人对事业执着的理想和狂热的激情，在一个开放式的氛围里，一个开放式的平台上，强烈的社会责任感与专业精神得到最大限度的激活与迸发。"

而曾任南方日报出版社社长、南方报业传媒集团董事长的杨兴锋也曾专门做过题为"媒体企业文化与社会责任"的演讲，他表示："众所周知，媒体是一个企业组织，也是一个社会组织。因此，媒体的企业文化与一般的企业相比较既具有共性，也有个性。同时对每一个媒体，特别是成功的媒体企业来说，都有其独特之处。我认为，媒体企业文化源于对民族文化的传承和发展，是媒体在进行新闻报道和经营管理的实践中，逐步形成的为全体员工所认同并且实践的带有媒体特点的宗旨、使命、愿景、价值观和经营理念，以及这些理念在传播以生产经营实践、管理制度、员工道德行为方式为企业形象的综合的体现。"他还把南方报业传媒集团的文化总结为四个主题词，分别是担当、创新、包容和卓越。

在担当、创新、包容和卓越的核心价值观驱使下，《南方都市报》员工对报社的文化有了较清楚的认识，对报社的品牌价值和形象也有较强的认同感，并且大多数员工都喜欢这样的文化。这样的认同和喜爱，无疑是《南方都市报》的宝贵资产。然而值得注意的是，社会化层面认同度（3.60 分）得分偏低，这表明员工虽然喜爱《南方都市报》的文化，但未必会因此产生较强的归属感，或是将公司的价值观和规范内化为自身的一部分，这是《南方都市报》文化建设方面的一项隐忧。

为了更直观地理解《南方都市报》员工的组织文化认同度表现，我们将该量表的所有题目进行了细化分析。

从表 7.8 可以看出，《南方都市报》的员工大多表示很熟悉报社的品牌形象和宣传词（4.03 分），很赞赏报社的品牌和形象（3.93 分），愿意为报社的文化建设奉献心力（4.01 分），会对外主动宣传报社的品牌及形象（3.89 分），并且会主动维护报社的品牌和形象（3.96 分）。这些都说明了《南方都市报》的组织文化建设和品牌建设做得较为到位，员工对报社的文化和品牌表示了解和赞赏，并且愿意主动参与到报社的文化建设当中。

然而在社会化层面认同度方面，员工并不觉得自己与报社有共同的目标，共同成长（3.56 分），并不把报社当成自己的家（3.37 分）。这可能表明，虽然《南方都市报》的文化建设已经初见成效，但基于各方面的内、外部原因，员工仍然难以产生和报社融为一体、将报社当做自己的家的感觉。换句话说，在文化建设的“社会化”工作方面，报社仍有做得不到位之处。

表 7.8 《南方都市报》组织文化认同度细化分析

维　度	条　目	得　分
认知层面	我清楚地了解我们公司文化的内涵	3.52
	我可以说出本公司文化的优点和特色	3.58
	我对公司宣传的各种典型人物或事迹很熟悉	3.49
	我很熟悉本公司的品牌形象和宣传词	4.03
	我清楚地了解本公司所提倡的价值观	3.74
情感层面	我非常欣赏我们公司倡导的文化价值观	3.55
	我认为公司提倡的价值观也是我的做事准则	3.49
	我很喜欢本公司的工作氛围	3.50
	我很赞赏我们公司的品牌和形象	3.93
	我为我们公司的文化感到自豪和光荣	3.81
行为层面	我愿意为我们公司的文化建设奉献心力	4.01
	我会对外主动宣传本公司的品牌及形象	3.89
	我积极地为公司的各种文化活动出谋划策	3.58
	我积极地参与公司的文化活动	3.78
	我会主动地维护公司的品牌和形象	3.96

（续上表）

维　度	条　目	得　分
社会化层面	我认为自己与公司是命运共同体	3.60
	我觉得自己与公司有着共同的目标，共同成长	3.56
	我把公司当做自己的家	3.37
	我自觉遵守公司的一切制度和规范	3.87
	我的穿着与言谈举止都努力与公司文化的要求相一致	3.59

总而言之，从《南方都市报》的组织文化认同度分析中，可以看出该报社员工呈现行为层面认同度最高，认知层面和情感层面认同度中等偏高，但社会化层面认同度偏低的状况，与《联合报》的例子截然不同。这说明《南方都市报》的文化建设已经初见成效，员工们对报社的文化、价值观和品牌形象较为熟悉，喜爱这样的文化，员工们愿意为报社的文化和品牌建设奉献心力；然而矛盾的是，这样的认同却没有上升到使员工和报社融为一体，将报社当作自己的家的程度。一方面，这可能意味着报社的文化建设配套措施还没有完善，例如仅重视核心文化与品牌理念的宣传而缺少制度、行为规范等层面的支撑；另一方面，也可能是由于其他内、外部因素，导致员工对报社的整体认同感和归属感难以再上一个台阶。

接下来，采用本研究自行开发的组织人际和谐量表对《南方都市报》进行调查，各维度得分见图 7.10。

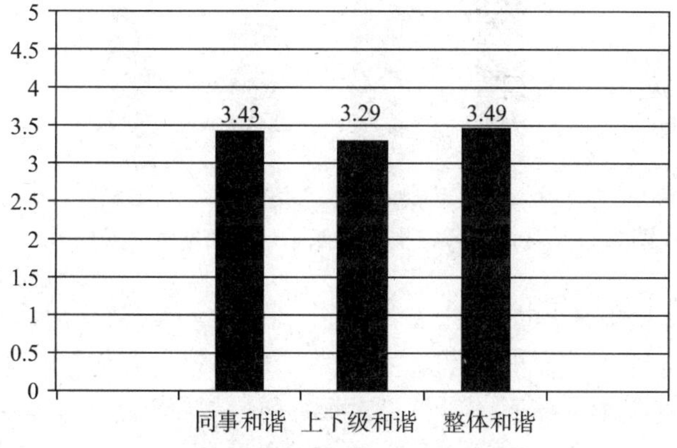

图 7.10　《南方都市报》组织人际和谐各维度得分

由图 7.10 可知：

（1）整体的人际和谐度处于中等偏低的水平，总体平均得分为 3.40 分，而三个维度的人际和谐均没有超过4分。这显示公司内部的和谐气氛有提高的空间，员工之间的相处不够融洽，互相体谅、共同解决问题的气氛不够浓厚。

（2）在三个维度中，上下级和谐（3.29分）得分最低，而同事和谐（3.43分）与整体和谐（3.49分）得分稍高。上下级和谐反映的是同一部门的领导和下属之间是否互相帮助、互相尊重和关怀。上下级和谐得分较低，显示出《南方都市报》员工和上级之间的关系较为紧张，难以产生一家人的感觉。

另外，同事和谐反映的是同一部门的员工之间彼此互助、互相信任和融洽的关系，而整体和谐则表明不同部门的员工之间是否融洽、温馨、互相帮助。《南方都市报》呈现出整体和谐得分高于同事和谐的有趣现象，这说明在报社组织文化和品牌建设的耳濡目染下，不同部门间相互宽容、相互帮助的氛围可能较浓厚；但同事和谐的得分不算高，则意味着同一部门的员工间关系还有继续改善的空间。

4.《南方都市报》组织承诺与离职意向分析

本研究采用三维度的组织承诺量表（持续承诺、规范承诺及情感承诺）及离职意向量表来调查《南方都市报》，各维度得分见图7.11。

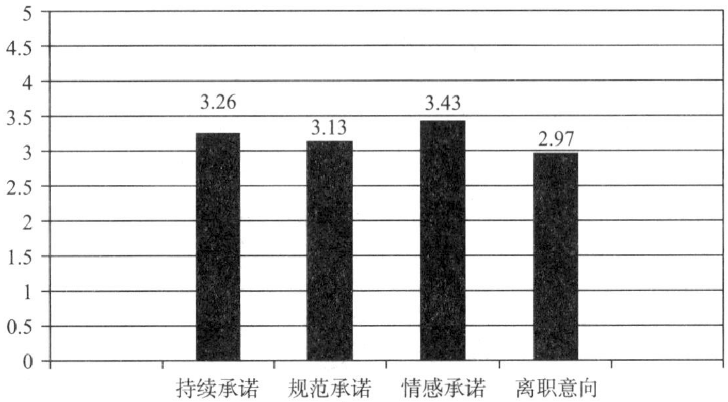

图7.11　《南方都市报》组织承诺与离职意向维度得分

由图7.11可以看出，《南方都市报》员工的组织承诺水平大致处于中等偏低水平，组织承诺的总平均得分仅为3.27分，而三个维度得分均未超过3.5分。这表示整体而言，员工对报社的归属感不够强且忠诚度不够高，还有提高的空间。在三个维度中，情感承诺（3.43分）得分最高，而规范承诺（3.13分）得分最低，持续承诺（3.26分）居中。情感承诺反映的是员工对组织的主观认同感和感情投入，规范承诺反映的是员工对组织的道义感、责任感和“主人翁意识”，而持续承诺反映的是员工离开组织的机会成本，一定程度上可以代表组织的人力资源管理和福利水平。

以《南方都市报》的情况来看，员工对报社的忠诚度可以说并不高，他们喜欢这家报社，喜欢这里的文化和做事氛围。然而这种喜爱却没有上升到责任感和归属感的高度（即规范承诺不高），他们并不认为报社的事就是自己的事，在很大程度上并没有把自己和报社这条大船绑在一起；同时，持续承诺不高意味着报社员工很可能对薪酬、福利、工作条件等并不满意，因此并不觉得离开报社后自己会难以找到更好的工作。简而言之，《南方都市报》的员工离职的机会成本并不高。

当然，这很可能与传媒行业相对于其他行业的福利待遇水平并不算顶尖有关。随着中国经济高速发展，各行各业优秀技术或管理人才的待遇都水涨船高，在金融、地产、信息技术、互联网等领域更是如此；相形之下，报业由于受制于体制因素，无论薪酬抑或福利方面的自由度均无法跟其他新兴产业相比，当然报业自身的利润水平也无法跟金融、保险、地产、垄断型国企等领域相媲美，因此即使《南方都市报》的待遇在报业当中已经处于较高水平，但跟其他更赚钱的行业相比，依然缺乏足够的竞争力。过去就有不少《南方都市报》的管理层跳槽到互联网、零售、金融等行业后，薪酬瞬间翻了几倍的情况，以至于南方报业集团一度被戏称为业界的“黄埔军校”。既然员工离开报社并不会有太大的损失，甚至有可能找到待遇更好的工作，员工的持续承诺和规范承诺水平偏低，也就不难理解了。

另外，《南方都市报》员工离职意向（2.97 分）的得分偏高，仅仅稍低于中间值（3 分），考虑到大陆员工在填写关于离职倾向的问题时会回答得较为保守，这个值很可能还是低估了的。换句话说，《南方都市报》员工其实并不排斥寻找其他的工作。结合前面对组织承诺的分析可以看出，由于离开报社的机会成本并不高，甚至很有可能找到更理想、待遇更好的工作，因此员工的离职意向相对较高。报社花费很大的力气来培养员工，并以良好的文化和品牌价值观来熏陶员工，到头来员工的忠诚感和归属感却并不高，主观离职意愿偏高，这显然是报社高层不得不重视的问题。除了尽可能改善人力资源管理制度，提升薪酬福利水平外，也应该持续提升文化软实力，用较好的价值观、氛围和工作环境来留住员工。

7.2.4 《南方都市报》文化建设对策建议

经过上面的调查和分析，基本上可以肯定《南方都市报》是一家十分优秀的报业集团，有着相当的经营历史、良好的工作氛围，在业界有着优秀的口碑与优良的品牌形象，也有一支高素质、充满活力与创新精神的员工队伍。因此创刊至今短短十几年，《南方都市报》就在中国都市报界树立了极高的威望，成为中国都市报的代表品牌，其发行量和广告收益也始终高居全中国报纸的前列。

然而，发展到今天，《南方都市报》在文化建设和组织氛围方面也出现了一些问题：

（1）文化理念强大，但制度尚不完善。

《南方都市报》一向十分重视自身价值观和品牌形象的塑造及宣传，《南方都市报》能够在中国竞争激烈的都市报行业中占据制高点，文化的力量功不可没。然而，从调研中可以看到，《南方都市报》员工对报社的行为层面文化认同度高，认知层面和情感层面文化认同度中等，社会化层面文化认同度却偏低。同时从各个条目来仔细分析（见表7.9），会发现在组织文化认同度的认知层面中，员工对报社的品牌形象和宣传词很熟悉，也了解报社提倡的价值观，但在对了解报社文化内涵（3.52分）、对报社的典型人物或事迹很熟悉（3.49分）等方面的得分略低。

表7.9　《南方都市报》组织文化认同度之认知层面细化分析

维　度	条　目	得　分
认知层面	我清楚地了解我们公司文化的内涵	3.52
	我可以说出本公司文化的优点和特色	3.58
	我对公司宣传的各种典型人物或事迹很熟悉	3.49
	我很熟悉本公司的品牌形象和宣传词	4.03
	我清楚地了解本公司所提倡的价值观	3.74

换句话说，我们可以认为《南方都市报》的文化建设在中国报业当中处于较为领先的位置，其对核心价值观和品牌的宣传已经十分到位。然而，其员工虽然熟悉报社的品牌形象、宣传词和价值观，却并不那么熟悉报社文化的整体内涵以及典型人物或事迹，这也许说明《南方都市报》的文化体系并不十分完备。事实上，除了前董事长范以锦、杨兴锋等人所说过的几个南方报业集团文化关键词外，其企业哲学、企业作风、企业道德、管理观等其他配套的文化体系尚不是十分规范，和其他产业的某些顶尖企业已经建立起全方位、立体化的文化价值观体系比较起来，《南方都市报》只能说是在业内顶尖，和其他产业比较起来则尚有可进一步完善之处。

另外，《南方都市报》的社会化层面认同度得分最低，说明员工并没有感觉和报社融为一体，也没有将报社当作自己的家，归属感和忠诚度尚待提升。一方面，这可能意味着报社的文化建设配套措施并不完善，例如仅重视核心文化与品牌理念的宣传，少了制度、行为规范等层面的支撑；另一方面，也可能是由于其他内、外部因素，导致员工对报社的整体认同感和归属感难以再提升一个层次。

（2）活力四射，但缺乏大家庭式的温暖。

在对《南方都市报》文化类型的分析中发现，《南方都市报》具有较高的活力型和市场型文化属性，显见其员工敢于争先，勇于创新，务实进取，追求卓越，这与广东讲究实干、不谈虚妄的氛围有关，也和都市报这类报刊的属性有关。但无论如何，正是这种讲究绩效、活力与进取的文化，帮助《南方都市报》取得了如今这样骄人的成绩。

不过，《南方都市报》的宗族型文化得分仅有 3.21 分。宗族型文化得分低，意味着整个报社较为缺乏大家庭式的氛围，员工的凝聚力难以增强，忠诚度难以提高，这也许是《南方都市报》组织文化层面上的一个隐忧。事实上在针对《南方都市报》高层的访谈中，也有人提到报社确实缺乏一种大家庭式的氛围和凝聚力，由于制度、人员构成等方面的原因，员工都很有活力、有竞争意识和创新精神，但对报社却少了一点归属感和凝聚力，这也为报社的育人和留人造成了一定困难。

对都市类报刊而言，员工之间有活力四射、积极进取的文化氛围，无疑是对报社极为有利的，同时也符合国外学者对传媒组织文化的看法。然而，宗族型文化氛围的欠缺，意味着员工的凝聚力、向心力较弱，忠诚度较低，并不会把自己视为报社这个大家庭的一分子；对员工而言，在这里的工作仅仅是一份工作，而不一定是归属感和满足感的来源。这样一来，员工缺乏对《南方都市报》的责任感和道义感，离职的机会成本降低，长此以往，报社育人、留人的难度会愈来愈高，人力资源管理成本恐怕也将居高不下。

（3）组织承诺水平低，离职意向偏高。

与上一条相呼应，在对《南方都市报》员工组织承诺和离职意向的调研中，发现员工的组织承诺水平偏低，特别是规范承诺和持续承诺的得分过低，而离职意向却偏高。简而言之，《南方都市报》员工对报社很喜爱，也欣赏这里的文化和工作氛围，但很可能对工资、福利待遇和工作条件不甚满意，同时对报社的喜爱也没有上升到责任感和道义感的高度。因此，对员工来说，在对《南方都市报》的忠诚度并不是很高，离职的机会成本并不高的情况下，如果外面有较好的机会，那么员工很可能就会跳槽。对于报社而言，员工的忠诚度低、离职意向高，意味着人才流动率较高，报社育人和留人的成本将居高不下。

针对《南方都市报》组织文化建设的现状及存在的问题，我们提出了如下的对策建议。

（1）继续强化文化建设，落地生根。

《南方都市报》文化当中的活力和市场意识，是报社在市场竞争中胜出的本钱，这样的优点应该延续下去。但同时，也需要强化员工的“主人翁意识”和大家庭氛围，并且借鉴层级式文化的特点，加强报社内部的稳定性，强化制度建设和保障，给予员工安稳、安心和安全的感觉。

此外，从调研中可知，目前《南方都市报》虽然有了一定的组织文化基础，但在文化建设方面还存在不足，主要体现为文化体系不完整以及理念和制度、行为规范并不配套等。文化理念虽然是整个组织文化系统的核心，但也需要众多配套措施（如人力资源措施、薪酬、考核制度、培训制度、企业风俗、员工守则等）的配合，才能落地生根，真正让员工理解和遵从，进而将组织文化融入自身的价值观。

因此，《南方都市报》还应该继续紧抓组织文化建设。在理念层面，围绕报社的核心理念，规划出一套包含企业愿景、价值观、经营理念、管理理念、服务理念等在内的、全盘的、完整的文化体系，该文化体系必须符合《南方都市报》的现状、需求和战略规划，使员工能够迅速熟悉，并且运用到日常工作中。而在制度行为层方面，《南方都市报》应设立企业文化建设的特殊制度，如奖励资深员工的“员工忠诚奖”，设立各类文化单项奖、管理人员学习制度、企业文化日等。还需要发掘优秀的典型人物和事迹，给予表扬，以加深员工对文化的理解和认识。组织文化仅仅依靠口号宣传是不够的，它代表的是组织全体员工在长期发展过程中所培育形成并共同遵守的最高目标、价值观念、基本信念和行为规范。唯有方方面面都建设到位，并从生活、工作的每一个细节逐步渗透到员工心灵当中，文化才能真正发挥作用。

（2）以制度为本，以文化为媒，提升员工的凝聚力和忠诚感。

《南方都市报》文化的显著特点是活力型、市场型文化突出，但宗族型文化得分偏低。事实上，宗族型的企业文化可以说是众多东亚企业（特别是日本企业）的成功之本，在大家庭式的氛围和管理环境之下，员工能够感觉到家庭式的温暖与关怀，更愿意为组织付出，将自身和组织视为不可分割的整体，其向心力、忠诚度、工作积极性也会较高。缺乏宗族型的文化氛围，使得《南方都市报》的员工不容易把报社视为大家庭，更难以把自己视为报社不可分割的一分子。

而除了宗族型文化得分低外，《南方都市报》还有上下级和谐得分低、员工组织承诺得分低下（特别是规范承诺）、离职意向偏高等问题。这些问题归结起来，可以说就是员工没有和报社融为一体的感觉，在这里没有真正的归属感。既然员工的专业承诺大于组织承诺，对员工而言，在外面有更好的机会时，离开《南方都市报》“择良木而栖”，也并不是不可能之事。

因此，《南方都市报》除了在人力资源管理制度方面需要改革，尽可能提升员工的薪资水平与福利待遇，并强化管理制度的公平和公开性，以提升员工的持续承诺（也就是提高员工离开报社的机会成本）外，也可以从文化方面入手，增强组织的大家庭氛围和内部凝聚意识。

马斯洛的需要层次理论指出，在满足了低层次的“生理需要”和“安全需要”后，人会逐渐晋升到更高层次的“爱与归属”“自尊”乃至“自我实现”等需要层次。换句话说，要充分激励员工，必须从制度面（物质、环境、薪酬待遇等）和文化面一起着手。一方面提高员工的待遇和福利，另一方面营造出积极向上的和谐氛围及充满温暖和关怀的大家庭氛围。另外，上下级之间的关系对整个报社而言尤为重要。如前所述，西方国家的研究表明，若是员工不愿意留在组织工作，其中“与上级关系不睦”往往是重要原因。因此，报社应该一方面对各级管理者展开培训，提升管理者沟通、倾听、理解和鼓励员工的能力，改善上下级关系；另一方面从文化建设入手，塑造出和谐尊重、团结一致、温暖关怀的文化氛围，让员工感受到在报社的工作不只是一份工作，更是一份开心、受重视、备受关心的工作，当他们觉得自己已经彻底融入报社，成为这个大家庭的一分子时，员工的组织承诺自然就会提高，从而不会轻言离职，工作的积极性和责任感也会稳步提升。这样一来，报社的管理成本得以降低，整体的工作效率和效能则会得到提高。

8 结论与建议

本研究对组织文化认同、组织人际和谐进行了一系列深入的探讨。除了建立这两个概念的结构模型及编制出相应的量表外，还以定量研究的方法探索了组织文化认同、组织人际和谐与变革型领导、组织承诺、离职意向等变量之间的关系。以下重点回顾本研究的主要研究工作和结论，提出本研究主要的创新点所在，并指出研究的不足之处以及今后可行的研究方向。

8.1 主要研究工作和结论

21 世纪最重要的是人才，而文化是凝聚人心、促使员工往共同目标奋斗的重要工具，因此，许多人都指出 21 世纪也是文化制胜的时代。

然而，组织文化理论发展至今，尽管已经有许多论述说明文化对组织绩效、管理效能和员工行为的影响，但对于如何提高员工的文化认同度，目前的实证研究成果还比较少。由于文化最终是作用在员工身上的，唯有多数员工认同、信任并遵守的文化，才能发挥其应有的作用。因此，以科学的方法测量员工的文化认同度，并研究文化认同度与其他组织变量的关系，是具有理论和实践意义的。

本研究的主要贡献，就在于利用严谨、科学的方法建立了组织文化认同度的概念结构及测量工具，并验证了组织文化认同度与其他组织变量的关系，最后还建立了变革型领导通过组织人际和谐、组织文化认同度来影响组织承诺、离职意向的过程模型。

本研究的次要贡献，则在于考查了组织文化认同度和组织人际和谐等概念对传媒集团的意义及作用，并利用科学化的组织文化研究工具，对《联合报》和《南方都市报》两家报业进行了实证调研，实际验证了两家报业的组织文化认同度、组织人际和谐、组织承诺、离职意向等方面的表现，这对传媒学界和实务界均有实际意义。

8.1.1 主要研究工作

本书的研究工作包含探索性研究、验证性研究、案例研究和报业研究四部分。

1. 探索性研究

（1）深度访谈与文献提取。为了了解组织文化认同度的内涵与影响机制，笔者按照规范的定性研究方法，对10家企业、52名中层以上的管理者进行了深度访谈或开放式问卷调研，获得了大量有关组织文化认同的第一手数据；此外还以文献提取的方式，从期刊、书籍和各类网站上搜集与组织文化认同有关的段落，共获得了300多条与组织文化认同有关的原始语句。

（2）编码与量表设计。按照扎根理论的思想，由3位硕士研究生以上学历成员组成的课题小组，对300多条原始语句进行了分类和提炼，形成了标准化的陈述语句，并初步建立了组织文化认同度的概念结构。接着，请5位人力资源与组织行为学界的教授专家、5位相关专业的博士生对提炼的成果进行审核和讨论。根据专家的意见调整了组织文化认同度的测量维度。此外，根据专家意见，又提取出了“组织人际和谐”这一新概念，并建立了相应的概念结构。最后根据扎根理论和专家讨论的结果，编制出组织文化认同度和组织人际和谐的初步量表。

（3）预测试与量表修订。笔者以MBA、EMBA学生为抽样群体，收集了117份预测试样本，采用探索性因子分析方法，初步检验了量表的结构，对部分维度进行调整，最后完成了组织文化认同度、组织人际和谐正式量表的编制。

2. 实证研究

（1）组织文化认同度、组织人际和谐结构验证。本研究进行了大样本的实证研究，从8家企业中收集了480份有效样本，样本有效回收率为96%。以问卷调查的数据为基础，对组织文化认同度、组织人际和谐进行了验证性因子分析，确立了组织文化认同度的二阶四因子结构，以及组织人际和谐的二阶三因子结构。

（2）组织文化认同度、组织人际和谐与变革型领导、组织承诺、离职意向的实证分析。用单因素方差分析检验了不同工作年限、年龄的员工在组织文化认同度上的差异；用线性回归分析验证了组织人际和谐对组织文化认同度的影响，变革型领导对组织人际和谐、组织文化认同度的影响，及组织文化认同度对组织承诺、离职意向的影响。用偏相关分析及结构方程模型，验证了变革型领导通过组织文化认同度来影响组织承诺、离职意向的过程模型及组织人际和谐通过组织文化认同度来影响组织承诺、离职意向的过程模型。

3. 案例研究

以一家国有烟草企业及一家民营服装企业为对象，采用本研究开发的组织文化认同度量表和组织人际和谐量表，对两家企业的文化建设现状及和谐气氛进行了分析诊断，指出该企业文化的优势、劣势及原因，最后还提出了文化建设的具体建议。

4. 报业研究

选择了两岸有代表性的报业——台湾《联合报》和广州《南方都市报》作为案例，采用本研究开发的组织文化认同度量表和组织人际和谐量表，结合组织文化类型、组织承诺、离职意向等量表，对两家报业的文化建设现状、和谐气氛、员工组织承诺等方面进行了分析，详细指出了两家报业的文化优、劣势及其原因，并提出了具体的改善对策建议。

8.1.2 主要研究结论

（1）通过严谨、科学的定性和定量研究发现，组织文化认同度可以用认知层面认同度、情感层面认同度、行为层面认同度及社会化层面认同度四个维度来解释，并且这四个维度从属于一个二阶的潜变量。员工对组织文化的认同状况，可以由这四个维度的得分来判断。

（2）同样通过定性和定量结合的方法，发现组织人际和谐可以依照对象的不同区分为同事和谐、上下级和谐和整体和谐三个维度，这三个维度均从属于一个二阶的潜变量。组织内部的和谐气氛如何，可以通过这三个维度的得分来加以判断。

（3）通过实证研究发现，组织文化认同度对组织承诺、离职意向有影响；而组织人际和谐不仅对组织文化认同度有影响，还会通过组织文化认同度来影响组织承诺、离职意向。这说明要想提高员工对组织的归属感、投入感和责任意识，降低离职率，加强文化建设、提高员工的组织文化认同度是可行的措施。同时，组织内的和谐氛围也会影响到员工对组织价值观的接受和内化程度，进而影响到员工的投入感和离职意向，因此企业在进行文化建设的同时，培养组织内部的和谐气氛也是十分重要的。

（4）同样通过实证研究发现，变革型领导对组织文化认同度、组织人际和谐有显著影响；同时变革型领导会通过组织人际和谐与组织文化认同度来影响组织承诺和离职意向。这不但再次验证了变革型领导对组织效能的作用，也让我们对变革型领导的作用机制有了更深一层的认识。

（5）工作年限较长、年龄较大的员工，对组织文化的认同度较高，而员工的受教育程度对组织文化认同度没有显著影响。这可能说明在公司待得越久、社会历练越丰富的员工，越容易理解并接受公司的价值观和规范。

(6) 对《联合报》和《南方都市报》两家报业进行的实证研究，证明了本研究所开发的研究量表，如组织文化认同度量表、组织人际和谐量表等，同样适用于对传媒的研究。此外，通过对两家报业的实证研究，发现两家报业在组织文化、文化认同、人际和谐、组织承诺等方面均存在某些不足，并对此提出了改进建议。

8.2 主要研究结果讨论

一、组织文化认同度之维度与结构讨论

本研究发现，组织文化认同度可以由认知层面、情感层面、行为层面和社会化层面四个维度来解释。其中，认知层面指的是员工对组织文化的认识和理解程度；情感层面指的是员工喜爱、欣赏组织文化的程度；行为层面是员工以实际行动推动、支持文化的程度；而社会化层面则是员工把组织的价值观和规范内化到自己心灵的程度。

过去对于组织文化认同的实证研究较少，但在组织认同或文化认同的文献中，也有不少学者做出了类似的维度区分。例如，Dick 等（2004）的组织认同量表将组织认同区分为认知、情感、评价和行为四个层面。其中，“认知”指员工对从属于一个组织的知觉；“情感”指员工对组织的归属感和情感依赖；“评价”指员工个人价值观与组织价值观的匹配情形；而“行为”则指员工以实际行动支持组织的程度。经过比较，可以发现其中的认知、情感和行为三个维度，与本研究开发的组织文化认同度量表的认知层面、情感层面和行为层面维度是相似的，而“评价”维度是指价值观方面的匹配，在本研究中被归属到了“情感”维度，因为就文化认同度而言，员工“喜爱”组织价值观的程度，和感到价值观“匹配”的程度实际上是同一个维度的内容，都属于情感层面。

另外，在人类学领域的文化认同研究中，也有学者依照心理学的认知原则，把文化认同分为认知的、情感的、知觉的和行为的四个维度（陈月娥，1986；刘明峰，2006）。其中的认知、情感和行为三个维度，和本研究的组织文化认同度量表三个维度也是近似的；而知觉维度指的是个人喜爱该文化团体的感觉，属于一种情感上的归属，因此在本研究中被归类为情感层面。

另外一些人类学研究（Dehyle，1992；陈枝烈，1997）把文化认同区分为文化投入、文化归属和文化统合三个维度。其中文化投入是以实际行动支持文化发展的程度，文化归属是指个人隶属于某一文化团体、喜爱该团体的感觉，文化统合则是指个人能够把不同的文化（主流文化、少数族

群文化、次文化等）加以融合并适应的程度。经过分析和比较，可以发现“文化归属”兼具情感层面和认知层面的内容，“文化投入”属于行为层面，而“文化统合”则是属于人类学领域的概念。在组织中，员工并不需要面对多种文化的冲击和碰撞，因此文化统合这一维度并不适用于组织文化认同研究。

经过上面的比较，可以发现本研究的组织文化认同度四个维度中，认知层面、情感层面和行为层面三个维度都和现有的研究结果一致。而组织文化认同度的第四个维度社会化层面，主要指的是员工把组织的价值观、理念、行为规范等不断内化到自己心灵的程度，这与另外三个维度皆不相同。

事实上，文化认同本来就应该包含把文化价值观内化到心灵的这一过程，人类学领域对文化认同的定义即“个人接受某一族群文化所认可的态度与行为，并且不断将该文化之价值体系与行为规范内化至心灵的过程”（卓石能，2002；陈枝烈，1997；谭光鼎、汤仁燕，1993），其中特别提到了把文化价值体系和行为规范内化到心灵这一过程。然而，过去对文化认同或组织认同的维度区分，却没有考虑到内化或社会化这一层面；因此，本研究加入了社会化层面这一维度，具备逻辑上的正当性。

此外，社会化层面这一维度也具有一定的中国特色。由于中国的文化较倾向集体主义，员工容易把自己视为整个组织的一部分，和组织共存共荣、共同成长。换句话说，员工在组织文化认同的过程中，不但会认识、喜爱组织的文化，更会把组织所提倡的价值观和规范内化到自己的内心，并会由此而产生与组织休戚与共、命运相连的感觉。

总之，本研究通过严谨、科学的方法，把组织文化认同度区分为认知层面、情感层面、行为层面和社会化层面四个维度，不但与过去其他学者的研究有所呼应，更在既有研究的基础上更进了一步，对文化认同的概括和解释更加完善。

二、组织人际和谐之维度与结构讨论

本研究发现，组织人际和谐可以由同事和谐、上下级和谐及整体和谐三个维度来解释。其中同事和谐是指同一部门的同事之间存在的和谐氛围，上下级和谐就是直属上司与下属间的和谐氛围，而整体和谐则是指不分部门、所有员工之间都存在的和谐关系。可以看出，这主要是基于人际关系对象而做的一种区分。

虽然人际和谐一向是中国文化的主要内涵之一，但过去相关的实证研究较少。大部分的研究及论述都把和谐视为单一维度的概念，例如Jason 等（2001）认为“和谐”是构成智慧的五个重要因子之一；印度学

者 Misra、Suvasini & Srivastava（2000）则把和谐视为东方文明传统智慧观的一个维度。

台湾学者黄丽莉（1999）采用规范的心理学研究方法，把人际和谐分为两大类，即实性和谐（真正的和谐、表里如一的和谐）和虚性和谐（貌合神离），以下又分别包含了三种不同类型的和谐，她还对这六类人际和谐的情绪表现、人际导向和转化机制进行了深入的研究。然而，她仍然把人际和谐视为单一维度的变量，只不过这个维度包含了六种不同的和谐类型而已。

事实上，儒家思想本就提倡依照不同的身份和地位来区分人际关系。例如，《论语·颜渊》提到的“君君臣臣，父父子子”就表明了基于自身地位和对方地位的不同，在待人处事上要遵循不同的原则。因此，依照对象的不同来区分组织人际和谐的维度，是与儒家思想吻合的。

在本研究发现的组织人际和谐三个维度中，同事和谐是指同一个部门员工之间的和谐。由于同一部门的同事之间互动最频繁，也最需要齐心协力地完成工作，因此同事间的和谐气氛非常重要。上下级和谐是直属上司和下属之间的和谐、体谅和互助气氛，由于直属上级经常是每个员工接触最多的人，而上级是否能够体谅、关怀下级，往往直接关系到下级的工作满意度和对组织的忠诚度，因此上下级和谐也是不可或缺的。

而整体和谐则涵盖了同事和谐、上下级和谐以外的一切人际关系。随着市场竞争的加剧和环境的变化，越来越多的企业试图打破传统的部门分界，强调跨部门的合作和信息共享，以加快市场反应速度、提高组织的绩效，应付来自市场和竞争对手的压力。因此，组织内部的人际和谐，绝不能仅是部门内部的和谐，还必须包括部门与部门之间的和谐，以及所有员工之间的总体和谐。

总之，本研究发现的组织人际和谐三个维度，可以说涵盖了组织内部全部的人际关系。本研究不但成功地深化了人际和谐的研究探索，也把现代管理思想和儒家的古典思想联系起来，并为现代企业建立和谐组织提供了良好的指引。

三、组织文化认同度、组织人际和谐、组织承诺与离职意向关系讨论

本研究发现，组织文化认同度对组织承诺有正向影响，对离职意向则有负向影响；而组织人际和谐不但对组织文化认同度有影响，而且会通过组织文化认同度来影响组织承诺及离职意向。

组织承诺和离职意向都是组织效能的重要衡量指标。因为组织承诺代表员工对组织的投入感、情感联系、责任感等，而离职意向则可以在一定意义上代表员工对组织的忠诚感。拥有高度投入、高度支持组织，并且不会轻言离职的员工，是每个组织都希望的；同时，员工的整体投入感和责任意识愈强，也愈有可能创造出实际的效益。因此，如何提高员工的组织承诺、降低员工的离职意向，可以说是所有组织共同的课题。

组织文化建设的最终目的，其实也就是通过凝聚员工共识、提高员工对组织文化的向心力从而提升组织的整体效能。然而，过去由于缺乏组织文化认同度的测量工具，因此文化建设对于提升组织效能到底有多少助益，并没有太多的研究说明。在人与组织匹配的研究方面，有研究表明，员工与组织在价值观上愈投契，其组织承诺就会愈高，也愈不容易离职（Chatman，1991）。然而人与组织匹配只是认知层面的概念，员工跟组织在价值观上表现一致，并不代表一定会认同组织的文化，也不一定会在实际行动上支持组织的文化建设。因此，人与组织匹配的研究，还不足以说明组织文化建设与组织效能的关系。

本研究在开发出组织文化认同度量表的基础上，以实证研究的方法证明了组织文化认同度与组织承诺存在正相关，与离职意向存在负相关。这就以更直接的方式证明了员工愈是认同组织的文化，就愈有可能高度投入组织当中，对组织有情感上的归属，也就愈不可能轻易离职。

换句话说，组织文化建设确实有其必要性。因为文化建设的主要目标，就是在员工之间建立起价值观上的共识，使员工高度认同组织的文化理念体系。既然组织文化认同度会影响到组织承诺和离职意向，这就间接证明了组织文化建设与组织效能的关系。文化建设愈成功，员工的投入感和向心力就愈强，也就愈有可能为组织带来效益。

另外，本研究还证实了组织人际和谐与组织文化认同度有关，而且组织人际和谐会通过文化认同度来影响组织承诺及离职意向。

当组织内部的和谐气氛比较浓郁，员工之间愿意互相支持、互相体谅，且上下级之间以及不同部门之间都存在这样的和谐氛围时，员工的工作热情必然会有所提高，也会比较容易适应组织的工作环境和文化氛围。因此，组织人际和谐是有助于提高员工的组织文化认同度的。

而组织人际和谐与组织效能的相关研究虽然不多，但也已经有研究证实人际和谐有助于提高组织承诺、工作满意度和个人工作绩效（钟昆原、王锦堂，2002）。而本研究则进一步证明了组织人际和谐会通过组织文化认同度的中介作用来影响员工的组织承诺和离职意向，这使我们对组织人际和谐的作用机制有了更深一层的认识。因此，在企业内部建立一种融洽、互相支持、互相体谅的氛围，并且无论是否同一部门，都鼓励营造互助合作、互相帮忙的和谐气氛，这对现代企业是十分重要的。

另外，由于组织人际和谐是一种员工对组织氛围的感知，而组织文化认同度、组织承诺和离职意向都是个人层面的态度，因此，当员工感知到组织内浓厚的人际和谐氛围时，就会首先表现在对组织文化的认同和投入上，继而通过这种文化认同度的提高来进一步提升员工对组织的向心力和投入感，并降低员工离职的可能性。

四、变革型领导与组织文化认同度的中介作用讨论

本研究发现变革型领导对组织文化认同度、组织人际和谐有显著影响；同时通过偏相关分析和结构方程模型发现，变革型领导会通过组织人际和谐与组织文化认同度的中介作用来影响组织承诺和离职意向。

变革型领导是目前领导学研究的热点之一，众多研究都表明，变革型领导对组织效能有显著的影响（Geyer & Steyrer，1998 等）。然而，变革型领导的具体作用机制，以及其中涉及的中介变量，目前还不是十分清楚。

目前国内已经有学者对变革型领导的作用机制进行了研究，发现心理授权（李超平、田宝、时勘，2006；吴志明、武欣，2007）在变革型领导的作用过程中起中介作用。另外也有研究表明，组织人际和谐在变革型领导对领导效能的影响中，扮演着中介变量的角色（王锦堂，2002）。

本研究除了进一步证实了组织人际和谐对变革型领导的中介作用外，也发现了组织文化认同度同样在变革型领导的作用过程中起中介作用，这使我们对变革型领导的影响机制有了更深入的认识。

变革型领导者能够凭借自己的个人魅力和魄力，为员工勾勒未来的愿景，激发出员工内在的动力和个人潜力，取得超乎预期的成就。在这个过程中，变革型领导者由于重视团队建设和凝聚，使员工精诚团结，因此自然也就能够使组织的人际和谐气氛变得浓厚；变革型领导者塑造愿景、激发员工潜能的做法，也有助于增强员工对组织的向心力，使员工更加认同组织的价值观。另外，通过改善人际和谐及提高员工的文化认同度，变革型领导者也能够提升组织的效能，使员工愿意高度投入组织中，对组织有忠诚感和责任感，愿意为组织创造更大的效益。

8.3 主要创新点

8.3.1 理论创新

1. 以严谨、规范的方法，建立了组织文化认同度的概念结构及测量工具

组织文化是作用在员工身上的，因此如何衡量员工对组织文化的认同度，是组织文化研究的重要课题。然而，目前学术界却缺少直接测量员工

组织文化认同度的工具。过去的组织文化认同测量结果，通常是通过分别测量员工的价值观与组织的价值观，然后分析两者的差异而得到的，或是把文化认同视为组织认同的一部分。然而，组织文化认同毕竟是个人的主观感受，采用间接的方法来测量难免会有偏差，而组织认同的概念又过于宽泛，难以精准把握住员工对组织文化的认同状况。

本研究通过规范的扎根理论研究法，发现组织文化认同度可以由认知层面、情感层面、行为层面和社会化层面四个维度来解释，并且建立了由这四个维度所构成的组织文化认同度量表。本研究接着以大样本的实证数据，验证了该量表的信度和效度。

组织文化认同度量表可以用来直接而精确地判断员工对组织文化的认同度，也可以用来研究组织文化认同与其他组织行为变量之间的关系，具有一定的创新意义。此外，由于组织文化认同度完全是个人的感知，不像人与组织匹配的量表那样会受到文化背景的影响，因此组织文化认同度量表具有相当的普适性和通用性。

此外，本研究发现的组织文化认同度四维度中，认知层面、情感层面和行为层面三个维度与已有的组织认同测量维度（Dick et al.，2004）和文化认同的测量维度（陈月娥，1986；刘明峰，2006）近似，都与心理学的认知原则相符。但本研究发现的第四个维度即社会化层面，则具有一定的创新性。

社会化层面这一维度，指的是员工把组织的价值观、理念和行为规范内化到自己内心的程度。事实上，文化认同本身就包含着价值观内化这一过程，但过去的研究并未把这一过程视为独立的维度；此外，社会化层面这一维度也具有中国特色，它表明员工愿意把自己视为整个组织的一部分，和组织休戚与共、命运相连，这也是组织文化建设所追求的目标之一。

因此，本研究把社会化层面这一维度独立出来，建立了四个维度的组织文化认同度概念结构和测量工具，不但具备理论上的创新意义，也较为符合中国的情境。

2. 以严谨、科学的方法，对组织人际和谐进行了系统性的探索

“和谐”一向是中国传统文化的重心之一，也是目前中国社会主义建设的方向。然而，尽管早在两千多年前的儒家经典中就出现了和谐的理念，但至今关于和谐的详细内涵及衡量方式，还不是十分清楚。

本研究以组织为背景，采用规范的扎根理论研究法，依照人际对象的不同，建立了由同事和谐、上下级和谐和整体和谐三个维度构成的组织人际和谐概念模型，并编制出了相应的量表。该量表同样通过了大样本数据的信度和效度检验，具有可操作性。

组织人际和谐量表可以用于直观地衡量组织的和谐气氛，也可以用于研究人际和谐与其他变量之间的关系，具备理论和实践上的意义。

此外，过去的研究多半将人际和谐视为单一维度的变量（如 Misra，Suvasini & Srivastava，2000；Jason，Reichler & King，2001；黄鹂莉，1999），并未对人际和谐的概念作进一步的分解和细化。本研究则依照人际关系对象的差异，把组织内部的人际和谐区分为同事和谐、上下级和谐和整体和谐三个维度，这三个维度基本涵盖了组织内部所有的人际关系网络；同时，依照人际对象来区分关系类型的做法，也与儒家思想吻合。

本研究建立的组织人际和谐三维度模式，不但在人际和谐的理论研究上是较新的尝试，同时也进一步整合了古典思想和现代管理理论。此外，同事和谐、上下级和谐和整体和谐这三者对组织都具有相当的重要性，因此也具备实践上的意义。

3. 探索了组织人际和谐、组织文化认同度对组织承诺、离职意向的影响

本研究在建立了组织文化认同度和组织人际和谐概念结构的基础上，进一步以定量研究的方法验证了组织文化认同度、组织人际和谐、组织承诺和离职意向四个变量之间的相关性。结果发现，组织文化认同度对组织承诺有正向影响，对离职意向则有负向影响；而组织人际和谐不但对组织文化认同度有影响，而且会通过组织文化认同度来影响组织承诺及离职意向。

组织承诺和离职意向都是组织效能的重要衡量指标，而提高员工的组织承诺、降低员工的离职意向，也是组织文化建设的最终目标。然而，由于缺乏组织文化认同的测量工具，因此文化建设对于提升组织效能到底有多少助益，过去并没有太多的实证研究支持。

本研究则以自行研发的组织文化认同度量表作为工具，以实证研究的方法证明了组织文化认同度与组织承诺存在正相关，与离职意向存在负相关。这就以更直接的方式证明了组织文化建设的重要性；因为组织文化建设有助于提高员工对文化的认同程度，进而加强员工的组织承诺、降低离职意向，使得员工愿意全心全意地投入组织中，为组织创造效益。

另外，组织人际和谐与组织文化认同度有关，并且会通过组织文化认同度来影响组织承诺和离职意向，这说明了在组织内部建立和谐氛围的必要性。当组织内部营造出一种融洽、互相支持、互相体谅的和谐氛围时，员工对组织的价值体系会更加认同，同时员工对组织的向心力和凝聚感也会加强，因此员工不会轻言离职。这说明了组织人际和谐确实可以为组织

带来效益。

4. 对变革型领导量表进行修订，并探索了变革型领导的作用机制

变革型领导是领导学研究的热点话题，这种通过建立愿景、激发员工潜能、发展团队意识来改变员工的领导方式，已经被证实是最有效的领导方式之一。然而，变革型领导的测量工具是在西方背景下开发的，翻译成中文后存在一些语义不清、条目重复的问题，对中国背景下的变革型领导研究造成一定的困难。

本研究在变革型领导理论的基础上，参照中国的环境与文化背景，对变革型领导量表进行了简化和修正，除了删除、合并部分语义重叠的条目外，还对量表的修辞进行了调整，使之更容易被中国员工所理解。经过专家讨论和大样本的数据检验，证实修订后的量表结构稳定，具备较好的信度和效度，可以有效地测量中国背景下的变革型领导风格。因此，变革型领导量表的简化和修订也是本研究的贡献之一。

此外，虽然目前已有众多研究说明变革型领导对组织效能有影响，但关于其中的具体作用机制，以及有哪些变量起中介作用，目前还不十分清楚。

本研究则以修订完成的变革型领导量表为基础，以实证数据证明了变革型领导与组织人际和谐、组织文化认同度有关，而且会通过这两者来影响组织承诺和离职意向。变革型领导者能够使组织内的人际和谐氛围变得浓厚、提升员工对组织价值体系的认可和接受程度，进而使员工高度投入组织中，为组织创造效益。

因此，本研究深化了对变革型领导作用机制的探索，证明了组织人际和谐和组织文化认同度这两个变量都在变革型领导的作用过程中起中介作用。当然，在这个作用过程中是否还涉及其他的变量，本研究未能进行完全的探究，但这已经有助于往后的学者继续探讨变革型领导的作用和影响机制。

5. 对报业的组织文化和组织行为进行了严谨的实证研究

过去对组织行为的研究，甚少专门针对报业或其他传媒组织进行探索的。而在传媒经营管理领域的相关研究，大体而言以论述性、经验性的文章为主，定性研究为辅，真正采用规范的定量研究工具，对传媒集团或报业进行组织行为学研究的则非常稀少。

本研究在建构了组织文化认同度量表、组织人际和谐量表，并对变革型领导量表进行修订完善的基础上，进一步选择了《联合报》和《南方都市报》两家有代表性的报业进行研究，考察了两家报业的组织文化类型、组织文化认同度、组织人际和谐、组织承诺、离职意向等方面的表现。尽

管两家报业并不足以代表海峡两岸的报业总体状况，但这样的研究思路和研究方法，对于后续针对传媒集团的实证研究具有一定的启发意义。

8.3.2 实践创新

除了理论上的创新外，本研究还有实践上的创新意义：

1. 为组织文化建设提供了有效的考核工具

近十几年来，中国企业出现了一波组织文化建设的热潮，许多企业都热衷于提炼自身的文化理念体系，并通过文化培训、文体活动等方式，把文化传达给员工。然而，由于组织文化建设的考核工具并不完善，企业难以有效衡量文化建设的效果，也无从得知文化有没有进入员工的心里；在缺乏考核和反馈的情形下，许多企业的文化建设都收不到应有的效果，徒然浪费了时间、精力和企业的资源。

本研究通过科学的手段所开发出的组织文化认同度量表，正好可以作为组织文化建设的考核工具。由于文化是作用在员工身上的，文化建设的目标也是要把价值体系落实到员工的心里，因此，测量员工对组织文化认同度的量表，是相当适合的文化考核手段。企业可以在展开文化建设后，定期衡量各部门员工的文化认同度，如果文化认同度有显著提高，则代表文化建设有了一定的效果；相反地，如果员工的组织文化认同度毫无变化，则说明文化建设可能需要加强或是进行修正了。

另外，组织文化认同度量表分为认知层面、情感层面、行为层面和社会化层面四个维度，其除了遵循心理学的认知原则外，也体现了文化认同的过程。一般情况下，员工是先了解、记住组织文化，才会对文化产生情感上的归属，进而以实际行动来支持组织的文化建设，并把组织的价值体系内化。

对企业而言，四个维度的分析有助于判断组织文化建设是否到位，以及在哪些层面需要加强。例如本书的案例研究部分，两家企业都是认知层面的文化认同度最低，而社会化层面最高，这说明案例企业的组织文化建设还是较为出色的，员工对组织的向心力较强；然而，两家企业没有形成良好的文化体系，因而导致员工不太清楚组织文化的内涵。这就为两家企业指明了接下来组织文化建设应该走的方向。

2. 有助于企业正确理解组织文化的作用

毫无疑问，近年来企业文化热潮的涌现，是因为企业管理人员相信文化能够发挥作用，特别是相信文化有助于提高组织的效能。然而，由于组织文化理论尚未完善，对于怎样的文化有助于提高效益、文化又是怎样发挥作用的，还不是十分清楚。在缺乏足够的理论指导下，许多企业的文化建设出现了误区：有些管理者相信文化万能，只要文化建设好了，企业的一切问题就迎刃而解；另一些管理者则反其道而行之，认为只有硬性的资源和指标才有用，文化这种软性的东西是起不到什么作用的。

本研究主要在于探讨组织文化认同度的概念结构和作用机制。经过实证分析，发现提升组织文化认同度确实有助于提高员工的组织承诺，降低员工的离职意向。这就证明了组织文化认同对组织效能有所助益，至少它能够增强员工对组织的投入感、向心力和责任感，并降低员工离职的可能性。这有助于企业更深入地了解组织文化的作用。

事实上，文化绝不是无用的，但也不是只要提炼了文化就能发挥作用；文化必须体现到员工身上，让员工对其产生共识和认同，才能够发挥作用。而且，组织文化的主要作用还是在于凝聚人心，使员工朝着共同的目标努力，至于能否提高组织的绩效，还涉及很多其他的因素；除了文化建设外，企业同样必须注意市场机会的把握和自身核心能力的发展，这样才能够在快速变化的环境中生存并发展下去。

提高员工对组织的投入度、忠诚度和责任意识，并且使员工不轻易离职，这确实是每个企业都乐见的。因此，本研究可以说在一定程度上验证了组织文化的作用，并且有助于企业了解组织文化的意义和影响。

3. 协助企业正确认识人际和谐的概念和作用

“和谐”不仅是中国文化的重要内涵之一，也是目前中国社会发展的方向。和谐的重要性在企业中也有所体现，许多企业在文化建设中都十分重视和谐、互助、体谅等内容。

然而，由于过去对组织人际和谐这一概念的研究较少，也较不清楚该如何测量组织人际和谐。因此许多企业尽管重视建设和谐文化，却不知道该怎么衡量组织内部是否和谐，也无从得知和谐文化建设的成效；另外，对于和谐到底能起到什么作用，许多企业也说不清楚。这导致不少企业的和谐文化建设沦为口号，难以落到实处。

本研究利用严谨的扎根理论研究法所开发的组织人际和谐量表，正好可以作为企业衡量内部和谐状况、考核和谐文化建设成效的工具。量表分为同事和谐、上下级和谐和整体和谐三个维度，体现了不同的人际关系和不同的和谐内涵，有助于企业更深入地了解哪一类和谐表现较好、哪一类和谐需要改善。例如本书的案例研究中，B 企业的组织人际和谐状况就是同事和谐、上下级和谐表现较好，而整体和谐表现较差。这说明该企业的部门内部较为团结，但各部门之间的协作存在不足，存在互相推诿、大局意识不够强的现象。这为 B 企业和谐文化的建设指明了方向。

此外，本研究还通过实证分析，验证了组织人际和谐与组织文化认同度有关，且会通过文化认同来影响组织承诺、离职意向，这在一定程度上证明了和谐的重要性。企业如果能塑造出和谐、互相帮助、互相体谅的作风和人际气氛，不但可以提升员工对组织文化的认同度，还有助于提高员工的投入感和向心力，并使员工不轻易离职。换句话说，建设和谐文化并不是空穴来风，组织人际和谐的提高确实对企业有所助益。

4. 有助于管理人员发展有效的领导风格

企业的主要领导者对整个企业有巨大的影响力，不但他的决策会影响企业的走向，他的领导风格也会深刻地影响员工的精神风貌和工作状态；这点在中国背景下尤其明显。

本研究对变革型领导的作用机制及其和组织文化认同度的关系进行了探索。不但进一步验证了变革型领导对组织效能的影响，而且也证明了变革型领导有助于提高员工的组织文化认同度以及使组织内的人际和谐气氛变得浓厚。换句话说，变革型领导是相当有效的领导方式。

这就表明，企业管理人员如果想要提高组织的效益、提升员工对组织文化的认同度，改变领导风格是可行的手段。作为领导者，不能再只利用职位权力和正式的制度规范来指挥员工，而必须通过较为软性的方式，以树立愿景、以身作则、关怀员工、激发员工的潜能等方式，让员工自愿追随领导者，为企业贡献出最大的努力。这样一来，企业自然能收到超出预期的回报。

5. 有助于传媒集团的管理者更加深入地探索本身的组织文化与员工行为

过去，传媒集团由于本身体制和经营模式上的特殊性，加上传媒集团本身通常规模较小、人员结构也不及其他产业的企业集团那般复杂，因此传媒集团的经营管理相对较为依赖经验，较少利用现代化、科学化的管理工具和手段来优化自身的经营模式与管理方法。特别在对内部人员的管理方面，虽然许多传媒集团领袖（如南方报业传媒集团的领导班子、广州日报报业集团领导班子等）已经意识到组织文化内聚人心、外塑品牌的作用和重要性，也有意识想打造强势的组织文化，却苦于缺乏足够的理论和方法支持而显得有心无力。

而本研究通过自行建构的组织文化认同度量表和组织人际和谐量表，加上组织文化类型、组织承诺、离职意向等规范的组织行为研究工具，针对《联合报》和《南方都市报》两家有代表性的报业进行调研，证实了这些组织文化和组织行为研究工具、量表同样适用于针对传媒集团或报业的研究。并且本研究通过实证分析，指出了《联合报》和《南方都市报》两家报业在组织文化类型、组织文化认同度、组织承诺等方面的不足之处，并提出了有针对性的改善对策建议。

本研究所采用的研究思路、工具和分析套路，对于传媒集团或报业的管理者而言是具有一定启发意义的。组织文化是一个组织的灵魂，优秀而强势的组织文化能够起到凝聚人心、激励员工、改善内外部关系、提升员工满意度和顾客认同度等方面的作用；但想要打造良好的组织文化，首先必须对组织当前的文化氛围、文化强度、员工心理等有充分的认识，这样才能直指要害，有针对性地优化组织的文化内涵、氛围及相关机制。因此传媒集团或报业的领导者们应该尽可能吸收组织行为学领域的理论、框架和研究方法，包括本研究所采用的研究量表，对组织自身的组织文化和员工行为进行深入调研，在充分了解集团自身在文化方面优劣势的基础上，开展全面而有针对性的组织文化建设。早在 20 世纪 30 年代，霍桑实验（Hawthorne Experiments）的种种发现就告诉管理者，员工的满意度、积极性以及员工之间的关系和非正式群体的存在，对组织的管理有效性会产生巨大的影响。因此，传媒集团或报业的管理者必须更加关注员工的行为和心理状况，通过科学化、规范化的研究工具了解组织本身的文化氛围和员工心理，并据此提出有针对性的改善建议。在这一方面，本研究的思路和方法无疑是有一定启发价值的。

8.4 本书主要的不足与未来研究建议

本研究通过较为严谨的方法，对组织文化认同度、组织人际和谐的概念结构及影响机制做了初步研究，取得了一定程度的创新。但本研究仍存在以下不足：

（1）受时间和成本的限制，本研究在问卷调查上采取便利抽样的方式，在量表建构与验证的阶段，针对企业总共回收了 480 份有效问卷，样本数量受到一定局限。而在针对报业进行研究的阶段，在《联合报》和《南方都市报》两家报业共回收 299 份有效问卷，样本规模同样不大。若往后能进一步加大样本量，将可对组织文化认同度的结构和作用机制进行更深入而细致的分析，同时对于传媒相关产业的组织文化和组织行为情况也能有更为全面而深入的理解。

（2）本研究涉及的变量限于个体层面。本研究涉及的变量包含组织文化认同度、组织人际和谐、变革型领导、组织承诺和离职意向，在调查方式上全部限定在个体层面，研究的是员工个人的情况和想法。而组织文化认同度其实不仅与个体层面的变量有关，与团队层面、组织层面的变量也有一定关联，因此往后的研究若能考虑其他层面的变量，将可进一步丰富研究内容。

（3）在传媒研究这方面，由于精力、时间有限，本研究仅仅针对报业进行了调研，调研对象为《联合报》和《南方都市报》两个报业组织，而并未对电视台、广播电台、网络新媒体等媒介组织进行研究，同时在报业研究这方面也只限于都市报，并没有针对党报、专业报、晚报等类型的报纸进行调研。研究对象的局限性，使得本研究难以对整体传媒产业做出更加全面的推论。此外，比较性的研究（例如报业与电视产业的比较、传统媒体与新媒体组织的比较等）也难以进行。

基于以上几点不足，今后的研究工作可以从以下几个方面着手：

（1）进一步扩大样本量。更大的样本量可以进一步检验本研究所建构的组织文化认同度、组织人际和谐概念模型的信度和效度，也可以更深入、全面地探索组织文化认同度、组织人际和谐与其他变量之间的关系，有助于更好地揭示组织文化认同度的作用机制。

（2）加入其他组织行为变量，特别是团队层面、组织层面的变量。本研究仅把组织承诺和离职意向列为结果变量，实际上组织文化认同度和组织人际和谐与其他变量也存在关联，后续研究可以考虑把工作绩效、工作满意度、组织公民行为等变量引入，更可以把团队层面、组织层面的一些变量引入，进一步丰富研究的内容。

（3）采用纵向数据。变革型领导对组织文化认同度、组织人际和谐的影响需要一段时间的积累，而文化认同、人际和谐对结果变量的影响同样有一个过程，单纯采用横截面的数据，对因果关系的论证难免有疏漏之处。若能采用长期追踪同一组样本的做法，收集纵向的数据信息，将可深化对各变量之间影响机制和过程的研究。

（4）进行跨国籍、跨行业的比较研究。理论上来说，组织层面的因素会对员工的组织文化认同产生影响，不同国籍、不同行业、不同性质的企业，员工的组织文化认同度可能存在差异。后续研究若能收集到数量较大、具有代表性的企业样本，就可以深入研究组织特性对员工组织文化认同度的影响。

（5）在传媒领域，可以选择更多样化的传媒组织进行研究。例如，可针对党报和都市报组织的组织文化和员工心理进行比较研究或针对纸媒与电子媒体进行比较研究，乃至于针对传统媒体与新媒体进行比较研究等。这样跨业界、大样本的比较分析，不仅有助于分析不同传媒产业之间的异同，对于了解传媒产业的总体状况也有较大的帮助。

附录A LISREL数据分析程序

A1. 组织文化认同度二阶因子分析程序

```
Title Culture ID CFA
DA NI =20 NO =480
RA FI = K:\CI. dat
LA
CI1 CI2 CI3 CI4 CI5 CI6 CI7 CI8 CI9 CI10
CI11 CI12 CI13 CI14 CI15 CI16 CI17 CI18 CI19 CI20
Mo NY =20 NE =4 NK =1 TE =SY,FI PS =DI,FR GA =FU,FR
LE
Cognitive Affective Behavioral Social
LK
Cultural_Identity
FR LY 1 1 LY 2 1 LY 3 1 LY 4 1 LY 5 1 LY 6 2 LY 7 2 LY 8 2 LY 9 2 LY 10 2
FR LY 11 2 LY 12 3 LY 13 3 LY 14 3 LY 15 3 LY 16 4 LY 17 4 LY 18 4 LY 19 4 LY 20 4
FR TE 1 1 TE 2 2 TE 3 3 TE 4 4 TE 5 5 TE 6 6 TE 7 7 TE 8 8 TE 9 9 TE 10 10 TE 11 11
FR TE 12 12 TE 13 13 TE 14 14 TE 15 15 TE 16 16 TE 17 17 TE 18 18 TE 19 19 TE 20 20
PATH DIAGRAM
OU SS MI
```

A2. 组织人际和谐二阶因子分析程序

```
Title Interpersonal Harmony CFA
DA NI =13 NO =480
RA FI = K:\IH. dat
LA
IH1 IH2 IH3 IH4 IH5 IH6 IH7 IH8 IH9 IH10 IH11 IH12 IH13
Mo NY =13 NE =3 NK =1 PH =SY TE =SY,FI PS =DI,FR GA =FU,FR
LE
Peer Leader Total
LK
Harmony
```

```
FR LY 1 1 LY 2 1 LY 3 1 LY 4 1 LY 5 1 LY 6 2 LY 7 2 LY 8 2 LY 9 2
FR LY 10 3 LY 11 3 LY 12 3 LY 13 3
FR TE 1 1 TE 2 2 TE 3 3 TE 4 4 TE 5 5 TE 6 6 TE 7 7 TE 8 8 TE 9 9 TE 10 10 TE 11 11 TE 12 12 TE 13 13
PATH DIAGRAM
OU SS MI
```

A3. 组织文化认同度作用机制结构方程模型

```
Title TL-IH-CI-OC SEM
DA NI = 15 NO = 480
LA
TI CC NC AC CCI ACI BCI SCI PIH LIH TIH MTL ITL CTL InTL
RA FI = K:\SEMdata2. dat
SE
TI
CC NC AC
CCI ACI BCI SCI
PIH LIH TIH
MTL ITL CTL InTL/
MO NY = 11 NE = 4 NX = 4 NK = 1 PH = ST PS = ST,FI TD = SY,FI TE = SY,FI BE = FU,FI GA = FU,FI
LE
Turnover Commitment Culture_ID Harmony
LK
T_Leader
PA LY
1(1 0 0 0)
3(0 1 0 0)
4(0 0 1 0)
3(0 0 0 1)
PA LX
4(1)
FR BE 1 2 BE 1 3 BE 2 3 BE 2 4 BE 3 4 GA 1 1 GA 3 1 GA 4 1
FR TD 1 1 TD 2 2 TD 3 3 TD 4 4
FR TE 1 1 TE 2 2 TE 3 3 TE 4 4 TE 5 5 TE 6 6 TE 7 7 TE 8 8 TE 9 9 TE 10 10 TE 11 11
FR PS 1 1 PS 2 2 PS 3 3 PS 4 4
PATH DIAGRAM
OU SE TV RS SS MI EF
```

附录 B　组织文化认同度预测试问卷

组织文化调查问卷

您好：

我是清华大学经济管理学院的博士生，目前正在进行一项关于组织文化的调查研究，希望您能抽出 10 分钟时间，帮助我们完成这份问卷。

所有调查数据将只用于学术研究。您的一切个人资料及回答都是保密的，请您放心回答。非常感谢您的支持！

说明：在下列问题表述中，请依据您的情况，选择最适合您的一个选项。例如：

	非常不同意	不同意	不确定	同意	非常同意
1. 我认为本公司的文化是独特而与众不同的				√	

如果您对这句陈述的感觉是“同意”，请在第四栏“同意”选项上打钩

	组织文化认同度部分	非常不同意	不同意	不确定	同意	非常同意
1	我清楚地了解我们公司文化的内涵					
2	我可以说出本公司文化的优点和特色					
3	我对公司宣传的各种典型人物或事迹很熟悉					
4	我认为自己与公司是命运共同体					
5	我觉得自己与公司有共同的目标，共同成长					
6	我把老板视为自己的典范					
7	我认为公司提倡的价值观也是我的做事准则					
8	我认为维护自己公司的文化是非常重要的					
9	我把公司当做自己的家					

（续上表）

	组织文化认同度部分	非常不同意	不同意	不确定	同意	非常同意
10	当别人批评我们公司时，我会感到气愤					
11	我非常欣赏我们公司的文化价值观					
12	我很喜欢本公司的工作氛围					
13	我很赞赏我们公司的品牌和形象					
14	我为我们公司的文化感到自豪和光荣					
15	我愿意为我们公司的文化建设奉献心力					
16	我觉得在本公司工作是件快乐的事					
17	我会对外主动宣扬自己公司的品牌及形象					
18	我积极地为公司的各种文化活动出谋划策					
19	我积极地参与公司的文化活动					
20	我总是按照公司文化的要求调整自己的行为					
21	我自觉遵守公司的一切制度和规范					
22	我主动引导其他员工适应公司的文化					
23	我的穿着与言谈举止都努力与公司文化的要求相一致					
24	我会主动地维护公司的品牌和形象					
25	当有人批评我的公司时，我会觉得是对我个人的侮辱					
26	我非常关心别人是如何看待我的公司的					
27	当我谈到公司时，总是说“我们”而非“他们”					
28	公司的成功也就是我的成功					
29	别人赞美我的公司时，我会觉得像在称赞我一样					
30	我的行为就像是这家公司的人					

	组织人际和谐部分	非常不同意	不同意	不确定	同意	非常同意
1	本公司同事之间的相处十分融洽					
2	同事之间总能在工作上互相支持、共同达成目标					
3	在发生冲突时，同事之间能够互相体谅					
4	同事之间能够分享工作所需的信息或资源					
5	同事间是互相信任、互相接纳的					
6	上下级之间的沟通非常顺畅					
7	上下级之间总可以耐心地倾听对方的意见					

（续上表）

	组织人际和谐部分	非常不同意	不同意	不确定	同意	非常同意
8	上下级之间是互相尊重、互相关爱的					
9	当上下级意见不一致时，双方能互相体谅					
10	无论是否在同一部门，员工之间的相处都很和睦、友善					
11	无论是否在同一部门，员工之间都有温馨、亲近的感觉					
12	无论是否在同一部门，员工之间发生联系时，感觉都很自然，没有压力					
13	无论是否在同一部门，组织内的员工遇到困难时，其他人都会主动帮忙					
14	当我有问题时，上级会尽量帮助我					
15	上级会愿意了解我所提出的抱怨					
16	上级在做决策时，会考虑到部属的利益					
17	上级会注意到我在工作上特殊的表现					
18	当我需要特别的帮助时，上级会给我适时地帮助					
19	上级会关心我是否对自己的工作感到满意					
20	上级重视我提出的意见					
21	上级会对我表现出关心					
22	为了达成绩效目标，我们单位团结在一起					
23	我喜欢我们单位对工作任务的投入程度					
24	我们单位成员对单位绩效的水准有一致期待					
25	我们单位为我提供足够的机会来改进个人绩效					
26	我们单位的同事下班后会花时间聚在一起					
27	我们单位的成员很少一起聚会					
28	我们单位的成员宁愿单独行动，而不是像一个团队那样在一起					
29	对我而言，这个单位是我所属的最重要的团体之一					
30	我们单位成员在工作时间外很少聚在一起					
31	我有一些最好的朋友在这个单位里					

	领导风格部分	非常不同意	不同意	不确定	同意	非常同意
1	公司的各级经理总是为本企业寻找新的机会					
2	公司的主要领导为企业描绘出一幅吸引人的未来蓝图					

（续上表）

	领导风格部分	非常不同意	不同意	不确定	同意	非常同意
3	公司的经理人员会用他的未来计划去激励同事					
4	我的直接上级让我们知道，他对我们有很高的期望					
5	公司的经理人员总是精益求精，坚持要做到最好					
6	公司的经理人员不会满足于欠佳的绩效					
7	公司的经理人员会促进本单位同事之间的合作					
8	公司的经理人员会努力培养员工的团队精神					
9	公司的经理人员总是以身作则，为下级树立可以追随的好榜样					
10	公司的经理人员不仅通过言传，而且通过身教来领导员工					
11	公司的经理人员在工作时不会在意下级的感受					
12	公司的经理人员在做事时，会体贴地考虑下级的个人需要					
13	公司的经理人员会促使下级往相同的目标一起努力					
14	公司的经理人员努力提供新的视角和方法，让员工重新去看待那些曾困扰我们的事情					
15	公司的经理人员鼓励下级用新的方法去思考旧的问题					

	组织承诺部分	非常不同意	不同意	不确定	同意	非常同意
1	目前来说，待在这家公司工作是一件必要的事情					
2	即使心里头很想，但现在要我离开这家公司很难					
3	假如我决定要离开这家公司，我目前的生活将会受到影响					
4	因为没有太多的工作机会，所以我不会考虑离开这家公司					
5	假如不是已经在这家公司投入太多的心力，我可能会考虑换工作					
6	离开这家公司的结果，可能再也找不到这么好的工作					
7	我不觉得有任何义务要留在这家公司工作					
8	即使对我有利，我也不觉得现在离开公司是对的					
9	如果现在离开这家公司，我会有罪恶感					
10	这家公司值得我对它忠诚					
11	我现在不会离开这家公司，因为我在公司还有尚未完成的责任					

（续上表）

	组织承诺部分	非常不同意	不同意	不确定	同意	非常同意
12	这家公司给予我许多的恩惠					
13	我很乐意一辈子都在这家公司工作					
14	我感觉到这家公司的问题就是我的问题					
15	对于这家公司，我并没有强烈的归属感					
16	对于这家公司，我并不觉得有任何的感情					
17	我不觉得自己是这家公司的一分子					
18	这家公司对我而言，有很大的意义					
19	我考虑要辞掉现在的工作					
20	我想着要寻找其他相同性质的工作					
21	我想着要寻找其他不同性质的工作					
22	我准备以实际行动去应征其他工作					
23	我不会把现在的工作当成长久的工作					
24	我认为我可以找到更适合我的工作					

个人资料部分（只用于统计）：

1. 您的性别是________

   A. 男　　B. 女

2. 您的年龄是________岁

3. 您在本单位的工作时间：________

   A. 1～4 年　　B. 5～9 年　　C. 10～15 年　　D. 15 年以上

4. 您的受教育程度是？________

   A. 高中及以下　　B. 大专　　C. 本科　　D. 研究生及以上

5. 您的职务类型是？________

   A. 高层管理人员　　B. 中层管理人员

   C. 基层管理人员　　D. 技术及研发人员

   E. 营销及销售人员　　F. 行政、人事等职能人员

   G. 生产人员

6. 您所在公司的类型是？________

   A. 国有企业（含国有控股及国有上市企业）

   B. 民营企业

   C. 港澳台或外资企业（________国籍）

7. 您公司的规模：________

A. 100 人以下　B. 100 ~ 500 人　C. 500 ~ 1 000 人

D. 1 000 ~ 5 000 人　E. 5 000 人以上

8. 您公司所在行业：________

A. 农、林、牧、渔业　B. 采矿业

C. 制造业　D. 电力、燃气及水的生产和供应业

E. 建筑业　F. 交通运输、仓储和邮政业

G. 信息传输、计算机服务和软件业　H. 批发和零售业

I. 住宿和餐饮业　J. 金融业

K. 房地产业　L. 租赁和商务服务业

M. 科学研究、技术服务和地质勘查业　N. 水利、环境和公共设施管理业

O. 居民服务和其他服务业　P. 教育

Q. 卫生、社会保障和社会福利业　R. 文化、体育和娱乐业

S. 公共管理与社会组织

衷心感谢您的支持与协助，谢谢！

附录 C 组织文化认同度正式调查问卷

组织文化调查问卷

您好：

我是清华大学经济管理学院的博士生，目前正在进行一项关于组织文化的调查研究，希望您能抽出 10 分钟时间，帮助我们完成这份问卷。

所有调查数据将只用于学术研究。您的一切个人资料及回答都是保密的，请您放心回答。非常感谢您的支持!

说明：在下列问题表述中，请依据您的情况，选择最适合您的一个选项。例如：

	非常不同意	不同意	不确定	同意	非常同意
1. 我认为本公司的文化是独特而与众不同的				√	

如果您对这句陈述的感觉是“同意”，则在第四栏“同意”选项上打钩

	组织文化认同度部分	非常不同意	不同意	不确定	同意	非常同意
1	我清楚地了解我们公司文化的内涵					
2	我可以说出本公司文化的优点和特色					
3	我对公司宣传的各种典型人物或事迹很熟悉					
4	我很熟悉本公司的品牌形象和宣传词					
5	我清楚地了解本公司所提倡的价值观					
6	我非常欣赏我们公司的文化价值观					
7	我认为公司提倡的价值观也是我的做事准则					
8	我很喜欢本公司的工作氛围					
9	我很赞赏我们公司的品牌和形象					

（续上表）

	组织文化认同度部分	非常不同意	不同意	不确定	同意	非常同意
10	我为我们公司的文化感到自豪和光荣					
11	我愿意为我们公司的文化建设奉献心力					
12	我会对外主动宣扬自己公司的品牌及形象					
13	我积极地为公司的各种文化活动出谋划策					
14	我积极地参与公司的文化活动					
15	我会主动地维护公司的品牌和形象					
16	我认为自己与公司是命运共同体					
17	我觉得自己与公司有共同的目标，共同成长					
18	我把公司当做自己的家					
19	我自觉遵守公司的一切制度和规范					
20	我的穿着与言谈举止都努力与公司文化的要求相一致					

	组织人际和谐部分	非常不同意	不同意	不确定	同意	非常同意
1	本公司同事之间的相处十分融洽					
2	同事之间总能在工作上互相支持、共同达成目标					
3	在发生冲突时，同事之间能够互相体谅					
4	同事之间能够分享工作所需的信息或资源					
5	同事间是互相信任、互相接纳的					
6	上下级之间的沟通非常顺畅					
7	上下级之间总可以耐心地倾听对方的意见					
8	上下级之间是互相尊重、互相关爱的					
9	当上下级意见不一致时，双方能互相体谅					
10	无论是否在同一部门，员工之间的相处都很和睦、友善					
11	无论是否在同一部门，员工之间都有温馨、亲近的感觉					
12	无论是否在同一部门，员工之间发生联系时，感觉都很自然，没有压力					
13	无论是否在同一部门，组织内的员工遇到困难时，其他人都会主动帮忙					

	领导风格部分	非常不同意	不同意	不确定	同意	非常同意
1	公司的各级经理总是为本企业寻找新的机会					
2	公司的主要领导为企业描绘出一幅吸引人的未来蓝图					
3	公司的经理人员会用他的未来计划去激励同事					
4	我的直接上级让我们知道，他对我们有很高的期望					
5	公司的经理人员总是精益求精，坚持要做到最好					
6	公司的经理人员不会满足于欠佳的绩效					
7	公司的经理人员会促进本单位同事之间的合作					
8	公司的经理人员会努力培养员工的团队精神					
9	公司的经理人员总是以身作则，为下级树立可以追随的好榜样					
10	公司的经理人员不仅通过言传，而且通过身教来领导员工					
11	公司的经理人员在做事时，会体贴地考虑下级的个人需要					
12	公司的经理人员会促使下级往相同的目标一起努力					
13	公司的经理人员努力提供新的视角和方法，让员工重新去看待那些曾困扰我们的事情					
14	公司的经理人员鼓励下级用新的方法去思考旧的问题					

	组织承诺部分	非常不同意	不同意	不确定	同意	非常同意
1	对我来说，待在这家公司工作是一件必要的事情					
2	即使心里头很想，但现在要我离开这家公司很难					
3	假如我决定要离开这家公司，我目前的生活将会受到影响					
4	因为没有太多的工作机会，所以我不会考虑离开这家公司					
5	我不会离开这家公司，因为我已经在这里投入了太多心血					
6	如果离开这家公司，我可能再也找不到这么好的工作					
7	我觉得有义务要留在这家公司工作					
8	即使对我有利，我也不觉得现在离开公司是对的					
9	如果现在离开这家公司，我会有罪恶感					
10	这家公司值得我对它忠诚					
11	我现在不会离开这家公司，因为我在公司还有尚未完成的责任					
12	这家公司给予我许多的恩惠					

（续上表）

	组织承诺部分	非常不同意	不同意	不确定	同意	非常同意
13	我很乐意一辈子都在这家公司工作					
14	我感觉到这家公司的问题就是我的问题					
15	我对这家公司有强烈的归属感					
16	对于这家公司，我已经有很深的感情					
17	我觉得自己是这家公司的一分子					
18	这家公司对我而言，有很大的意义					
19	我考虑要辞掉现在的工作					
20	我想着要寻找其他相同性质的工作					
21	我想着要寻找其他不同性质的工作					
22	我准备以实际行动去应征其他工作					
23	我不会把现在的工作当成长久的工作					
24	我认为我可以找到更适合我的工作					

个人资料部分（只用于统计）：

1. 您的性别是________

   A. 男　　B. 女

2. 您的年龄是________岁

3. 您在本单位的工作时间：________

   A. 1～4 年　　B. 5～9 年　　C. 10～15 年　　D. 15 年以上

4. 您的受教育程度是？________

   A. 高中及以下　　B. 大专　　C. 本科　　D. 研究生及以上

5. 您的职务类型是？________

   A. 高层管理人员　　B. 中层管理人员　　C. 基层管理人员

   D. 技术及研发人员　　E. 营销及销售人员　　F. 行政、人事等职能人员

   G. 生产人员　　H. 其他__________

6. 您所在公司的类型是？________

   A. 国有企业（含国有控股及国有上市企业）

   B. 民营企业

   C. 港澳台或外资企业（________国籍）

7. 您公司的规模：________

   A. 100 人以下　　B. 100～500 人　　C. 500～1 000 人

   D. 1 000～5 000 人　　E. 5 000 人以上

8. 您公司所在行业：________

A. 农、林、牧、渔业
B. 采矿业
C. 制造业
D. 电力、燃气及水的生产和供应业
E. 建筑业
F. 交通运输、仓储和邮政业
G. 信息传输、计算机服务和软件业
H. 批发和零售业
I. 住宿和餐饮业
J. 金融业
K. 房地产业
L. 租赁和商务服务业
M. 科学研究、技术服务和地质勘查业
N. 水利、环境和公共设施管理业
O. 居民服务和其他服务业
P. 教育
Q. 卫生、社会保障和社会福利业
R. 文化、体育和娱乐业
S. 公共管理与社会组织

衷心感谢您的支持与协助，谢谢！

参考文献

英文部分：

[1] Albert, S., Ashforth, B. E. & Dutton, J. E. Organizational identity and identification: Charting new waters and building new bridges [J]. *The Academy of Management Review*, 2000, 25 (1): pp. 13–17.

[2] Alfonso Sousa-Poza & Fred Henneberger. Analyzing job mobility with job turnover intentions: An international comparative study [J]. *Journal of Economic Issues*, 2004, 38 (1): pp. 113–137.

[3] Alimo, M. B. Towards the development of new transformational leadership questionnaire [C]. 24th International Congress Assessment Centre Methods, San Francisco, 1998.

[4] Allen, N. J. & Meyer, J. P. Affective, continuance and normative commitment to the organization: All examination of con-struct validity [J]. *Journal of Vocational Behavior*, 1996, 49 (3): pp. 252–276.

[5] Ashforth, B. E. & Mael, F. Social identity theory and the organization [J]. *The Academy of Management Review*, 1989, 14 (1): pp. 20–39.

[6] Autry, C. W. & Daugherty, P. J. Warehouse operations employees: Linking person-organization fit, job satisfaction, and coping responses [J]. *Journal of Business Logistics*, 2003, 24 (1): pp. 171–197.

[7] Bamber, E. M. & Iyer, V. M. Big 5 auditors' professional and organizational identification: Consistency or conflict [J]. *Auditing*, 2002, 21 (2): pp. 21–38.

[8] Banks, J. A. & Banks, C. A. M. *Multicultural Education: Issues and Perspectives* [M]. Boston: Allyn and Bacon, 1989.

[9] Barley, S. R., Meyer, G. W. & Gash, D. C. Cultures of culture: Academics, practitioners and the pragmatics of normative control [J]. *Administrative Science Quarterly*, 1988, 33 (1): pp. 24–60.

[10] Bass, B. M. *Leadership and Performance Beyond Expectations* [M]. New York: Free Press. 1985.

[11] Bass, B. M. From transactional to transformational leadership: Learning to share the vision [J]. *Organizational Dynamics*, 1990, 18 (3): pp. 19 – 31.

[12] Bass, B. M. Two decades of research and development in transformational leadership [J]. *European Journal of Work and Organizational Psychology*, 1999, 8 (1): pp. 9 – 32.

[13] Bass, B. M. On the taming of charisma: A reply to Janice Beyer [J]. *Leadership Quarterly*, 1999, 10 (4): pp. 541 – 553.

[14] Bass, B. M. & Avolio, B. J. *The Implications of Transactional and Transformational Leadership for Individual, Team, and Organizational Development* [M]. In R. W. Woodman & W. A. Pasmore (Eds.). *Research in Organizational Change and Development* [M]. Greenwich, CT: JA1 Press, 1990 (4): pp. 231 – 272.

[15] Bass, B. M. & Avolio, B. J. *Improving Organizational Effectiveness through Transformational Leadership* [M]. Thousand Oaks, CA: Sage Publications, 1994.

[16] Becker, H. S. Notes on the concept of commitment [J]. *American Journal of Sociology*, 1960, 66 (1): pp. 32 – 42.

[17] Bennis, W. G. & Nanus, B. *Leaders: The Strategies for Taking Charge* [M]. New York: Harper & Row, 2000.

[18] Bergami, M. & Bagozzi, R. P. Self-categorization, affective commitment and group self-esteem as distinct aspects of social identity in the organization [J]. *British Journal of Social Psychology*, 2000, 39 (4): pp. 555 – 577.

[19] Berry, J. W., Trimble, J. E. & Olmedo, E. L. *Assessment of Acculturation* [M]. Thousand Oaks, CA: Sage Publications, 1986.

[20] Bhugra, D. Cultural identities and cultural congruency: A new model for evaluating mental distress in immigrants [J]. *Acta Psychiatrica Scandinavica*, 2005, 111 (2): pp. 84 – 93.

[21] Bhuian, S. N. & Menguc, B. An extension and evaluation of job characteristics, organizational commitment and job satisfaction in an expatriate, guest worker, sales setting [J]. *Journal of Personal Selling and Sales Management*, 2002, 22 (1): pp. 1 – 11.

[22] Bluedorn, A. C. A unified model of turnover from organizations [J]. *Human Relations*, 1982, 35 (2): pp. 135 – 153.

[23] Bowen, D. E., Ledford, Jr. G. E. & Nathan, B. R. Hiring for the organization not the job [J]. *Academy of Management Perspectives*, 1991, 5 (4): pp. 35 -51.

[24] Braithwaite, V. Harmony and security value orientations in political evaluation [J]. *Personality and Social Psychology Bulletin*, 1997, 23 (4): pp. 401 -414.

[25] Bretz, Jr. R. D. & Judge, T. A. The role of human resource systems in job applicant decision processes [J]. *Journal of Management*, 1994, 20 (3): pp. 531 -551.

[26] Brooke, P. P. & Price, J. L. The determinants of employee absenteeism: An empirical test of a causal model [J]. *Journal of Occupational and Organizational Psychology*, 1989, 62 (1): pp. 1 -19.

[27] Burns, J. M. *Leadership* [M]. New York: Harper & Row, 1978.

[28] Cable, D. M. & DeRue, D. S. The covergent and discriminant validity of subjective fit perceptions [J]. *Journal of Applied Psychology*, 2002, 87 (5): pp. 875 -884.

[29] Cable, D. M. & Edwards, J. R. Complementary and supplementary fit: A theoretical and empirical integration [J]. *Journal of Applied Psychology*, 2004, 89 (5): pp. 822 -834.

[30] Cable, D. M. & Judge, T. A. Person-organization fit, job choice decisions, and organizational entry [J]. *Organizational Behavior and Human Decision Processes*, 1996, 67 (3): pp. 294 -311.

[31] Cable, D. M. & Judge, T. A. Interviewers' perceptions of persons-organization fit and organizational selection decisions [J]. *Journal of Applied Psychology*, 1997, 82 (4): pp. 546 -561.

[32] Cameron K. S. & Quinn R. E. *Diagnosing and Changing Organizational Culture: Based on the Competing Values Framework* [M]. Boston: Addison-Wesley, 1999.

[33] Campbell, J. P., Brownas, E. A., Peterson, N. G. et al. The measurement of organizational effectiveness: A review of relevant research and opinion [R]. Minneapolis: Final Report, Navy Personnel Research and Development Center, Personnel Decisions, 1974.

[34] Cascio, W. F. *Applied Psychology in Personnel Management* [M]. Englewood Cliffs, NJ: Prentice-Hall, 1991.

[35] Chatman, J. Matching people and organization: Selection and socializa-

tion in public accounting firms [J]. *Administrative Science Quarterly*, 1991, 36 (3): pp. 459 – 484.

[36] Cheney, G. The rhetoric of identification and the study of organizational communication [J]. *Quarterly Journal of Speech*, 1983, 69 (2): pp. 143 – 158.

[37] Cheney, G. & Tompkins, P. K. Coming to terms with organizational identification and commitment [J]. *Central States Speech Journal*, 1987, 38 (1): pp. 1 – 15.

[38] Davis, S. M. *Managing Corporate Culture* [M]. Cambridge, MA: Ballinger Publishing Company, 1984.

[39] Deal, T. E. & Kennedy, A. A. *Corporate Cultures: The Rites and Rituals of Corporate Life* [M]. Boston.: Addison-Wesley, 1982.

[40] Dehyle, D. Constructing failure and maintaining cultural identity: Navajo and Ute school leavers [J]. *Journal of American Indian Education*, 1992, 31 (2): pp. 25 – 46.

[41] Denison, D. R. Bringing corporate culture to the bottom line [J]. *Organizational Dynamics*, 1984, 13 (2): pp. 4 – 22.

[42] Dick, R. V., Wagner, U., Stellmacher, J. et al. The utlity of a broader conceptualization of organizational identification: Which aspects really matter? [J] *Journal of Occupational and Organizational Psychology*, 2004, 77 (2): pp. 171 – 191.

[43] Downey, H. K., Hellriegel, D. & Slocum, Jr. J. W. Congruence between individual needs, organizational climate, job satisfaction and performance [J]. *Academy of Management Journal*, 1975, 18 (1): pp. 149 – 155.

[44] Dukerich, J. M., Golden, B. R. & Shortell, S. M. Beauty is in the eye of the beholder: The impact of organizational identification, identity, and image on the cooperative behaviors of physicians [J]. *Administrative Science Quarterly*, 2002, 47 (3): pp. 507 – 533.

[45] Dutton, J. E., Dukerich, J. M. & Harquail, C. V. Organizational images and member identification [J]. *Administrative Science Quarterly*, 1994, 39 (2): pp. 239 – 263.

[46] Edwards, J. R. The study of congruence in organizational behavior research: Critique and a proposed alternative [J]. *Organizational Behavior and Human Decision Process*, 1994, 58 (1): pp. 51 – 100.

[47] Elizur, D. & Koslowsky, M. Values and organization commitment [J]. *International Journal of Manpower*, 2001, 22 (7): pp. 593 – 599.

[48] Enz, C. A. *Power and Shared Values in the Corporate Culture* [M]. Ann Arbor: UMI Research Press, 1986.

[49] Fisher, R. J. & Wakefield, K. Factors leading to group identification: A field study of winners and losers [J]. *Psychology and Marketing*, 1998, 15 (1): pp. 23 – 40.

[50] Friedman, H. H., Langbert, M. & Giladi, K. Transformational leadership: Instituting revolutionary change in your accounting firm [R]. The National Public Accountant, 2000 (5).

[51] Gardner, M. P. Creating a corporate culture for the eighties [J]. *Business Horizons*, 1985, 28 (1): pp. 59 – 63.

[52] Gellatly, I. R. Individual and group determinants of employee absenteeism: Test of a causal model [J]. *Journal of Organizational Behavior*, 1995, 16 (5): pp. 469 – 485.

[53] Geyer, A. L. J. & Steyrer, J. M. Transformational leadership and objective performance in bank [J]. *Applied Psychology: An International Review*, 1998, 47 (3): pp. 397 – 420.

[54] Goodman, S. A. & Svyantek, D. J. Person-organization fit and contextual performance: Do shared values matter [J]. *Journal of Vocational Behavior*, 1999, 55 (2): pp. 254 – 275.

[55] Helms, J. E. *Black and White Racial Identity* [M]. New York: Greenwood Press, 1990.

[56] Hill, C. L. Academic achievement and cultural identity in rural Navajo high school students [D]. Unpublished doctoral dissertation, The Brigham Young University, 2004.

[57] Hodge, B. J., Anthony, W. P. & Gales, L. M. *Organization Theory: A Strategic Approach* [M]. Englewood Cliffs: Prentice-Hall, 1996.

[58] Hofstede, G. *Cultures and Organizations: Software of the Mind* [M]. New York: McGraw-Hill professional, 1991.

[59] Hofstede, G., Neuijen, B., Ohayv, D. & Sanders, G. Measuring organizational cultures: A qualitative and quantitative study across 20 cases [J]. *Administrative Science Quarterly*, 1990, 35 (2): pp. 286 – 316.

[60] Hutnik, N. *Ethnic Minority Identity: A Social Psychological Perspective* [M]. New York: Oxford University Press, 1991.

[61] Igbaria, M. & Greenhaus, J. H. Determinants of MIS employees' turnover intentions: A structural equation model [J]. *Communications of the ACM*, 1992, 35 (2): pp. 34 –49.

[62] Jantzi, D. & Leithwood, K. Toward an explanation of variation in teachers' perceptions of transformational school leadership [J]. *Educational Administration Quarterly*, 1996, 32 (4): pp. 512 –538.

[63] Jason, L. A., Reichler, A., King, C., Madsen, D., Camacho, J. & Marchese, W. The measurement of wisdom: A preliminary effort [J]. *Journal of Community Psychology*, 2001, 29 (5): pp. 585 –598.

[64] Johnson, M. L., Wall, T. L., Guanipa, C., Terry-Guyer, L. & Velasquez, R. J. The psychometric properties of the orthogonal cultural identification scale in Asian Americans [J]. *Journal of Multicultural Counseling and Development*, 2002, 30 (3): pp. 181 –191.

[65] Kanter, R. M. Commitment and social organization: A study of commitment mechanisms in utopian communities [J]. *American Sociological Review*, 1968, 33 (4): pp. 499 –517.

[66] Kazanas, H. C. Relationship of job satisfaction and productivity to work values of vocational education graduates [J]. *Journal of Vocational Behavior*, 1978, 12 (2): pp. 155 –164.

[67] Knoll, K. E. Communication and cohesiveness in global virtual teams [D]. Doctoral Dissertation, University of Texas at Austin, 2000.

[68] Koehler, J. W. *Transformational Leadership in Government* [M]. Delrav Beach, Fla: St. Licie Press, 1997.

[69] Kotter, J. P. & Heskett, J. L. *Corporate Culture and Performance* [M]. New York: Free Press, 1992.

[70] Kottke, J. L. & Sahrainski, C. Measuring perceived supervisory and organizational support [J]. *Educational and Psychology Measurement*, 1988, 48 (4): pp. 1075 –1079.

[71] Kreiner, G. E., Hollensbe, E. C. & Sheep, M. L. Where is the "me" among the "we"? Identity work and the search for optimal balance [J]. *Academy of Management Journal*, 2006, 49 (5): pp. 1031 –1057.

[72] Kristof, A. L. Person-organization fit: An integrative review of its conceptualizations, measurement, and implications [J]. *Personnel Psychology*, 1996, 49 (1): pp. 1 –49.

[73] Lucy Kung-Shankleman, L. *Inside the BBC and CNN: Managing Media*

Organisations [M]. London: Routledge, 2000.

[74] Lahiry, S. Building commitment through organizational culture [J]. *Training and Development*, 1994, 48 (4): pp. 50 - 52.

[75] Lauver, K. J. & Kristof-Brown, A. Distinguishing between employees' perceptions of person-job and person-organization fit [J]. *Journal of Vocational Behavior*, 2001, 59 (3): pp. 454 - 470.

[76] Likert, R. *The Human Organization: Its Management and Value* [M]. New York: McGraw-Hill, 1967.

[77] Mael, F. A. & Ashforth, B. E. Alumni and their alma mater: A partial test of reformulated model of organizational identification [J]. *Journal of Organizational Behavior*, 1992, 13 (2): pp. 103 - 123.

[78] Mael, F. A. & Ashforth, B. E. Loyal from day one: Biodata, organizational identification, and turnover among newcomers [J]. *Personnel Psychology*, 1995, 48 (2): pp. 309 - 333.

[79] March, J. G. & Simon, H. A. *Organizations* [M]. New York: John Wiley & Sons Inc., 1958.

[80] Martin, Jr. T. N. A contextual model of employee turnover intentions [J]. *Academy of Management Journal*, 1979, 22 (2): pp. 313 - 324.

[81] Mathieu, J. E. & Zajac, D. M. A review and meta-analysis of the antecedents, correlates, and consequences of organizational commitment [J]. *Psychological Bulletin*, 1990, 108 (2): pp. 171 - 194.

[82] Mayer, R. E. *Educational Psychology: A Cognitive Approach* [M]. Boston: Little, Brown and Company, 1987.

[83] McNeilly, K. M. & Russ, F. A. The moderating effect of sales force performance on relationships involving antecedents of turnover [J]. *Journal of Personal Selling and Sales Management*, 1992, 7 (1): pp. 9 - 20.

[84] Meglino, B. M., Ravlin, E. C. & Adkins, C. L. A work values approach to corporate culture: A field test of the value congruence process and its relationship to individual outcomes [J]. *Journal of Applied Psychology*, 1989, 74 (3): pp. 424 - 432.

[85] Meyer, J. P. & Allen, N. J. Testing the "Side-bet theory" of organizational commitment: Some methodological considerations [J]. *Journal of Applied Psychology*, 1984, 69 (3): pp. 372 - 378.

[86] Meyer, J. P. & Allen, N. J. *Commitment in the Workplace: Theory, Research and Application* [M]. Thousand Oaks: Sage Publications, 1997.

[87] Michaels, C. E. & Spector, P. E. Causes of employee turnover: A test of the mobbley, griffeth, and meglino model [J]. *Journal of Applied Psychology*, 1982, 67 (1): pp. 53 -59.

[88] Miller, N. & Pollock, V. E. *Meta-analytic Synthesis for Theory Development* [M]. In Cooper, H. & Hedges, L. V. (Eds). *The Handbook of Research Synthesis* [M]. New York: Russell Sage, 1994.

[89] Misra, G., Suvasini, C. & Srivastava, A. K. Psychology of wisdom: Western and Eastern perspective [J]. *Journal of Indian Psychology*, 2000, 18 (1 -2): pp. 1 -32.

[90] Morgan, J. M., Reynolds, C. M., Nelson, T. J., Johanningmeier, A. R. & Griffin, M. A. Tales from the fields: Sources of employee identification in agribusiness [J]. *Management Communication Quarterly*, 2004, 17 (3): pp. 360 -395.

[91] Morrow, P. C. Concept redundancy in organizational research: The case of work commitment [J]. *Academy of Management Review*, 1983, 8 (3): pp. 486 -500.

[92] Mowday, R. T., Steers, R. M. & Porter, L. W. The measurement of organizational commitment [J]. *Journal of Vocational Behavior*, 1979, 14 (2): pp. 224 -247.

[93] Mueller, C. W. & Price, J. L. Economic, psychological and sociological determinants of voluntary turnover [J]. *Journal of Behavioral Economics*, 1990, 19 (3): pp. 321 -335.

[94] Mullen, B. & Copper, C. The relationship between group cohesiveness and performance: An intergration [J]. *Psychological Bulletin*, 1994, 115 (2): pp. 210 -227.

[95] Netemeyer, R. G., Boles, J. S., McKee, D. O. & McMurrian, R. An investigation into the antecedents of organizational citizenship behaviors in a personal selling context [J]. *Journal of Marketing*, 1997, 61 (3): pp. 85 -98.

[96] O'Reilly, C. A. & Chatman, J. Organization commitment and psychological attachment: The effects of compliance, identification and internalization on prosaically behavior [J]. *Journal of Applied Psychology*, 1986, 71 (3): pp. 492 -499.

[97] O'Reilly, C. A & Chatman, J. A. Culture as social control: Corporations, cults, and commitment [J]. *Research in Organizational Behavior*, 1996,

18 (7): pp. 157 – 200.

[98] O'Reilly, C., Chatman, J. & Caldwell, D. People and organizational culture: A profile comparison approach to assessing person-organization fit [J]. *Academy of Management Journal*, 1991, 34 (3): pp. 487 – 516.

[99] Oetting, E. R. & Beauvais, F. Orthogonal cultural identification theory: The cultural identification of minority adolescents [J]. *The International Journal of the Addictions*, 1991, 25 (5A – 6A): pp. 655 – 685.

[100] Ouchi, W. G. & Price, R. L. Hierarchies, clans, and theory Z: A new perspective on organizational development [J]. *Organizaition Dynamics*, 1978, 7 (2): pp. 25 – 44.

[101] Ouchi, W. G. *Theory Z* [M]. Boston: Addison-Wesley, 1981.

[102] Parkes, L. P., Bochner, S. & Schneider, S. K. Person-organization fit across cultures: An empirical investigation of individualism and collectivism [J]. *Applied Psychology: An International Review*, 2001, 50 (1): pp. 81 – 108.

[103] Patchen, M. *Participation, Achievement, and Involvement on the Job* [M]. Englewood Cliffs, NJ: Prentice-Hall, 1970.

[104] Peters, T. J. & Waterman, R. H. *In Search of Excellence: Lessons from American's Best-Run Companies* [M]. New York: Harper & Row, 1982.

[105] Pettigrew, A. M. On studying organizational cultures [J]. *Administrative Science Quarterly*, 1979, 24 (4): pp. 570 – 581.

[106] Phinney, J. S. Ethnic identity in adolescents and adults: Review of research [J]. *Psychological Bulletin*, 1990, 108 (3): pp. 499 – 514.

[107] Podsakoff, P. M., MacKenzie, S. B., Moorman, R. H. & Fetter, R. Transformational leader behaviors and their effects on followers' trust in leader, satisfaction, and organizational citizenship behaviors [J]. *Leadership Quarterly*, 1990, 1 (2): pp. 107 – 142.

[108] Polzer, J. T. How subgroup interests and reputations moderate the effect of organizational identification on cooperation [J]. *Journal of Management*, 2004, 30 (1): pp. 71 – 96.

[109] Porter L. W., Steers R. M., Mowday R. T. & Boulian P. V. Organizational commitment, job satisfaction and turnover among psychiatric technicians [J]. *Journal of Applied Psychology*, 1974, 59 (5): pp. 603 – 609.

[110] Posner, B. Z. Person-organization value congruence: No support for in-

dividual differences as a moderating influence [J]. *Human Relations*, 1992, 45 (4): pp. 351 -361.

[111] Posner, B. Z., Kouzes, J. M. & Schmidt, W. H. Shared values make a difference: An empirical test of corporate culture [J]. *Human Resource Management*, 1985, 24 (3): pp. 293 -309.

[112] Price, J. L. & Mueller, C. W. A causal model of turnover for nurses [J]. *Academy of Management Journal*, 1981, 24 (3): pp. 543 -565.

[113] Quinn, R. E. *Beyond Rational Management: Mastering the Paradoxes and Competing Demands of High Performance* [M]. San Francisco: Jossey-Bass, 1988.

[114] Quinn, R. E. & Rohrbaugh, J. A spatial model of effectiveness criteria: Towards a competing values approach to organization analysis [J]. *Management Science*, 1983 (29): pp. 367 -377.

[115] Ravasi, D. & Schultz, M. Responding to organizational identity threats: Exploring the role of organizational culture [J]. *Academy of Management Journal*, 2006, 49 (3): 433 -458.

[116] Riketta, M. Organizational identification: A meta-analysis [J]. *Journal of Vocational Behavior*, 2005, 66 (2): pp. 358 -384.

[117] Robbins, S. P. *Organizational Behavior* [M]. Englewood Cliffs: Prentice-Hall, 1991.

[118] Robbins, S. P. *Management* [M]. Englewood Cliffs: Prentice-Hall, 1996.

[119] Rousseau, D. M. *Quantitative Assessment of Organizational Culture: The Case for Multiple Measures* [M]. San Francisco: Jossey-Bass, 1990.

[120] Saffold, G. Culture traits, strengths and organizational performance: Moving beyond strong culture [J]. *Academy of Management Review*, 1988, 13 (4): pp. 546 -58.

[121] Sagie, A. Employee absenteeism, organizational commitment, and job satisfaction: Another look [J]. *Journal of Vocational Behavior*, 1998, 52 (2): pp. 156 -171.

[122] Saks, A. M. & Ashforth, B. A longitudinal investigation of the relationships between job information sources, applicant perceptions of fit, and work outcomes [J]. *Personnel Psychology*, 1997, 50 (2): pp. 395 -426.

[123] Sarup, M. *Identity, Culture and the Postmodern World* [M]. Edinburgh: Edinburgh University Press, 1996.

[124] Schein, E. H. The role of the founder in creating organizational culture [J]. *Organizational Dynamics*, 1983, 12 (1): pp. 13 -28.

[125] Schein, E. H. Coming to a new awareness of organization culture [J]. *Sloan Management Review*, 1984 (1): pp. 3 -16.

[126] Schein, E. H. *Organizational Culture and Leadership* [M]. San Francisco: Jossey-Bass, 1992.

[127] Schein, E. H. *How Culture Forms, Develops, and Changes* [M]. In Kilmann, R. H., Saxton, M. J., Serpa. R. and Associates (Eds). *Gaining Control of the Corporate Culture* [M]. San Francisco: Jossey-Bass, 1985.

[128] Schein, E. H. *The Corporate Culture Survival Guide: Sense and Nonsense about Culture Change* [M]. San Francisco: Jossey-Bass, 1999.

[129] Schrodt, P. The relationship between organizational identification and organizational culture: Employee perceptions of culture and identification in a retail sales organization [J]. *Communication Studies*, 2002, 53 (2): pp. 189 -202.

[130] Slocum, J. W. *Management* [M]. Cincinnati: South-Western College Publishing, 1996.

[131] Smelser, N. J. *Handbook of Sociology* [M]. Thousand Oaks, CA: Sage Publications, 1988.

[132] Smidts, A., Pruyn, Ad Th. H. & Van Riel C. B. M. The impact of employee communication and perceived external prestige on organizational identification [J]. *Academy of Management Journal*, 2001, 44 (5): pp. 1051 -1062.

[133] Smith, E. J. Ethnic identity development: Toward the development of a theory within the context of majority/minority status [J]. *Journal of Counseling & Development*, 1991, 70 (1): pp. 181 -188.

[134] Tajefl, H. & Turner, J. C. *The Social Identity of Intergroup Behavior* [M]. New York: Psychology press, 1986.

[135] Testa, M. R. Organizational commitment, job satisfaction, and effort in the service environment [J]. *The Journal of Psychology*, 2001, 135 (2): pp. 226 -236.

[136] Trompenaars, F. & Hampden-Turner, C. *Riding the Waves of Culture* [M]. New York: McGraw-Hill Press, 1998.

[137] Turban, D. B. & Koen, T. L. Organization attractiveness: An interac-

tionist perspective [J]. *Journal of Applied Psychology*, 1993, 78 (2): pp. 184 - 193.

[138] Valentine, S., Godkin, L. & Lucero, M. Ethical context, organizational commitment, and person-organization fit [J]. *Journal of Business Ethics*, 2002, 41 (3): pp. 349 - 360.

[139] Van Dick, R., Wagner, U., Stellmacher, J. & Christ, O. The utility of a broader conceptualization of organizational identification: Which aspects really matter? [J]. *Journal of Occupational and Organizational Psychology*, 2004 (77): pp. 171 - 191.

[140] Vancouver, J. B. & Schmitt, N. W. An exploratory examination of person-organization fit: Organizational goal congruence [J]. *Personnel Psychology*, 1991, 44 (2): pp. 332 - 352.

[141] Wallach, E. J. Individuals and organizations: The cultural match [J]. *Training & Development Journal*, 1983, 37 (2): pp. 28 - 36.

[142] Wang, H., Law, K. S., Hackett, R. D., Wang, D. & Chen, Z. Leader-member exchange as a mediator of the relationship between transformational leadership and followers' performance and organizational citizenship behavior [J]. *Academy of Management Journal*, 2005, 48 (3): pp. 420 - 432.

[143] Weick, K. *The Social Psychology of Organizing* [M]. Boston: Addison-Wesley, 1985.

[144] Weiner, Y. Commitment in organizations: A normative view [J]. *Academy of Management Review*, 1982, 7 (3): pp. 418 - 428.

[145] Williams, L. J. & Anderson, S. E. Job satisfaction and organizational commitment as predictors of organizational citizenship and in-role behaviors [J]. *Journal of Management*, 1991, 17 (3): pp. 601 - 617.

[146] Wollack, S., Goodale, J. G., Wijting, J. P. & Smith, P. C. Development of the survey of work values [J]. *Journal of Applied Psychology*, 1971, 55 (4): pp. 331 - 338.

[147] Yoon, J. & Thye, S. R. A dual process model of organizational commitment: Job satisfaction and organizational support [J]. *Work and Occupation*, 2002, 29 (1): pp. 97 - 124.

[148] Yukl, G. A. *Leadership in Organization* [M]. Englewood Cliffs: Prentice Hall, 1998.

中文部分：

［1］白润生，年永刚．少数民族新闻传播与构建和谐社会［J］．当代传播，2007（5）：55～56.
［2］蔡木霖．公卖局奖酬结构改变对组织公平、组织承诺、工作满足及绩效的影响［D］．台北大学企业管理研究所博士学位论文，2001.
［3］陈孟修．零售业员工的人格特质与工作生活品质对组织承诺、工作投入、服务态度与工作绩效的影响研究［D］．台湾中山大学企业管理学系硕士学位论文，1998.
［4］陈铭．法制新闻如何为构建社会主义和谐社会服务［J］．法制与社会，2007（2）.
［5］陈亚洲．发挥“共振”功能 实现双赢效果——以和谐理念采写党报社会新闻的思考［J］．新闻记者，2007（6）：83～84.
［6］陈膺强．应用抽样调查［M］．台北：商务印书馆，1994.
［7］陈永霞，贾良定，李超平，宋继文，张君君．变革型领导、心理授权与员工的组织承诺：中国情景下的实证研究［J］．管理世界，2006（1）：96～106.
［8］陈月娥．城乡地区居民生活形态、文化参与及文化认同之研究［D］．东吴大学社会学研究所硕士学位论文，1986.
［9］陈枝烈．台湾原住民教育［M］．台北：师大书苑有限公司，1997.
［10］陈枝烈．原住民儿童族群认同、学习适应与学习成就之相关研究［R］．台北：“教育部”委托编印，2002.
［11］陈致中．报社员工组织文化认同度及其影响之研究——以台湾“联合报系”为例［J］．国际新闻界，2010（5）：84～87.
［12］成中英．知识与价值：和谐、真理与正义的探索［M］．台北：联经出版事业公司，1986.
［13］丁强．构建企业文化的关键是什么？［J］．企业文化，2004（2）：50～51.
［14］杜红，王重鸣．领导—成员交换理论的研究与应用展望［J］．浙江大学学报（人文社会科学版），2002，32（6）：73～79.
［15］范炽文．“国小”校长领导行为、教师组织承诺与学校组织绩效之研究［D］．台湾师范大学教育学系博士学位论文，2001.
［16］范以锦．南方报业战略［M］．广州：南方日报出版社，2005.
［17］冯友兰．中国哲学史新编［M］．台北：蓝灯文化事业股份有限公司，1991.

[18] 古金英. 员工自主性、工作特征与组织承诺关系之研究：中美日三国电子业之比较［D］. 中国文化大学国际企业管理研究所博士学位论文，2000.
[19] 郭秦. 浅议党报构建和谐社会报道的新闻价值取向［J］. 新闻知识，2006（9）：29～32.
[20] 郭志刚. 社会统计分析方法——SPSS 软件应用［M］. 北京：中国人民大学出版社，1999.
[21] 韩岫岚. 现代企业文化建设［M］. 上海：上海人民出版社，1992.
[22] 河野丰弘. 改造企业文化［M］. 彭德中译. 台北：远流出版事业股份有限公司，1992.
[23] 黄鹂莉. 人际和谐与人际冲突［M］. 台北：远流出版事业股份有限公司，2005.
[24] 黄鹂莉. 人际和谐与冲突：本土化的理论与研究［M］. 台北：桂冠图书公司，1999.
[25] 黄森泉. 台湾中部地区原住民“国小”学生之族群文化学习与族群认同［J］. 原住民教育季刊，1999（1）：1～32.
[26] 黄英忠，吴融枚. 公营事业企业文化对组织承诺和工作满足的影响——以台湾省菸酒公卖酒局为例［J］. 公营事业评论，2000，2（1）：25～46.
[27] 黄勇. 用和谐理念创新报业思想政治工作［J］. 中国地市报人，2010（6）：68～69.
[28] 姜喆. 媒介组织文化的构建及其发展状况［D］. 吉林大学新闻学硕士学位论文，2007.
[29] 金钟大. 跨文化背景下企业员工组织承诺研究［D］. 清华大学人力资源与组织行为学系博士学位论文，2005.
[30] 鞠芳辉，谢子远，宝贡敏. 西方与本土：变革型、家长型领导行为对民营企业绩效影响的比较研究［J］. 管理世界，2008（5）：85～101.
[31] 赖庆安. 双语教学对儿童族语学习与族群认同之影响：以屏东县一所排湾族“国小”为例［D］. 台湾屏东师范学院国民教育研究所硕士学位论文，2002.
[32] 李超平，时勘. 变革型领导与领导有效性之间关系的研究［J］. 心理科学，2003（1）：115～117.
[33] 李超平，时勘. 变革型领导的结构与测量［J］. 心理学报，2005（6）：803～811.

［34］李超平，田宝，时勘．变革型领导与员工工作态度：心理授权的中介作用［J］．心理学报，2006（2）：297～307.
［35］李丁赞，陈兆勇．卫星电视与国族想象：以卫视中文台的日剧为观察对象［J］．新闻学研究，1998（56）：9～34.
［36］李亦园．和谐与均衡：民间信仰中的宇宙诠释［M］．文化的图像（下册）［M］．台北：允晨文化实业股份有限公司，1992.
［37］林冠宏．转换型领导、组织认同、组织沟通对领导效能影响之研究：以台南县政府组织变革为例［D］．台湾中正大学企业管理研究所硕士学位论文，2003.
［38］林佳漗．知觉组织支持与组织公民行为：角色定义幅度之中介效果［D］．中原大学心理学系硕士学位论文，2005.
［39］刘光明．企业文化［M］．北京：经济管理出版社，2002.
［40］刘海贵．中国报业发展战略［M］．上海：上海人民出版社，2006.
［41］刘理晖．我国组织文化的度量与应用研究［D］．清华大学人力资源与组织行为学系博士学位论文，2005.
［42］刘明峰．文化创意与数位内容产品知识对文化认同及来源国形象的创造效应［D］．铭传大学资讯管理学系硕士学位论文，2006.
［43］刘苑辉．员工企业文化认同解决方案［J］．商业时代，2006（3）：93～94.
［44］罗娜，易巍．子报子刊促进报业集团和谐发展的有效途径探讨［J］．新闻界，2006（2）：43～44.
［45］吕京儒．员工股票选择权满意度对组织承诺、工作投入及离职意向影响之研究：以半导体产业为例［D］．育达商业技术学院企业管理研究所硕士学位论文，2004.
［46］马云献．变革型和事务型领导研究述评［J］．河南商业高等专科学校学报，2006，19（5）：46～48.
［47］孟昭兰．普通心理学［M］．北京：北京大学出版社，1994.
［48］［美］默多克，刘长乐．东西论剑：东西方传媒大亨的对话［M］，北京：北京出版社，2006.
［49］彭泰权，董天策．试论媒介的组织文化［J］．国际关系学院学报（国际安全研究），2004（3）：45～48.
［50］朴英培．工作价值观、领导形态、工作满足与组织承诺关系之研究：以韩国电子业为例［D］．台湾政治大学企业管理研究所博士学位论文，1988.
［51］祁海玲．新闻与构建和谐社会［J］．青海社会科学，2006（5）：

139～142.

［52］钱穆．从中国历史来看中国民族性及中国文化［M］．台北：联经出版社，1979.

［53］邱皓政．结构方程模式：LISREL 的理论、技术与应用［M］．台北：双叶书廊有限公司，2003.

［54］邱淑妙．团队人格特质、转换型领导与团队效能之关系探讨：团队凝聚力之中介角色［D］．台湾中山大学人力资源管理研究所硕士学位论文，2005.

［55］司徒达贤．策略管理新论：观念性架构与分析方法［M］．台北：智胜文化事业有限公司，2001.

［56］谭光鼎，汤仁燕．台湾原住民青少年文化认同与学校教育关系之探讨［M］．台北：台湾书店，1993.

［57］汤仁燕．台湾原住民的文化认同与学校教育重构［J］．教育研究集刊，2002，48（4）：78～101.

［58］王辉，忻蓉，徐淑英．中国企业 CEO 的领导行为及对企业经营业绩的影响［J］．管理世界，2006（4）：87～96.

［59］王佳玉．转换型领导与领导效能关联之研究：以台北市政府为个案分析［D］．台湾政治大学公共行政研究所硕士学位论文，1999.

［60］王锦堂．人际和谐、领导行为与效能之探讨［D］．高雄医科大学行为科学研究所硕士学位论文，2002.

［61］王玉芹．组织文化类型、文化强度与组织绩效关系的研究［D］．清华大学人力资源与组织行为学系博士学位论文，2007.

［62］魏钧，张德．中国传统文化影响下的个人与组织契合度研究［J］．管理科学学报，2006，9（6）：87～96.

［63］魏均，陈中原，张勉．组织认同的基础理论、测量及相关变量［J］．心理科学进展，2007，15（6）：948～955.

［64］吴海民．媒体木桶系列圆环之三：媒体企业文化塑造［N］．人民网，http：// media. people. com. cn/GB/22100/71143/71144/4890666. html，2006－10－08.

［65］吴志明，武欣．高科技团队变革型领导、组织公民行为和团队绩效关系的实证研究［J］．科研管理，2006，27（6）：74～79.

［66］吴志明，武欣．知识工作团队中组织公民行为对团队有效性的影响作用研究［J］．科学学与科学技术管理，2005，26（8）：92～96.

［67］吴志明，武欣．变革型领导、组织公民行为与心理授权关系研究［J］．管理科学学报，2007，10（5）：40～47.

[68] 许木柱. 台湾原住民的族群认同运动：心理文化研究途径的初步探讨 [M]. 徐正光等编. 台湾新兴社会运动 [M]. 台北：巨流图书公司，1990. 127 ~ 156.
[69] 许士军. 管理学 [M]. 台北：东华印书馆，1988.
[70] 杨兴锋. 媒体企业文化与社会责任，首届传媒领军人物年会暨第三届中国传媒创新年会上的讲话，2008 - 01 - 17.
[71] 杨宜音. 文化认同的独立性和动力性：以马来西亚华人文化认同的演进与创新为例 [C]. 海外华族研究论集（第三卷）. 台北：华侨协会总会出版，2002.
[72] 杨中芳. 中国人真是具有集体主义倾向吗？试论中国人的价值体系 [C]. 中国人的价值观国际研讨会论文集（下册）. 台北：汉学研究中心出版，1992.
[73] 余凯成. 人力资源开发与管理 [M]. 北京：企业管理出版社，1997.
[74] 俞文钊，吕晓俊，王恰琳. 持续学习组织文化研究 [J]. 心理科学，2002，25 (2)：134 ~ 135.
[75] 翟双萍. 先秦儒家的"和而不同"文化观与当代大学生的人际和谐 [J]. 黑龙江高教研究，2005 (7)：111 ~ 113.
[76] 张德. 企业文化建设 [M]. 北京：清华大学出版社，2003.
[77] 张德. 组织行为学 [M]. 北京：高等教育出版社，2008.
[78] 张德，吴剑平. 企业文化与 CI 策划 [M]. 北京：清华大学出版社，2002.
[79] 张京媛. 后殖民理论与文化认同 [M]. 台北：麦田出版有限公司，1995.
[80] 张君玫，黄鹏仁译. 消费 [M]. 台北：巨流图书公司，1996.
[81] 张勉，李树茁. 企业员工工作满意度决定因素实证研究 [J]. 统计研究，2001 (8)：33 ~ 37.
[82] 张培德. 组织文化认同感——企业取舍人才的关键 [J]. 成才与就业，2005 (18)：68 ~ 69.
[83] 张庆勋. "国小"校长转化、互易领导影响学校组织文化特性与组织效能之研究 [D]. 台湾高雄师范大学教育学系博士学位论文，1996.
[84] 张如慧. 民族与性别之潜在课程——以原住民女学生为例 [M]. 台北：师大书苑有限公司，2002.
[85] 张润书. 行政学 [M]. 台北：三民书局，1998.
[86] 张治灿，方俐洛，凌文辁. 企业职工的组织承诺 [J]. 中国管理科

学，1997，5（1）：45～51.

［87］张志鹏．基于企业文化认同的组织学习与知识创新［J］．现代管理科学，2005（3）：91～92.

［88］郑伯埙，郭建志，任金刚．组织文化：员工层次的分析［M］．台北：远流出版事业股份有限公司，2001.

［89］郑伯埙．组织文化价值观的数量衡鉴［J］．中华心理学刊，1990（32）：31～49.

［90］郑伯埙．组织价值观与组织承诺、组织公民行为、工作绩效关系：不同加权模式、差距模式之比较［J］．中华心理学刊，1993，35（1）：43～58.

［91］钟昆原，王锦堂．华人领导行为与效能：人际和谐观点［C］．上海：海峡两岸组织行为与人才开发首届学术研讨会，2002.

［92］钟昆原，彭台光．不同关系脉络下华人冲突管理模式初探［C］．台北：第四届国际华人心理学家学术研讨会，2002.

［93］朱全斌．由年龄、族群等变项看台湾民众的国家及文化认同［J］．新闻学研究，1998（56）：35～63.

［94］卓石能．都市原住民学童族群认同与其自我概念、生活适应之关系研究［D］．台湾屏东师范学院国民教育研究所硕士学位论文，2002.

后　记

从来没想到我的第一本专著，会拖了这么长时间才真正定稿、出版。

无法原谅自己的拖延症。这本书的底稿是我的博士论文“中国企业组织文化认同度及其作用机制之研究”，写作于2008年。毕业之后，一直想找机会完善自己的论文，并以专著的形式出版。但随后投入新工作、评职称、申请课题、孩子出生……一连串的事情纷至沓来，导致这本专著的完成一拖就是五年。不由得想到管理学的著名定律“帕金森定律”：如果一个人给自己安排了充裕的时间去完成一项工作，他就会放慢节奏，或者增加其他项目以便用掉所有的时间。这似乎在我身上得到了最好的体现。

在我的小女儿出生之际，我终于抽空完成了这本书最后几章的写作和补充工作，让这本几乎难产的著作，最终得以避免夭折的命运。

五年的时间，对于大多数有时效性的研究课题而言，或许时间长得足以让黄花菜都凉了。但再一次庆幸，组织文化认同度这一研究课题，至今依然上得了台面，这本专著在今天出版，也还不算过时。毕竟，文化可以说是人类永恒的话题，对于组织文化的探索和实践，依然是今天企业管理界的焦点。

五年来，本人在博士论文的基础上继续进行了一些相关研究，其中部分研究成果已经发表在国内外的学术刊物上，并得到了一些学术同僚们的肯定，这令我受宠若惊，也感觉极为惭愧。如今这本专著的出版，虽然在时效上已经算不上新鲜，但也算是总结了目前关于“组织文化认同度”及“组织人际和谐”这两个概念的研究成果；更重要的是，完成了对自己的一项交代，作为学术界的菜鸟，这本书的出版，算是给自己前几年的工作标了一个不大不小的注脚。

五年后再次回顾自己的博士论文，依然有许多不完善的地方，作为学术界的新手，文献的阅读、概念的提取、调研的展开、理论的建构等方方面面都难免存在不成熟、不充分之处，也请同行们不吝大力批评指正。或许世间本没有完善的事物，而这就是激励我继续研究、持续精进的动力。

衷心感谢我的导师——张德教授精心的指导。是张教授带领我进入了人力资源和组织文化的领域，也是他启发了我的研究思路，更是他激励我走上了学术研究这条职业道路。他的严格要求、热切鼓励和全力支持，促使我克服了一个又一个困难，他渊博的学识、严谨求实的治学态度和睿智宽容的学者风范，将是我永远学习的榜样。在本人博士毕业五年后，张德教授依然热心地在百忙之中为本书写序，耐心地为我提供指导，可以说，没有张德教授，就没有本书的完成。

感谢清华大学杨百寅教授、张勉副教授及张进副教授在探索性研究及讨论过程中给予的指导和协助。感谢清华大学王雪莉副教授、吴志明副教授、曲庆副教授，澳门大学刘丁己副教授和所有被调查企业及报业组织在问卷调查中给予的支持。感谢暨南大学新闻与传播学院范以锦院长、支庭荣教授、张晋升教授等领导、同事对我的帮助和关心。

感谢马月婷、潘文君、李宁、余玲艳、段苏桓、曾超、曹金等一众同门的热情帮助和支持。即使毕业多年，在看到本书的时候，我的思绪依然会飘回在清华园的岁月，课堂的学习、校园的漫步，每一次的调研、讨论、阅读和讲座都让我受益匪浅、回味无穷，无论多少年以后回想起来，那时的每一个瞬间、每一幅画面，都将会历历在目。清华大学，那不仅代表着我们的青春，也是彻底改变我们人生轨迹的殿堂，是我们永远的母校；无论过了多久，无论身在何方，我永远都是清华人。

最后，感谢我的家人对我无微不至的关怀和鼓励，使我能够顺利地走上学术这条路。尤其要感谢的是我的妻子屈杨，九年来她一直在我身边默默地支持我，是她撑起了整个家，还生了一对可爱的儿女，让我能够无后顾之忧地去研究自己感兴趣的课题。

谨以此书献给我挚爱的父母、妻子、儿女、老师以及所有帮助过我的人。

陈致中

2014 年 5 月 29 日于暨南大学